/ 锦囊妙计 /
/ 研究型教师的修炼指南 /

成为研究型教师的8个锦囊

魏戈 —— 主编

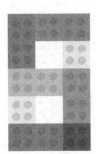

TEACHERS AS RESEARCHERS

华东师范大学出版社
·上海·

图书在版编目(CIP)数据

成为研究型教师的8个锦囊/魏戈主编. 上海:华东师范大学出版社,2022
ISBN 978-7-5760-2452-4

Ⅰ.①成… Ⅱ.①魏… Ⅲ.①中小学教育-教育研究-师资培训-自学参考资料 Ⅳ.①G632.0

中国版本图书馆CIP数据核字(2022)第019738号

成为研究型教师的8个锦囊

主　　编　魏　戈
责任编辑　师　文
责任校对　丁　莹　时东明
装帧设计　俞　越

出版发行　华东师范大学出版社
社　　址　上海市中山北路3663号　邮编200062
网　　址　www.ecnupress.com.cn
电　　话　021-60821666　行政传真 021-62572105
客服电话　021-62865537　门市(邮购)电话 021-62869887
地　　址　上海市中山北路3663号华东师范大学校内先锋路口
网　　店　http://hdsdcbs.tmall.com

印　刷　者　常熟高专印刷有限公司
开　　本　787毫米×1092毫米　1/16
印　　张　17.25
字　　数　305千字
版　　次　2022年3月第1版
印　　次　2024年1月第4次
书　　号　ISBN 978-7-5760-2452-4
定　　价　55.00元

出 版 人　王　焰

(如发现本版图书有印订质量问题,请寄回本社客服中心调换或电话021-62865537联系)

把研究写在教育实践的大地上
（代序）

百年大计，教育为本；教育大计，教师为本。新时代，党和国家越来越重视教育事业的发展，我们对教师队伍建设的关注点也从量的扩张转为质的提升，教师质量和能力建设是教育改革的内在保障。近年来，全国各级教育行政部门、地方教育学院，以及教师培训单位都在积极推出各式各样的教师专业发展项目，其中，培养研究型教师是一个主流话语。研究型教师是具有较强的研究意识和研究能力的教师，他们能够带着主动的问题意识对自己的教育教学经验进行系统探究并最终寻求解决问题的方法。

教育教学研究的目的主要有二：解决教育现实问题，拓展教育科学知识。对于广大教师来说，从事教育教学研究的最主要的目的是解决教育教学实践中的问题。然而，如何从纷繁复杂的实践经验中找到有价值的研究问题？如何严密精准地设计研究思路？如何系统地收集研究资料？如何对资料进行分析和提炼？最终如何撰写符合科学研究标准的成果？这些都是一线教师开展教育教学研究最常见的困惑。因此，教师就需要系统地学习一些教育科学研究的基本方法，帮助自己成长为研究型教师。

掌握教育科学研究方法是高校教育研究者的基本功，然而如何将这些抽象的方法论转化为一线教师愿意听、听得懂、用得上的操作技巧，是我们开展教师培训工作的一大挑战。诚然，国内有关教育科学研究方法的书籍汗牛充栋，其中也不乏经典之作，但是深居书斋的高校研究者倘若不熟悉中小学的实践文化，那么就很可能导致中小学教师在方法迁移上的困境。因此，要撰写一本贴近一线实践的著作，对作者的要求极高，其首先必须是研究方法的行家里手，同时又要熟悉学校教育教学实践、具备丰富的教师培训经验。

魏戈是我的"关门弟子"。让我曾经感到惊讶的是，他一路读书上来，其间并没有一线教育工作经验，却对基础教育实践非常熟悉，这对于一个"学院派"的研究者来说是非常难能可贵的品质。后来我发现，这与他多年扎根中小学开展田野研究有着密切的关系。在他攻读硕士和博士学位期间,先后与国内的5所小学和芬兰的1所小学、1所中学开展深度合作,平均每周进入中小学两个整天,他熟悉中小学教师的话语体系,更深谙一线教师的职业困惑与发展诉求。2017年,魏戈以北京大学优秀毕业生、北京大学优秀博士论文的好成绩出师,同年入职首都师范大学。他将自己所学的教育理论与教育实践相结合,并以新的身份尝试联通教师教育职前职后一体化的通路。这本书正是魏戈及其团队多年从事教师培训以及教师教育工作的实践成果。

通读这本书后,我感到它的编写体例让人耳目一新。《成为研究型教师的8个锦囊》从一线教师遇到的教育教学实践问题出发,认为不同的研究方法应该为具体的研究问题服务,这样的立场显然是正确的。方法应为问题服务,否则就会陷入方法主义的泥潭。本书作者巧妙地从教师的日常教学、班级管理、学校诊断、团队建设、自身发展等多个问题领域出发,详细介绍了适用于解决不同问题的8种教育研究方法。值得一提的是,这8种方法覆盖了不同的教育研究范式(量化研究、质性研究、行动研究),其中很多方法也颇具新意(如:设计研究法、自我研究法)。本书的每一章都是一个独立的方法配以独立的研究,这为读者朋友们提供了极大的阅读便利。一线教师甚至无需通读全书,而是基于自己当下面临的实践问题,选取书中的部分章节精准阅读便能提高阅读效率并尽快掌握方法,解决现实问题。这对于日常教育教学工作繁忙而无暇阅读的一线教师来说无疑是一个好消息,这样的写作风格也落实了教育研究要服务教育实践的价值定位。

此外,为了符合一线教师的阅读习惯,这本书还提供了百余个案例和工具包。作者将抽象的方法论转化为实用工具,同时提供了真实、短小的案例进行解读。每章的开篇采用学习目标引领和情境导入的方式;每章的最后还配以问答角、实践练习、资源拓展等栏目。可以说,这本书的写作完全站在了读者的角度,把一线教师的需求放在中心,真正把研究写在了教育实践的大地上。相信这本书一定能够受到教师朋友们和教育培训者的欢迎!

陈向明 教授

北京大学教育质性研究中心 名誉主任

华东师范大学 上海终身教育研究院 特聘研究员

2022年2月

致读者

作为一名中小学教师——

您是否把自己录制的公开课视频看作研究素材?
您是否对打造优质高效的课堂教学孜孜不倦?
您是否了解学生群体的内部文化?
您是否想知道儿童真正在想些什么?
您是否也想了解您所任教的学校目前的发展态势?
您是否想更好地开展班级管理工作?
您是否愿意寻找到一个专业学习的共同体?
您是否对自身的专业发展始终抱有期待?

对上述问题的回答与解决,一个重要的途径就是借助教育科学研究提升我们对问题的辨识,进而增进教育教学决策的理性化。《成为研究型教师的8个锦囊》就是这么一本立足于一线中小学教师真实工作情境的书,它把看似复杂的研究方法简化为可操作的工具。基于问题解决的编写思路,本书主张通过研究来改进教育教学,提升教师的工作效能感与专业满意度。

我们为什么要写这本书

2019年10月,教育部发布了《关于加强新时代教育科学研究工作的意见》,这是新中国成立以来以教育部名义印发的第一个关于教育科学研究工作的规范性文件,充分体现了党和政府对教育科学研究工作的高度重视,对进一步改进新时代教育科学研究工作具有重大意义,同时也对教育理论与实践工作者提出了新要求。其中,"立足中国大地,面向基层一线,坚持问题导向,突出教育科研的实践性"是一项基本原则。正是在这样的时代背景下,我们感到十分有必要为一线中小学教师提供一个如何做教育科学研究的方法指南,发挥专业引领作用,推动教育科研成果的转化,完善大学与中小学的协同创新。由此,撰写一本面向培养研究型教师的专业著作显得极为重要。

然而,"研究型教师"并不是一个新概念,当前图书市场中关于教师如何做研究的著作更是汗牛充栋。那么,我们为什么还要写这本书呢？这本书的独特之处又在哪里呢？在写这本书之前,编写团队谨慎地思考了以下三个问题。

首先,我们有什么期待?

这本书写作的初衷,是为了服务中小学教师更好地开展教育科学研究工作。自 2001 年新课程改革以来,国家就赋予了中小学教师一个新的角色——"研究者"。这里的"研究"并不是要求教师像科学家一样做理论性极强的学术研究工作,而是鼓励中小学教师基于教育教学实践形成反思、总结、提炼的工作习惯,并从中得出可供推广、具有借鉴意义的实践性知识。2019 年 9 月,教育部统编的三科教材在全国推行,要求教师更好地领会育人的内涵与意义,不断在教育教学实践中明确"为谁培养人""如何培养人"的根本问题。对上述问题的思考,从本质上来说要求中小学教师有能力对现实的教情和学情做出理性的反思与判断,这也正是"教师成为研究者"最根本的价值诉求。

然而,教师究竟如何做研究呢？近十年来,随着教师科研方法培训的普及,绝大多数中小学教师对相关教育研究方法已经有所了解,但是究竟什么样的研究方法适合什么样的研究问题,这是中小学教师普遍存在的困惑。换言之,方法应该基于具体的问题做筛选,正所谓"研究有法,贵在得法"。因此,这本书的写作是一种基于问题的、基于真实情境的研究方法指南,它旨在帮助中小学教师形成方法选择和方法运用的基本能力,进而从根本上提高教师的研究力,并有效地回应国家对教师队伍建设的要求。

总之,我们对这本书的期待与中小学教师的期待是一致的,那就是——读了就能用,用了就想做,做了就能出成果！

其次,我们有什么优势?

我们是一群来自国内高等院校的教师教育工作者,多年从事职前师范生的培养工作,也承担了大量在职教师的培训工作,这些工作经验让我们体会到了中小学教师学做研究的切肤之痛。众所周知,中小学教师没有大量的时间系统学习研究方法,然而目前的考评制度又对教师的教学研究成果提出了硬性要求。从某种程度上来说,教师与学校在面对"教育科研"这四个字时仿佛如鲠在喉。我们曾经多次指导中小学教师填写课题申报书、修改教科研论文,帮助其提炼教育教学经验中的亮点，等等。我们从这些指导经验中积累了大量案例，也逐渐摸索出了些许门道。基于此，我们在过去的五年时间里开发了一套系统的教师培训课程，在北京、河北、河南、浙江、江西、广东等多地开展了系列培训，取得了良好的效果；也正是在反复讲授的过程中，我们不断打磨培训内容，找到了一套适合中小学教师做研究的系统方法。正所谓"实践出真知"，这一套方法能够让中小学教师在有限的学习时间里迅速掌握教育科学研究的核心要领。

除此之外，本书的写作起点也源于编写者在师范院校工作的经历和反思。自国内师范教育从封闭走向开放以来，高等师范院校在教师培养工作中的优势地位受到挑战，不断提高师范类专业人才培养质量是当前高等教育改革的重点之一。其中，师范生的研究能力是亟待培养的重中之重。然而，以抽象的方法论为导向的研究类课程，难以转化为师范生的职后实践。因此，为了给师范生学习教育研究方法提供一本入门书，本书的基本定位是淡化理论性知识，凸显实践性知识，融入大量案例、工具包，在每个案例中深入浅出地剖析教师做研究的流程，带领未来的教师朝着研究型教师的目标步步进阶。

再次，我们有什么突破？

教育研究方法类书籍的编写体例，大多是按照研究流程来撰写的，包括如何选题、如何做文献综述、如何做研究设计、如何收集资料、如何分析资料、如何成文等。这样的编写体例有助于系统解剖教育研究的每一个环节，但是却因为距离教师工作的真实情境较远而难以做到知识的迁移与应用。

本书突破了以往教育研究方法类书籍的编撰体例，从中小学教师作为实践工作者的立场出发，基于其在教育教学工作中通常会遇到的 8 个问题架构全书，各有侧重地呈现 8 种特别适合中小学教师学习和使用的研究方法；同时配以完整的案例，帮助教师体会教育研究的全过程。本书的每一章都基于一类教育教学中的真实问题，并且选用最佳适配的研究方法，完整地呈现一个又一个研究的全过程。这样一来，教师读完本书相当于观摩了 8 遍完整的研究，实现了认知上的强化。当然，8 个研究之间也有细微的差别，教师可以进行横向比较，找到不同研究方法各自的优势和局限，从而做出更理性的判断与选择。

总而言之，本书的写作特点可以概括为"专业引领、实践本位、问题导向、步步推进"。

- **专业引领：** 本书由来自北京大学、北京师范大学、华东师范大学、首都师范大学、安徽大学、井冈山大学等高校教师合作编写而成，全书概念精准、阐述简明，具有专业性。

- **实践本位：** 本书融合了研究取向的教师教育与实践取向的教师教育两种思路，淡化抽象的方法论，突出具体的研究操作方法和经验案例。文字通俗易懂，可读性强，特别是多样化的工具包能够帮助中小学教师直接在教学实践活动中应用。
- **问题导向：** 本书各章节的编写源于中小学教师在日常教育教学工作中最常见的问题，鼓励中小学教师带着问题进行阅读，通过研究改进教学、管理和育人工作，以提高自己的学习效能感。
- **步步推进：** 本书每一章内部的编写体例及栏目设计基于研究的真实流程，从选题、研究设计，到资料收集、资料分析，再到成文，同时设有案例、问答角等栏目，旨在与读者亲密互动，带领读者一步一步体验教育研究的全过程。

这本书想和您分享什么

不论是从国家教育改革的政策要求，还是教师专业发展的现实期待，抑或是编者团队从事教师教育的工作经历，都共同促成了这本书的写作，也让我们对本书的面世充满期待。具体来说，《成为研究型教师的8个锦囊》想和中小学教师分享以下三个方面的内容。

第一，适合中小学教师做研究的8种方法。

教育科学研究方法就像是一棵根深叶茂的大树，分支繁多、体系复杂。即便是专门从事教育科学研究的专家学者也不敢说自己对所有的研究方法熟稔于心，更何况是浸淫在实践领域的中小学教师。换句话来说，中小学教师从事教育科学研究，并不需要掌握所有的研究方法，正所谓"适合的才是最好的"，本书的价值就在于帮助中小学教师浪里淘沙，选出最适合其学习和使用的8种研究方法。

从微观的课堂教学问题，到中观的学生管理问题，再到宏观的学校管理问题，最后回归到教师的专业发展问题，四个主题板块各自包含两种方法。其中，既涵盖了基于有效课堂教学开展的研究，也有关注儿童需要与表达的现象学研究，还有贴近教师教研组工作的行动研究，等等。各章具有相对的独立性，读者可以根据不同的问题，侧重选择相应的章节进行学习。在这其中，读者甚至不必通读全书，可以基于个性化的问题精准对位具体研究方法，这无疑是对教科研工作的"减负"。

第二，基于教育教学实践的研究全过程。

虽然本书提倡教育科研成果的积极转化，但是成果的产出是一个历时的过程。不同的研究方法开展研究的过程既有一致的共性，也有各自的特性。通过8种研究方法的呈现，读者可以从共性与个性之间找到自己开展教育教学研究的起点、方式和路径。

在每一章中，读者可以跟随编写者的引导，观摩一项研究究竟是如何从无到有、从资料到理论、从经验到知识的；在不同的章节之间，读者也可以进行比较，思考为什么不同的问题情境要选用不同的方法。例如：问卷调查法适合开展大规模的学校诊断研究，如果在班级内部是否适用？是否可以运用问卷调查法来开展家校共育工作？在不同的问题情境之下，研究方法需要做出什么样的情景化运用？这种基于教育教学实践的全过程研究，能够有效推动中小学教师对上述问题进行进一步的思考。

第三，多样化、易上手、好分析的研究工具包。

中小学教师参加诸多教科研培训之后，普遍反映的问题是——学了不会用。这并不是因为专家讲得不好，而是因为从研究的方法论到操作方法之间的鸿沟没有得到充分的关注。由于中小学教师繁杂的工作事务，导致大家很难静下心来系统地学习研究之法。那么，一种更有效的策略则是，为中小学教师提供可直接上手操作的工具。

本书的编写者基于多年从事教师培训的工作经验，打磨出了一系列的研究工具，它们在培训中受到中小学教师的认可和欢迎，"易上手、好分析"是这套工具包最大的特点。或许本书最大的价值也就在于这套系统的、多样化的研究工具包。例如：教师如果想做课堂观察，可以直接带着我们提供的观察量表进入教室收集资料；如果想做叙事探究，可以直接借助我们提供的叙事分析框架把故事中的关键概念提炼出来；如果想做行动研究，可以直接用我们提供的分析步骤设计改进方案。总之，这本书可以帮助中小学教师在有限的时间内学会如何基于自己的教学现场进行研究，并产出研究成果。

如何阅读这本书

本书既可以作为中小学教师了解教育研究方法的自学书籍，也可以作为教师的科研方法培训用书，还可以作为师范生教育研究方法课程的入门读物。本书的写作以"可读性强"作为最重要的特色之一，通过模块化的学习设计，带领读者一步一步学习教育研究的方法。同时，每一章、每一节的内容清晰完整、相对独立，即便是利用碎片化的时间零散阅读，也不影响整体的学习效果。因此，读者既可以通篇概览 8 种教育研究方法，也可以择其兴趣重点阅读其中一章，每一章的内部又可以根据自己的时间和需要选择重点想要了解的内容与研究工具。

全书正文一共包括九章内容，希望通过一种与教师对话的写作方式探讨研究型教师的修炼之道。

第一章:"教师为什么要做研究",主要探讨中小学教师的工作特点,从事教育研究的难点,以及教育科学研究何以助力教师的日常工作。本章重点介绍了教师研究的5个关键点,它们组成了教育科学研究的"金字塔",并整体介绍了本书将要涉及的8种教育研究方法和它们之间的分类,赋予教师一双"火眼金睛",使其在纷繁复杂的科研考核要求面前能够辨别教育研究的诸种方法。

第二至第九章是本书的核心内容,重点介绍了8种适合中小学教师使用的教育研究方法及丰富的案例。其中包括:经典的问卷调查法、叙事探究法、行动研究法;还涉及诸多令人耳目一新的教育研究方法,如视频分析法、设计研究法、现象学研究法、自我研究法等,毫不夸张地说,这些方法对于专职的教育研究人员来说也很新颖,因此能够有效提高中小学教师科研成果的创新性。

具体来看:第二章和第三章关注课堂教学问题——"用视频分析法研究教学公开课""用设计研究法实施有效教学";第四章和第五章聚焦学生管理问题——"用民族志研究法了解学生亚文化""用现象学研究法走近儿童世界";第六章和第七章关注学校管理问题——"用问卷调查法开展学校诊断""用叙事探究法进行班级管理";第八章和第九章回归教师的专业发展问题——"用行动研究法构建实践共同体""用自我研究法促进专业发展"。

全书的附录包括教科研成果评审标准、教师投稿指南等更加实用的研究资料汇编。这些资料来源于编者收集整理的国内教育研究的重要信息,相信能够为中小学教师提供切实可行的帮助。

在本书每一章中,具体结构包括以下九个板块。

- **本章导言:** 说明本章的内容重点,使读者对本章内容有一个大致的了解。
- **学习目标:** 分解章节学习的层级目标,明确阅读的锚向定位,将学习目标与阅读策略相结合。
- **情境导入:** 呈现中小学教师做研究的困惑,借助一个真实的问题情境引出本章研究方法的主题。
- **理论讲解:** 介绍与本章内容相关的研究方法的核心概念、知识点与实践方法。
- **案例:** 介绍与理论概念和知识点相关的真实案例,帮助读者理解方法概念并联系教育教学实际进行深度反思。
- **工具包:** 穿插在案例讲解过程中,在不同的研究阶段提供不同的研究工具,例如:表格、问卷、概念图、札记单等。
- **问答角:** 基于本章内容,对中小学教师经常遇到的问题进行收集汇总,重点呈现 3 个左右的问题,并采用一问一答的形式解疑释惑。

• **实践练习:** 提供 1—2 个实践活动或练习作业,帮助读者搭建实践练习的平台,使读者学会迁移,将学习成果应用于教育实践。

• **资源拓展:** 提供 1—2 条参考书目或网络资源;同时,对我们为什么要推荐这些资源,以及读者可以如何运用这些资源等进行说明。

通过这些介绍,您是否对本书充满阅读的期待?

如果您也想成为一名新时代的研究型教师,那么就和我们一起走进这本书,相信本书中为您提供的 8 个锦囊,将会成为您教育教学工作中常看常新的资料库。

基于研究改进教育教学,基于研究促进教师专业发展,我们共同期待,并肩同行!

魏戈　副教授
首都师范大学儿童与教师教育研究中心　主任
2022 年 2 月

目录
CONTENTS

第一章
教师为什么要做研究 / 1

第一节　教师研究的现状 / 2
第二节　研究型教师的专业气质 / 9
第三节　教师研究的关键点 / 12
第四节　教育研究方法概览 / 16

第二章
用视频分析法研究教学公开课 / 20

第一节　什么是视频分析法 / 21
第二节　用视频分析法研究教学公开课的准备 / 23
第三节　用视频分析法研究教学公开课的流程框架 / 28
第四节　视频分析法的拓展应用 / 41

第三章
用设计研究法实施有效教学 / 54

第一节　什么是教育设计研究 / 55
第二节　教育设计研究的基本框架与流程 / 59
第三节　教育设计研究作为教师专业发展的途径 / 66

第四章
用民族志研究法了解学生亚文化 / 78

第一节　什么是民族志研究法 / 79
第二节　民族志研究法的基本流程 / 82
第三节　民族志研究法的成果表达 / 97

第五章
用现象学研究法走近儿童世界 / 106

第一节　什么是现象学研究法 / 107
第二节　现象学研究法的提问方式 / 110
第三节　现象学研究法的资料收集 / 113
第四节　现象学研究法的资料分析 / 117

第六章
用问卷调查法开展学校诊断 / 131

第一节　什么是问卷调查法 / 132
第二节　调查问卷的编制 / 138
第三节　调查问卷的施测 / 159
第四节　问卷统计分析与撰写研究报告 / 163

第七章
用叙事探究法进行班级管理 / 171

第一节　什么是叙事探究法 / 172
第二节　叙事探究的基本流程 / 181
第三节　叙事探究的分析模式 / 184
第四节　叙事探究的成果写作 / 191

第八章
用行动研究法构建实践共同体 / 196

第一节　什么是行动研究 / 197
第二节　行动研究的主要流程 / 203
第三节　用行动研究构建教师实践共同体 / 215

第九章
用自我研究法促进专业发展 / 228

第一节　什么是教师的自我研究 / 229
第二节　教师自我研究的实施 / 240
第三节　教师自我研究的推广 / 246

附录 / 252

一、教科研成果评审标准 / 252
二、教师投稿指南 / 253

致谢 / 258

第一章 教师为什么要做研究

 本章导言

自20世纪60年代英国教育学者斯腾豪斯（L. Stenhouse）提出"教师作为研究者"的概念以来，中小学教师做研究逐渐被视为其专业成长的一条重要路径。以研究能力带动教师持续的专业发展在实践中也得到了印证。近几年，北欧国家芬兰的基础教育蜚声全球，而芬兰研究取向的教师培养模式成为了世界各国竞相探讨的话题，以研究来带动教师教育培养模式的改革，也成为了当前教育领域的热点。

其实，以研究改进教学，以研究助力发展，在我国并不是什么新鲜话题。早在新中国成立初期，国家就逐步建立了三级教研体系，鼓励教师开展教学研究。然而，由于中小学教师开展的教学研究缺乏系统的研究方法，导致研究成果的理论高度不足。究其原因，主要在于我国教育界长期存在的理论与实践"两张皮"的现象，绝大部分学术界的研究成果难以直接指导一线教师的实践，导致很多教师不仅对学术界的研究不感兴趣，而且对自己为什么要做研究、应该做什么类型的研究也不甚明了。同时，中小学教师（特别是班主任、学校中层领导）工作的繁杂状态，让教师实在难以系统地学习教育研究方法。正是在这样的两难境地之下，我们希望以一本简单易行的研究方法书为中小学教师提供工作上的支持，让教师们能够在有限的时间里高效地掌握教育研究方法。

不过，在学习具体的教育研究方法之前，我们首先需要"端正态度"，即先了解教师研究之"道"，方能更好地理解教师研究之"术"。因此，在本书的第一章，我们希望回答"教师为什么要做研究"这个问题，我们主要从现实状态下教师从事研究的难点出发，并结合研究型教师的身份价值来尝试解答。

▲ 学习目标

- 了解中小学教师开展教育科研工作的现实困境与不足之处。
- 识记教育科研的"金字塔模型"及其五个关键概念的内涵。
- 理解教育科学研究方法的基本分类与分类依据。

◆ 情境导入

王老师是一名年轻的小学体育教师,在体育学院学习期间主修球类竞技体育运动。入职以来,王老师担任学校体育课的教学工作,他多次带领学生参加国内球类运动比赛并斩获佳绩。为此,学校领导鼓励王老师将自己的球类运动教学技巧整理成论文,但是王老师对此一直抱有抵触情绪。他认为体育竞技就是实操性的,写成论文就失去了它本来的面貌。当然,更加主观的原因是,王老师从未接受过系统的论文写作培训,根本不知道从何下笔。

王老师为什么会对科研如此抵制?是什么主客观方面的因素让他有丰富的经验却无法将其表达出来?王老师的窘境反映了当前中小学教师从事教育科研工作的哪些通病?

第一节 教师研究的现状

在过去几年参与教师科研成果评审的经验中,我们发现中小学教师提交的课题成果或研究论文,通常会出现动人心但不聚焦、有经验但缺理论、有资料但难整理、能够说但不会写、想学习但不对位等不足,而其背后更大的困境是中小学教师写作能力的欠缺,以及我们为教师提供的培训尚未做到精准对位。这些真实的问题,既说明了中小学教师开展教育科学研究的能力短板,也反映了当前教育管理制度对教师研究的支持力度不够。

下面,我们结合真实的案例,一起来看看这些大家熟悉的问题,读者朋友们也可以据此先做一个自我诊断。

一、动人心但不聚焦

中小学教师最大的优势就是对一线的教育教学极其熟悉,因为每天"浸泡"在学校生活的空间里,和教与学的世界水乳交融。但是,对于做教育研究来说,这样丰富、多样、动人、直接的体验,并不一定是绝对优势,因为它有时候会让教师失去焦点。一项教育研究的核心问题通常只能有一个,在核心问题之下可以进一步分解为多个子问题。但是,中小学教师往往受工作思维的影响,在研究开始时"眉毛胡子一把抓",认为什么都重要,但其实什么都没有说清楚。

例如,在案例1-1呈现的这篇公开发表的论文中,作者讲述了一个班级管理的案例。但是在这个故事中,作者的关注点似乎很多:既有班级管理的技巧,也有老教师与新教师之间的互动。那么,这篇文章的问题焦点就显得不够清晰,这是很多中小学教师在学做研究之初都会遇到的问题。

案例 1-1

星期五的时候,在六年级(3)班的一节综合实践活动成果展示课上,学生之间发生了激烈的争吵,双方情绪激动,闹得不可开交。这节课是由新教师小赵执教的。对此突发事件,他束手无策,最后不了了之。对于教师来说,有序组织课堂教学是必备的能力,但新教师往往缺乏教学经验和处理问题的方法。如果不及时让新教师意识到问题症结,掌握处理突发事件的技能,就会影响教学质量,进而影响班级建设,也会打击新教师的信心。于是,我找来赵老师,请他描述一下当时的情况。然而,从赵老师的描述以及自我反思来看,他对这个事件并不是很在意,没有意识到问题的本质,也没有合适的解决方法。作为学校的副校长,应该抓住契机,帮助新教师学会反思,尽快成长。于是,我和赵老师进行了深度分析,帮他找到了学生之间矛盾的症结和处理办法。

(选自朱霖霖:《帮助厘清问题症结,助推反思能力提升——一则有关新教师指导的案例及分析》,《教学月刊小学版(综合)》2019年第6期,第14—15页。)

二、有经验但缺理论

中小学教师对理论较为惧怕,甚至有时候会产生抵触情绪。但众所周知,教育研究不同于工作总结,最大的区别就是前者需要理论的"包装"——用这个词能够更直接地表达教师的心声。很多教师在做教育研究时苦于找不到一个理论,使得自己的教育教学经验停留在实践的层面。

案例1-2是一位优秀班主任在介绍自己的带班经验,这样的叙述方法在班主任工作坊中颇受一线教师的欢迎,但却不太符合学术期刊的发表要求。我们希望中小学教师能够从中寻找一些理论的视角,从而使自己的教育经验更有高度和推广性。

案例 12

每个班或多或少都有几个后进生，如何引导这些孩子学习与生活，是班主任应认真思考的事情。后进生，班级的痛！任课教师几乎都不太喜欢后进生，动辄对其进行言语讽刺或体罚，这对于这些孩子来说无疑是雪上加霜。笔者认为班级后进生大致分为两类：一类是从小没有养成良好的学习习惯，基础差，学习跟不上；另一类是学习态度端正，但反应慢跟不上教师的教学思路。这两类学生说白了都是成绩落后者，更需要教师们去关注，引导他们去主动学习。班主任首先要帮助这些孩子在班级中找到存在感，充分利用这些孩子的特长去树立他们在同学中的威望，学习差也不会样样都差。我们班就有几个孩子，学习成绩差，但画画、舞蹈、书写、体育等都不错，笔者就抓住这些孩子的优点充分发扬，让他们出板报，在艺术节、运动会等各类活动中"脱颖而出"；再和各科教师做好沟通，课堂上给予这些孩子更多的关注，保证这些孩子课堂上的听课效果，让他们当场消化学到的基础知识；作业分层次布置，及时做到表扬、鼓励，促使这些孩子在学习中树立信心，逐步养成良好的学习习惯。时间是唯一的见证者，经过一段时间的努力，这些孩子每次的考试成绩都会有不同程度的进步。此外，笔者还注重做好和家长的沟通工作，家校共同教育，时间久了效果自然呈现。是啊，花期各不相同，更何况这是孩子。多一分鼓励和赞许，少一分讽刺和挖苦，从内心深处消除这些孩子学习道路上的障碍，对于他们的成长会起到积极助推的作用，这些孩子的未来也会精彩纷呈。总之，教育孩子是一门艺术，班主任管理班级更需要讲究方式与方法。一个班级好比一个"小社会"，来自不同家庭的孩子每天都在演绎着不同的故事，这就需要班主任必须有一双慧眼及时发现问题，用一颗爱心及时关爱孩子，用一份毅力时刻陪伴孩子，从内心深处完全接纳每一个孩子，用切实行动把班级管理当成一份事业去做。只要献出真正的爱心，不敢说对班级每一个孩子的教育效果都能达到百分之百，但至少教育效果会更大化，作为一名班主任，笔者问心无愧！

（选自王玉平：《班主任教育叙事》，《亚太教育》2019年第8期，第41页。）

三、有资料但难整理

"请专家帮忙提炼提炼",这是中小学教师最常挂在口头的话。"提炼"其实就是在纷繁复杂的原始资料中找到一条逻辑线索,形成一个论证的闭环。如前所说,中小学教师天天浸润在学校,时时处处都在接触教育的现场和资料。备课的教案、听课的记录、课后的教学反思、学生的习作、家长的反馈……这些都是资料,但能够提炼出什么、怎样超越工作报告式的研究写作模式,这是一线教师最头疼的问题。

案例1-3是一位幼儿园园长提交的课题总结报告。我们可以看出,该园长在改革幼儿园的管理制度上做了大量的实践探索,并且积累了诸多制度性文件,调研了教师、家长的观点,这些宝贵的资料应该放在结题报告中作为支撑性论述素材,然而由于过往长期的工作思维惯性,这份结题报告看上去更像是一份"高级的工作总结"。

案例 1-3

根据幼儿园仁爱管理的初步框架,我们从环境、机制和方式方法等几个方面着手改进管理行为,逐步摸索出了一些有效的策略。

(1) 注重环境的打造,氛围温馨有改变。创设温馨温暖的物质环境和温暖向上的精神环境。如:班级温暖似家的布置、温馨自由的办公区等,幼儿自由轻松的学习、探究、自主发展的区域和活动环境等。教职工每月的开心一刻、快乐分享、茶歇时间,重在倾听、交流,说开心的事、谈成功的案例,是教职工增强了解和互助认可的过程,帮助形成融洽的人际关系。关心教职工的专业成长,制定了教职工发展方案,如关注教职工的身心健康,进行团队心理知识讲座等,让温暖的话语和行为在教职工之间流淌。

(2) 出台暖心的政策,工作和谐有关爱。作为管理人员尊重和关注每一位教职工,凡事以爱为先,以人为中心,以情为主线,说暖心的话,做暖心的事,处处为职工谋福祉,如:"职工因子女参加中、高考给予公假制度""直系亲属住院的公假陪护制度"等的制定和颁行,夏季的防暑降温药品和冬季的护手霜,为车棚增加插座充电,购置午休的活动床,等等。从小事入手,以情暖人。

(3) 打开信任通道,管理行为有调整。以引领职工参与制度建设为重点,在人人参与、自下而上讨论,且广泛得到职工认可的前提下,建全了一套比较完善的充满人情味的管理制度。运用温暖人、鼓舞人的方式工作,以搭建教职工自主管理为平台,为教师创造自我实现的条件,充分发挥教师的创造才能。以调动教职工工作积极性和创造性为工作的出发点,以鼓励先进、激励后进为工作的落脚点,创新激励机制。如:制定了"三手五星"的评优方案、满负荷工作奖等,积极探索建立公平、有效的评优机制,让百分之八十以上的教职工都能收获荣誉,感受工作的意义。最大限度地发挥人的潜能,实现自我价值。

(4) 推行院务公开,重大问题有监督。不断拓宽教职工参与管理的渠道,通过听取职代会意见、公示、试行等多种形式,做到人人平等有话语权、事事公开有知情权、利益共享有存在感,凡涉及教职工关心的重大决策和切身利益的考核评优等工作坚持先公示再实行的方式,建立职工有信任感的工作环境,给教职工一种"我很重要"的感受(教师职称自主评定方案)。

(选自左玲:《做幼儿园仁爱管理的践行者》,江西省教育科学规划课题结题报告,未发表。)

四、能够说但不会写

或许是每周18—20节课的缘故,中小学教师擅长口头表达,但书面写作却很困难。典型的证据是,教师通常不喜欢写教学反思日志、年终总结,即便是优秀教师也不例外。我们曾经在做一项有关优秀教师的研究课题时,请教师们写一写教育故事,但大部分教师会说:"你让我讲给你听可以,让我写有点困难。"会说不会写,这成为中小学教师的困境,制约了他们教育研究成果的转化。

案例1-4是师范院校一位师范生提交的实习作业。这份作业的要求是:请师范生讲述一件在实习期间发生的"两难故事",同时运用所学的教育学理论对该故事进行分析。可以看出,职前教师在讲述具体事件时绘声绘色,但是完全看不出理论的分析,那么师范生在师范学校中学习的教育理论对他们的实习究竟有什么指导作用,便不得而知。此外,这种"流水账"式的教育叙事,也不能达到研究型写作的要求。

其实,在下述教育叙事之中有很多可以挖掘的"点"。例如:特殊需要儿童的差异化教育策略问题、家庭与学校协同育人的问题、隐性校园欺凌的问题、新手教师处理师生关系的经验问题等。可见,一线教师日常教育教学工作中最朴素的片段完全可以与教育研究中的前沿问题相互联结,而使自己养成写作、分析的习惯并形成相应的能力,则是成长为研究型教师的关键一步。

案例 1-4

实习期间,我遇到了一个与众不同的孩子,用老师和同学们的话来讲,就是"戏精"。周二的时候,辅导老师一大早就给我发了消息:她周二要去进修,让我帮忙看一下班。刚上课,这个小男孩说自己想要去卫生间,我允许了,他从卫生间回来后就一直看着我。于是我对他说:"赶快完成老师布置的任务,快写作业吧。"他对我说:"老师,我想去水房接水。"我说:"你杯子里不是有水吗?你喝完了再说。"然后,他就看着我,把杯子里过半的水都喝掉了,又拿起杯子举起来看我。我只好叫班长帮他去接水。班长打完水给他后,他不喝了,又对我说:"老师我现在很饿。"我只好告诉他上课不能吃东西。

后来,这个孩子就开始在班里自己玩了起来,他的橡皮掉到了地上,由于橡皮有一定的弹性,弹得有些远,他就爬着去捡橡皮,然后爬到我旁边,跟我说:"老师,你看我把橡皮捡起来了。"我赶快告诉他快回去好好坐着,赶快去写作业。但是他并没有回去,而是开始在班里唱歌,别人不理他,他就去抢他们的笔。然后,接下来的时间里,不停地有人"举报"他,原来,他将纸舔湿,揉成球,弹向其他同学。后来,他居然挡在两个组的过道中间,不允许他们通过,还要打其他同学。我吓坏了,连忙拉住他,剩下的时间里,我就一直让他坐在我旁边,只盯着他一个人。

下午,当我的辅导老师回来后,我跟她说了这个情况,辅导老师告诉我不用理这个孩子,他就是个"戏精"。"以前他上课还唱戏呢,任课老师一说他就笑,后来我去了,他一看见我就哭了,可是嘴角还笑着呢,可气人了。他就是看你是新来的老师,所以才这样。"

后来我跟老师聊了他很久,我才知道,这个孩子其实也挺可怜的。他爸爸妈妈在他很小的时候就离婚了,他跟着妈妈一起生活。他妈妈忙于挣钱养家,平时根本没什么时间与他交流。他妈妈每天上班比他早,回来得又比他晚,有时候加班,这个孩子就只能一个人在家。后来,他妈妈再婚了,又生了一个宝宝。他希望别人可以关注他,所以才会这样。

于是再去看班的时候,我有意识地希望能缓和他与同学之间的关系。我让他坐在图书角旁边,每当有人借书或还书的时候,就让他对图书进行登记。

一开始,同学们都很不信任他,不想把书交给他,后来,大家看他工作很认真,也没有捣乱,甚至还会对他说一句谢谢。我能看得出来,他特别开心。我走的时候,他跟同学们的关系已经好了很多,也有了几个好朋友。

(选自赵阔:《实习中的两难故事》,首都师范大学初等教育学院师范生实习反思。)

五、想学习但不对位

其实,作为教师这个职业来说,本身就是在与学习打交道,每一位教师都有较强的学习意愿,至少对书籍、知识并不反感。然而,由于中小学教师的工作现状,以及不同地区教师管理制度的细密化,导致中小学教师难以抽出整块儿的时间学习。研究方法这样一种需要整体学习的知识体系,对中小学教师来说是一种挑战。其实,从另一个角度来讲,中小学教师在观念上存在着对教育科学研究的抵触心理,他们往往认为研究并不能有效解决实际问题,这也反映了我们在开展教师培训工作中未能考虑教育教学实际需要的视角盲区。

北京外国语大学杨鲁新教授是国内从事英语教育的专家,她曾经谈到自己作为一名英语教育的研究者,在面对中小学英语教师的时候遭遇的窘迫情境。教师教育工作者需要有这样一种反思意识,需要看到中小学教师基于日常工作的研究需要,只有那些能够服务于教师教育教学,并解决工作中实际问题的理论与方法,才是最受一线教师欢迎的。

案例 1-5

2008年12月,我访谈了教研员慧玟老师。当问及大学教师在中学教师发展中的作用时,慧玟老师坦诚地指出:"你们大学老师是天上的'What',我们中学老师是地上的'How'。Please tell us 'how' to do 'what', not just 'what'(请告诉我们怎么做,而不是只告诉我们要做什么)。"慧玟老师的话非常形象地表达了中小学教师对专家讲座"只停留在理论层面"的看法。我进一步追问北京外国语大学(以下简称"北外")在北京市中小学英语教育中发挥的作用时,慧玟老师毫不客气地说道:"北外在哪儿?我想请北外的教授给我们老师做讲座,都不知道该找谁。"她的话深深地刺痛了我,让我认识到北

> 外对很多中小学英语教师来说是遥不可及的学府,也促使我思考自己作为从事外语教育研究的高校教师如何能为我国基础外语教育事业尽微薄之力。
>
> (选自杨鲁新:《从研究者成为教师教育者:自我叙事研究》,《外语与外语教学》2018年第4期,第54—64页。)

上述问题是我们在与中小学教师接触过程中整理出的五大通病,面对如此尴尬的现状,如何帮助中小学教师尽快实现超越?我们提出"成为研究型教师"的目标,在与大家分享具体的方法之前,我们先一起看看研究型教师有哪些特征,从而帮助大家找到成为研究型教师的努力方向。

第二节 研究型教师的专业气质

研究型教师的概念,并不是要求教师抛下教学实践走向另一个极端。这里所说的"研究"并不是学术界所要求的严格、中立、客观的科学探究,而是以一种"研究的心态"从事日常工作,仔细地辨析自己所面临的困境,形成相对清晰(但不封闭)的问题意识,系统地收集资料以了解问题的症状及其形成原因,并采取恰当的行动解决问题。从这个意义上来说,"研究型教师"的提出优化了传统教育教学中基于经验的、缺少反思的工作模式,研究的思维方式和精神态度能够提高教育教学的效率与效益。

"研究"是一种相对系统、严谨的思维和行动方式,有别于教师惯常的经验判断和主观行为。它要求教师在遇到困境时,对自己的思维和行动反复掂量,并不断对自己发问——

我为什么这样想和这么做?
我的判断依据是什么?
我这么做是为学生好还是为自己好?
我这么做是为了学生的近期学习目标还是长期发展目标?
我这么做反映了自己是一个什么样的教师,甚至是一个什么样的人?

只有不断质疑自己对教育的基本假设,教师才能实现一种深度学习,而不仅仅是基于经验的累积而提高教学技能。这种深度的反思甚至是自我批判,能够帮助教师产生醍醐灌顶般的对教育、生活乃至生命意义的洞察与领悟。

基于此,我们认为,研究型教师在专业气质上具有三大特点。

一、研究型教师是"接地气"的教师

作为中小学教师,教育教学实践为我们赋予了首要的身份定位。而如何处理实践与研究的关系,这才是研究型教师与普通教师不同的地方。我们都知道,教育实践特别复杂,具有情境性、特殊性、不确定性、不稳定性、价值冲突性等特点。对同样一个教育现象(如"学生学业减负"),不同利益相关者(教师、学生、家长、行政领导、学者等)意见经常不一致,很难统一。教师无法借助一套现成的原理或法则,只能基于自身的工作经验,在各种目的、期望和利益之间权衡,以便做出此时此地最恰当的判断和决策。[①]

教师的工作特点在于与"人"有着密切的交往,然而任何事情一旦牵涉到"人",就会变得极其复杂。每个学生的家庭背景、个人经历、兴趣爱好都千差万别,教师必须深深扎根在真实的教育一线,才能理解教育活动的多样性与复杂性;而研究型教师的专业价值就在于:他们能够对这样的专业工作的多重性与复杂性有更加清醒的认识和更加理性的辨识,特别是对于这种关系性实践具有敏感性,而复杂的专业工作现实又成为教师开展研究工作最真实、最丰厚的土壤。

因此,每一位教师都需要对自己所从事的专业工作有上述深层次的认识,而研究型教师一定是"接地气"的教师,他们了解一线的情况,同时具有处理教育教学现实问题的能力,并且能够运用研究性思维优质、高效地开展学校工作。

二、研究型教师是具有实践智慧的教师

实践智慧是优秀教师内在品质的集中表现,具有实践智慧的教师,不盲目相信教育专家提出的理论,也不只重复使用教师内部同等水平的教学经验。实践智慧大部分都是缄默的、具身性的,遇到问题情境时才会被激活,需要通过教师行动中的反思,并在问题解决的过程中得以彰显。当面对诸如"理论知识不能与教育教学实践精准对位"的问题时,研究型教师更加尊重自己的实践,能够基于实践将理论本土化,甚至大胆地对理论进行合理改造。

不少师范生在师范大学掌握了大量的教育学和心理学理论,然而,当他们进入中小学后却发现自己不知如何教书,特别是不知如何带班、如何进行人际交往。这是因为学校是一个非常复杂的社会场域,很难被教育学或心理学的理论全面而深入地描述和解释。美国教育学者唐纳德·舍恩(Donald Schon)曾用"干爽的高地"

[①] 陈向明.中小学教师为什么要做研究[J].教育发展研究,2019(8):67—72.

和"低洼的沼泽"比喻"理论"与"实践"各自的特点。舍恩指出,即使理论工作者对学校发生的事情进行了入木三分的刻画和分析,但是他们通常站在"干爽的高地"上,所建构的理论只要能够自圆其说就行,不必关心在实践中能否被具体运用;而教育实践者却是在"低洼的沼泽"里挣扎,问题重重,相互缠绕,难以用概念与术语厘清。当教育实践者被询问"到底面临什么问题"时,他们往往很难说清楚,因为"问题"在被处理的过程中一次又一次地被重构。

例如,在面对"学生上课回答问题不积极"这样一个问题时,教师一开始可能认为是学生上课不爱发言,结果发现是学生担心被同伴取笑,后来又意识到是课堂氛围不够宽松,而这主要是教师自己的教育理念未能做到"以学生为本"所致。很多时候,教师需要在做的过程中才知道"问题"到底是什么,行可能先于知,或者知与行同时发生。研究型教师是具有实践智慧的教师,他们能够超越正式知识和非正式知识、理论和实践、内部和外部等种种二元对立,通过自己的"批判性思维"形成对教育教学的认识。

三、研究型教师是具有批判反思能力的教师

研究型教师需要具有高度的反思意识和能力,能够跳出具体情境,反观自己的教育行动及其背后的教育理念。这种反思被称作"批判性反思",它不仅仅是对当事人行为策略的反思,也是对行为背后的信念、假设、价值观的深度反思;它不仅仅是事先反思和事后反思,而且更需要在行动中反思,这是因为教育工作中会出现很多意想不到的事情,需要教师当机立断,对事情做出明智的判断并立刻采取行动。时间的紧迫性和问题解决的重要性,容不得他们停下来慢慢思考或付诸书本知识。一线教师只能依靠自己已有技艺库中的储备,根据新旧情境的相似性,调用合适的技术和工具,相似地"做"出自己的思考,并根据效果适时调整乃至改变自己的行动策略及其教育信念。很显然,这是一种复杂程度很高,需要灵活调节、动态发展的反思,甚至是"元反思"的能力。

例如,我们在研究中曾经听到一位小学数学教师讲述自己的一则教育故事:班上一位"学困生"在期中考试得了 98 分,全班同学对之投以惊讶的目光并鼓掌。这位教师敏锐地感到学生的掌声中透露出对这位"学困生"的不信任,随后,该教师对全班同学进行了教育,肯定了同学们的善意,但也指出同学们要对每一位学生抱有尊重的态度。同时,这位教师也深度反思了统一化考试对学生发展带来的弊端,特别是自己在差异化教学方面的不足,由此这位教师不断优化、更新数学教学的评价方式,帮助更多学生取得了进步。这个故事说明:教师的反思能够在很大程度上

解决教学中出现的问题,并起到"四两拨千斤"的效果。

总而言之,研究型教师是"接地气"的教师,是具有实践智慧的教师,是能够开展批判性反思的教师。对研究型教师内在专业品质的"素描",能够让我们循着这样的方向寻找差距,同时也是为自己开展教育教学研究探寻有效的路径,那就是:重实践,敢质疑,常反思。

第三节　教师研究的关键点

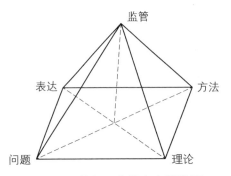

图1-1　教师研究的金字塔模型

为了更好地帮助中小学教师开展教育教学研究,我们基于多年的观察、思考以及与一线教师的交流和培训经验,提出了"教师研究的金字塔",其中的五个关键点包括:问题、理论、方法、表达与监管。确定一个好的研究问题是起点,匹配恰当的理论视角是重点,运用适当的研究方法是关键,掌握规范的学术表达是前提,落实严格的监管策略是保障。换句话说,如果中小学教师从以下五个点来设计、实施、评估自己的研究,那么一定能够保证研究的质量。

一、聚焦好的研究问题

问题是研究之眼,毫不夸张地说,提出一个好的研究问题基本上就成功了一半。但是,研究问题从哪里来呢?首先,应该从教师日常工作的困惑中来。中小学教师在日常工作中首先会面临很多困惑,这些困惑是他们从事教育研究的兴趣和动力所在。例如,有不少教师对"有效教学"的问题十分感兴趣,但是"有效教学"的范围太大、不够聚焦,不能成为一个明确的研究问题。我们可以通过做出相应的界定来缩小研究的范围,例如针对"有效教学"的困惑,可以思考的切入点有:什么学科的教学?什么课型、课类?什么发展阶段的教师执教?从哪些方面衡量有效的标准?等等。对研究的困惑提出上述追问,可以帮助教师迅速限定研究的范围,避免选题过于宽泛。

当限定了研究范围之后,我们还要考虑这个困惑是否具有研究的价值。这里所指的"研究价值",说的是研究的问题是否有相应的研究基础。通过阅读前人研究的成果与公开发表的文献,我们可以了解相关研究的基础。以下三种情况可以帮助教师明确研究问题：(1)别人研究过，但研究不全面甚至结论有错误；(2)别人研究过，但是观点已过时；(3)别人很少触及的一个新问题。如果您的研究问题符合上述三条标准中的任何一个，那么就说明这是一个有研究价值的问题。从这里也可以看出，好的研究问题既来源于实践，也需要回望已有研究的基础和前人研究的积淀。

二、寻找合适的理论解释

一线教师往往对理论怀有一种距离感，但是我们需要知道，理论并不是凭空"捏造"出来的，理论是对经验的抽象，理论是源于经验又高于经验的表达。理论的作用除了让我们的研究成果看上去学术性更强之外，更重要的是帮助我们理清分析的思路。有人说，理论就像探照灯一样，帮助我们把纷繁复杂的社会现象聚焦到一个点上去。其实，我们从事科学研究就像是盲人摸象，任何一个研究者都无法看到社会现象的全貌，但是不同的人从不同的理论视角出发，对同一个现象的不同描述和解释则会不断帮助我们增进对问题本身更加整全的认识。

在教育研究领域，我们需要做到的是根据研究问题的层次来选用适宜的理论。例如，宏观层面的教育改革问题、中观层面的学校管理问题、微观层面的课堂教学问题等，不同的问题层次应该选用不同层次的理论。一线教师通常遇到的困难是：不知道选取什么样的理论，当理论过大、过小、过多、过杂时，都不是一个好的研究。我们为教师们提出的建议是：除了阅读相关的理论书籍之外，最有效的方法就是与大学研究者形成合作共同体，发挥双方的优势，借助教育理论研究者的洞见解读教育实践者的经验，同时利用实践中萌发的新问题促使理论的优化与更新，从而形成理论与实践的双向互动。

三、运用恰当的研究方法

一线教师开展教育教学研究，为什么通常提交上来的课题申请或论文看起来更像是一份工作计划或工作总结？主要的原因在于缺乏研究方法。研究方法与工作方法不同，但是我们的中小学教师通常会直接把工作的思维惯性迁移到研究中去，因此就会导致"不系统调查就直接下结论""不系统反思就直接提改进建议"的现象。这也就是为什么很多教育决策会失去后发效力的重要原因。而教育科学研究的价值在于，它可以让我们的决策实现一种循证，或基于证据的路径，从而使结论更加科学、理性和有持续性。

那么，对于中小学教师而言，首先应该了解一些基本的、规范化的研究方法，例如：问卷调查法、访谈法、实验法等。然而，从目前中小学教师常见的表述中，我们经常看到一些教师对于研究方法的使用并不是我们所说的规范的教育研究方法。例如："经验总结法"在很多中小学教师的课题报告中都会出现，但它并不是一种研究方法，它在本质上还是基于教师工作经验的感性提升。此外，当方法的表述规范之后，研究方法的选用必须要与研究问题的属性相匹配，也就是说，没有放之四海皆准的方法，方法是为解决问题服务的，研究方法的选用必须依据具体的问题特点和研究目的而定。本书的写作立足点正在于此，以中小学教师日常工作中最常见的几类问题为出发点，引出与之相匹配的教育研究方法的介绍，并在实践案例中讲解研究方法的使用，以帮助教师们更好地理解、掌握和运用这些方法。

四、灵活多样的表达方式

目前中小学教师的科研成果主要通过文字的方式来呈现，这样一来，许多教师就会担心自己的语言过于口语化、不够学术。诚然，科学研究成果的表达需要做到逻辑性强、简洁明了，有扎实的数据支撑或有深度的思想论辩。但是，近年来随着教育叙事探究与教师行动研究的兴起，科研成果评价部门也越来越尊重教师独特的表达方式，许多公开发表的期刊也刊载了一线教师的教育经验叙事。只要教师能够有理有据地呈现自己基于教育教学实践的研究成果，结合相应的理论视角进行提炼，就能够得到推广。

此外，许多中小学教师认为教育研究成果形式较为单一，只能通过文字来表达。其实，可以使用图、表甚至多媒体的方式来呈现研究成果，这种多样化的表达方式比单一的文字更有冲击力，也更贴近真实的教育情境。近年来，随着大数据和人工智能的兴起，教师的研究成果也越来越强调向教育实践的转化，例如：将研究成果转化为教学软件、教具学具等。这些灵活多样的成果表达方式都应该成为开拓教师研究思维的中介。

五、全程监管与自律能力

最后，也是最重要的，是每一位教师自身对研究的整体规划和自我监控能力。很多教师总是抱怨工作太忙或自己太懒，拖延症是研究最大的天敌。教师们可以形成研究小组，相互监督，共同推进；也可以给自己设立奖惩措施，激励自己在规定的时间内完成相应的研究。我们的经验是：可以签订研究契约、填写时间进度规划表、绘制研究思路绘图板等，这些小技巧在我们的培训班中得到了中小学教师的积极反馈，证明非常好用。

下面提供一些科研管理的小工具，它们能够有效提高研究工作的效率。第一个是一份研究契约，可以用于教师科研课题小组内部成员之间相互督促。第二个是一份时间进度表，可以用于教师个人论文写作的进度安排。第三个是一张研究思路绘图板，可以帮助教师形成教育研究的整体思路，以达到步步推进的效果。

工具包 1-1

研究契约

我承诺，与小组成员通力合作，在____年____月____日之前，完成研究任务_____。请小组成员监督，若不能完成，则_____。

承诺人：_____
小组成员：_____
签订日期：_____

论文写作时间进度安排

截止时间	预计完成内容	完成情况	备注

```
                    核心问题
        ┌──────────────┼──────────────┐
      子问题1         子问题2         子问题3
      ┌──┴──┐        ┌──┴──┐        ┌──┴──┐
  研究内容1.1 研究内容1.2 研究内容2.1 研究内容2.2 研究内容3.1 研究内容3.2
```

研究思路绘图板

第四节 教育研究方法概览

在正式学习本书介绍的 8 种教育研究方法之前,我们希望帮助教师建立一个整体的研究方法框架。中小学教师可以基于通过研究改进教学的整体思路,选用不同的研究方法。根据方法论的分类,我们把教育研究的常见方法分为定量研究和质性研究。

定量研究(Quantitative Research)基于实证主义哲学观,其研究对象是中立的、独立于研究者之外的某种客观存在物。定量研究一般是为了对特定研究对象的总体得出统计结果而进行的。定量研究者认为,其研究对象可以像解剖麻雀一样被分成几个部分,通过这些组成部分的观察可以获得整体的认识。因此,定量研究者的研究目的在于发现人类行为的一般规律,并对各种环境中的事物做出带有普遍性的解释。

质性研究(Qualitative Research)基于解释主义的哲学观,其研究对象与研究者之间的关系十分密切,研究对象被研究者赋予主观色彩,成为研究过程的有机组成部分。质性研究者认为,研究对象是不可分的有机整体,因而他们检视的是全部和整个过程,强调人的个性和人与人之间的差异,进而认为很难将人类行为简单地划归为几个类别。质性研究具有整体性、情境性、关系性等特点。

两种不同研究方法之间的比较如表 1-1 所示。

表 1-1 定量研究与质性研究的对比

	定量研究	质性研究
研究问题	可测量的、可量化的	难以量化的、只能描述的
资料类型	以数字为主的	以文字为主的
研究对象	样本量大	样本量小
资料收集	发放问卷、测试题、评课的量表、学生的考试成绩	访谈、座谈、课堂实录、图片影像、教师日志
研究目的	证实普遍情况	寻找复杂性
研究结论	普适性、概括性	独特性、地域性
文字风格	简洁明快、抽象概括	细致入微、感动人心
举例	问卷调查法	叙事探究法

上述两种研究方法的选用,很大程度上取决于研究问题的提问方式。例如,教师同样面对班上学习成绩不良的"后进生",可能会产生如下两个不同的研究问题:(1)后进生的学习成绩与他们家庭的社会经济背景有什么关系?(2)后进生是如何一步一步成为"后进生"的?

很显然,第一个问题是一个关于"是什么"(What)的问题,第二个问题则是一个关于"是如何"(How)的问题。第一个问题可以通过定量的研究方法,通过问卷调查了解后进生父母的职业、收入、学历等客观信息,并将它们赋值处理,然后与学生的学习成绩做相关分析,由此得出家庭社会经济背景与学生学业成绩之间的关系。第二个问题则很难通过量化的处理方式得到解答,因为它是一个过程性的问题,它需要追溯后进生的学习与成长经历,即其在家庭、学校、社会中究竟经历了什么,哪些关键事件对他们产生了不良的影响,这些信息只能通过与后进生的访谈、收集反映他们成长经历的实物(如:日记)等方式获得。因此,采用质性研究的方法更为适合回答第二个研究问题。

当然,在具体的研究项目中两者可以兼而用之。例如,在一个研究中,既可以用问卷收集数据资料,也可以再做一些访谈来深化理解。在本书中,混合了定量与质性研究方法的有:视频分析法、设计研究法、行动研究法等。读者可以根据自己的研究问题、研究周期和经费条件等,选用合适的研究方法,并适当综合使用这些方法。

◆ **问答角**

> **问题1:** 我是一名班主任老师,每天都有繁重的教学和班级管理工作,我该如何抽出时间进行教育教学的研究?

回答 番茄工作法是简单易行的时间管理方法,是由弗朗西斯科·西里洛(Francesco Cirillo)于1992年创立的一种相对于GTD("Getting Things Done"把事情做完)更微观的时间管理方法。您可以选择一个待完成的任务,将番茄时间设为25分钟,专注工作,中途不允许做任何与该任务无关的事,直到番茄时钟响起,然后在纸上画一个"X"短暂休息一下(5分钟即可),每4个番茄时段多休息一会儿。番茄工作法可以极大地提高工作的

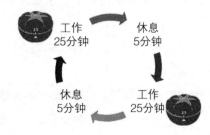

效率,还会有意想不到的成就感。在霍尔格·米特尔施泰特(Holger Mittelstädt)和费迪南德·特韦斯(Ferdinand Tewes)编写的《课堂准备的99个小贴士》一书中,特别提到了"番茄工作法"管理时间,表明其能够帮助教师在有限的时间内,高效地完成科研工作任务。

问题2: 我们做教育科学研究,大多数需要通过课题报告、论文等形式完成研究成果。除了呈现研究结果之外,写作的意义究竟是什么?

从表面上来看,写作是将流动、模糊、复杂、多面相的现象和观点用概念捕捉住,然后以具体的语言符号表现出来的这么一个过程。但实际上,写作在教育科学研究中还可以发挥很多其他的作用。除了展示研究结果、说明研究现象以外,写作还可以被用来思考问题、与不同意见展开辩论或对话、说服假想中的读者、建构社会现实等。简单来说,写作不是研究的终点环节,写作本身就是一个思考的过程,写作可以推动我们对问题本身的思考,也就是说,我们不能等什么都想清楚了再落笔,而是应该有一点想法(哪怕是不成熟的观点)就写下来。此外,写作也是一种教师对自我赋权、增强教师专业认同感的重要方式。

◆ 实践练习

1. 请运用教师科学研究的"金字塔模型"作为自我诊断的工具,反思自己在开展教育科学研究过程中遇到的最大问题是什么?为什么?

2. 请与您身边一位研究型教师做一次交谈,了解他开展教育科学研究的故事和经验,整理这次交谈的记录,并把其中的核心要点提炼下来。

⊠ 资源拓展

1. 陈向明著:《教师如何作质的研究》,教育科学出版社2001年版。

该书是一本面向中小学教师的教育研究方法书籍,聚焦质性研究方法的操作技巧,可读性强,对于中小学教师开展课堂观察、访谈等具有直接的指导意义。由于质性研究方法关注教育情境的复杂性、人际性,因此也特别适合中小学教师学习使用。

2. 李冲锋著:《教师如何做课题》,华东师范大学出版社2013年版。

该书从课题研究的价值、如何选择课题、如何进行课题设计、如何成功申报课题、如何做好开题论证、如何实施课题研究、如何面对中期检查、如何撰写结题报告、如何推广课题成果等方面入手,条分缕析地做出实战指导与疑难解析,能够帮助教师理清思路,顺利走上课题研究之路。

第二章 用视频分析法研究教学公开课

 本章导言

视频分析（Video Analysis）是通过课堂观察对教学录像中课堂师生行为进行分析，并利用课堂视频分析工具进行研究的方法。自19世纪末，英国摄影师埃德沃德·迈布里奇（Eadweard J. Muybridge）发明了运动图像作为一种新的信息载体以来，视频已与我们的日常生活息息相关。作为一种重要的数据来源，在自然科学领域中，它始终服务于其基本目的：对现象进行更细致的观察。而如今，经过40多年的发展，视频分析已成为教育研究的主流取径之一。

对于一线教师而言，自己或他人的教学公开课视频是其在职业生涯中接触最多的教研资源之一。为了能有效获取生动形象、易于理解的教育教学知识，教师们尝试利用计算机、网络或学校平台分析这些教学公开课。教学公开课中的视频图像为教师成长创建了真实的情景，在拓展教育实践内容广度的同时，也加强了教育理论研究的深度。教师若能熟练掌握视频分析的方法，有效剖析视频资源中的教师行为，不但可以刷新自己对教学的认识，从他人的实践中挖掘先进的理论和实践经验，更能提升自身职业水平，从而带给学生们更加高质量的课堂呈现。

然而，虽然视频是能够直观帮助教师通过观摩从而间接获得经验与能力的好工具，但由于在分析上缺乏综合的模式性框架和步骤化的使用原则，教师能够有效使用教学视频作为研究工具和载体的能力十分缺乏。那么，作为研究者的教师应如何采集和选择一个视频或片段呢？应如何分析这一视频或片段呢？又应如何利用教学视频促进其专业发展呢？

在本章中，我们希望深入探讨教师对教学公开课的视频研究，通过结合实例为教师设计一套系统性的视频分析方法，从而解决以上问题。

▲ **学习目标**

- 了解教学公开课视频的四种类型。
- 基本掌握视频分析法的研究理论和操作步骤。
- 能够借助视频分析流程框架对教学公开课视频案例进行有效分析。

◆ **情境导入**

马老师是一名即将入职的小学语文老师,由于学生时期参与的实践机会较少,她认为自己在课堂教学与课堂管理方面不太擅长,因此想要利用假期时间观看网络上的优秀教师公开课视频以提升自己。但是,马老师在观看了几节视频后产生了些许困惑。她认为,观看别人的课堂无法使自己有所收获,因为当她观看优秀教师的课堂视频时,无法提取出适合自己的有用信息;观看自己的课堂视频时,她又无法清晰地指出问题所在和改进方向。当然,这一系列问题的根本原因在于,马老师不会分析教学公开课视频,因此教学公开课视频的价值在她手中无法充分实现。

马老师的情况与当前的大多数教师对教学公开课视频进行分析时的状态非常相似,深知视频分析的优势所在却不知如何入手。那么,教师们为什么会对观看教学视频产生困惑?有哪些方法或框架能够帮助他们高效地分析教学公开课视频?在分析视频时,又应当关注些什么呢?

第一节 什么是视频分析法

"视频分析法"又称"视频图像分析法",是一种能够协助教师一边"看视频"一边成为"研究型教师"的有效方法。对教师而言,学会了视频分析法就掌握了独属于信息时代课堂教学的研究密码。作为信息时代的"原住民",从传统的"文字人"转向"视频图像人"的教师们需要最快捷、最大限度地利用视频资源,以形成基于真实情境、借鉴他人与剖析自我的研究模式,这有助于自身的专业发展。[1] 在本节中,我们对视频分析法的定义和特点进行介绍,帮助教师迅速掌握视频分析法的研究要义。

---

[1] 李政涛. 从"教育视频图像分析"走向"教育视频图像学"[J]. 首都师范大学学报(社会科学版),2019(01):148—155.

一、视频分析法的定义

最早的视频分析法是基于文献阐释法的一种变形。与日志记录相比,动态的画面能更准确地记录整个场景的声效与气氛;与录音相比,图像的呈现可以关注到非语言性的肢体动作、神态表情;与图片相比,连续性的画面与声效则能将研究者再次带回到"此时此景"。

我国学者王鉴强调课堂视频分析是研究者基于课堂实录视频,利用视频分析软件对其进行文字转录、编码、统计数据,以此对课堂进行分析的一种研究方法。[①] 郑太年等人则对视频分析的意义、发展历程及理论进路进行了系统地分析,将课堂视频分析定义为对已录制的课堂教学视频进行分析研究的全过程。[②] 综合以上学者们的论述,我们可以发现,视频分析法特别强调研究者深入资源情境,从中灵活抓取种种关键细节以达到丰富分析材料的目的。对教师们而言,这种将课堂教学视频资料作为素材,基于实践经验挖掘可用数据并获得分析结果的方法较易上手。

简而言之,视频分析法是发生在真实的环境中,利用视频证据作为表现反馈的渠道,是一种能够改善课堂实践的研究方法。事实上,它要求教师分析具体的视频数据,而不是对一堂课的感觉、记忆或复述做出反应,因此可用作反思性实践的方法促进教学改进,化解教师反思形式的局限性。

二、视频分析法的特点

相较于传统的课堂研究方法,与教师关系十分密切的视频分析法能够将课堂教学视频中教学过程的复杂性、及时性和丰富性呈现出来,让参与者体会和认识真实教学情境中发生的各种事件,摆脱时空和资源的限制。总结来看,视频分析法的特点主要有以下四点。

一是强化教师反思取向。教师可以基于视频分析法对自己或他人真实的教学情境进行反思,从而有针对性地调整未来教学实践中的大部分问题。

二是充分发挥资源价值。视频实现了课堂师生互动的再现与重复,在分析过程中,教师可以多次、多角度地重复播放视频,对研究资料进行无限利用,这能够帮助教师注意到那些易忽视的教学细节。

[①] 王鉴.课堂观察与分析技术[M].兰州:甘肃教育出版社,2014:262—267.
[②] 郑太年,仝玉婷.课堂视频分析:理论进路、方法与应用[J].华东师范大学学报(教育科学版),2017,35(03):126—133,172—173.

三是贴近教学真实情境。视频分析法是目前最全面和最详实的记录课堂师生互动行为的一种方法，它能够完整地剖析课堂师生互动过程，以避免传统文字描述导致的间接信息失真。

四是研究过程简便高效。视频分析法是一种能够突破时间和地点限制的高效率研究方法。教师可以直接利用视频分析软件对课堂实录视频进行文字转录、编码、统计数据，方便对其进行精准分析。

近年来随着视频分析法在我国教育教学实践领域备受关注，使用其作为教学研究方法的教师群体也在不断扩大，除反思自身的视频记录外，教师们最常使用的便是教学公开课资源，这些来自同行的真实教学情境是促使教师快速成长的宝藏。教学公开课通常是指教师在公开场合上课、授课时呈现出的授课形式，也是我国特有的一种教研组织形式。当前，其作为中小学教师群体提升教育教学能力的重要资源，已逐渐成为教学研究的主流手段之一。但是，对于发展中的研究型教师来说，在尽可能把握住由单位组织或报名而来的参与或观摩公开课的机会外，他们将更多的学习时间利用在对教学公开课视频（包括教师自己视频）的研究上。

这种依靠现代技术、网络平台且有较广受众群的公开课观摩方式能够有效跨越时间、空间，从而带给教师群体更大的资源储备与选择范围，是未来教师发展的得力抓手。在下一节，我们就要重点看看教师应如何用视频分析法研究教学公开课。

第二节　用视频分析法研究教学公开课的准备

教学公开课的"公开"是形式，"研究"是本质。对中小学教师而言，研究教学公开课视频是一种比观看和参与实际课堂更能方便接触到多种内容与类型的课程的有效途径之一。在研究之初，我们首先要充分了解研究对象以做好研究准备，其中，包括了解参考视频资源较丰富的平台，认识教师在研究自己和他人的教学视频时应有怎样的异同，以及教学公开课的相关分类等内容。

一、教学公开课视频的采集

（一）教师采集自己的教学公开课视频资料

在采集教学公开课视频资料时，内容既可以是教师自己的也可以是他人授课的课堂呈现。其中，为了更好地观察和反思课堂情况，教师在选取以自己为授课主体的视频或准备将某一课堂教学设计录制为视频资料时，应注意以下两点：

第一，教师应了解教学公开课视频的拍摄角度与视频画面关注点之间密切的关系。一般来说，在摄像机屏幕中心时常出现的人即是视频内容的主体。教师把摄像机放在教室后面、侧面和前面时分别隐含了教师作为主体、教师与学生平行和学生作为主体的区别，这取决于观察者想要从哪一方面了解视频中的师生互动（如图2-1—图2-3所示）。

图2-1 教师作为主体

图2-2 教师与学生平行

图2-3 学生作为主体

第二，教师在拍摄和选取视频时应避免镜头的频繁切换，尽量分析采集广角镜头拍摄的视频，尽可能提供一个连续的、相对全面的在课堂教学过程中师生互动的记录。当前，越来越多的教学视频在新技术的支持下会在教师板书或切换幻灯片时给教师和黑板特写。对教师这一观察者而言，由于切换较多而无法及时捕捉学生的反应和状态，这会导致视频分析时缺少潜在的有效信息。此外，教师如果想在探究性课堂上了解到学生在小组合作中的表现，应准备多个摄像装置，并持续拍摄某个或某几个小组活动，从而获取其在一堂课上的完整表现。

（二）教师采集他人的教学公开课视频资料

教师作为研究者在采集其他教师的教学公开课视频时，除应与采集自己的教学视频时一样关注上述两点外，还需多了解采集此类公开课视频的平台及途径，以便找到更多、更好的视频分析资源。资源呈现也应多以"优课"的方式实施,即该视频内容一定程度上代表了当前教育实践的前沿水平,虽然未必是具有普遍性的教学方式,但也反映了目前实践界普遍认可的教学方式和努力方向。另外,平台上的开放性资源也便于同类研究的开展,以及在更大规模上进行验证,从而使研究具有累积性效果。为此,我们筛选并归纳出以下可以找到较优质教学公开课视频且更受教师欢迎的中外网站以作分享之用。

1. 国家教育资源公共服务平台("一师一优课,一课一名师"平台)

国家教育资源公共服务平台上"一师一优课,一课一名师"的"晒课"活动为来自全国范围的广大教师群体提供了丰富且多样的视频资源。教师既能通过该平台观看来自其他省份、地区优秀教师的教学示范课,也可了解与自己教授相同课题的其他教师和自己有怎样不同的教学呈现,更可以上传自己的教学公开课视频并与他人交流讨论。这样的视频资源平台能很好地引导教师有效利用网络资源,是广大一线教师的较优选择。

2. 中国教师研修网

与国家教育资源公共服务平台相同的是,中国教师研修网同样是由官方主办,旨在为广大教师群体提供优质的视频资源与诸多免费可用的信息公共平台。而与其不同的是,中国教师研修网内容以教师培训项目为主,教学公开课视频的投放只作为教研案例提供,因此数量精简。但是,其中几乎每个案例都包含了完整的教学设计、课件和专家评议,对想要深入解读教学环节的一线教师具有一定的参考价值。

3. 教视网等视频平台

正如多数受欢迎的教学公开课视频平台一样,教视网、教师听课网等网站展示了丰富多样的视频资源,除了大量的优质课视频以外,还包括了不少职前教师模拟和试讲的内容。因此,与观看"标准化"的示范、竞赛、考评教学公开课视频不同的是,教师可以通过观看那些"并不完美"的教学公开课视频,从而在一定程度上锻炼自己的评课能力。

4. 可汗学院

对于研究型教师而言,擅长借鉴其他国家优秀的教育教学理念和方法是其必需的素养和能力。研究可汗学院(Khan Academy)这一完成度相对较高的教学资源网站中的国外教师的课堂视频是教师促进专业发展的有效途径之一。

值得一提的是,教师在采集视频时应尽量确保材料的真实性、有效性和可靠性,尽量选择一手资料,尤其是在使用多用途的视频网站时。由图2-4所示的视频材料的使用与生产它们的研究项目之间的距离关系可知,一些并非真实教学场景的案例有可能导致最后的分析结果存在不确定性和误导性,使视频研究结论不可预测。

图2-4非坐标图,箭头所在实线表示制作视频材料的研究项目与研究者自身距离的远近,曲线构成的面积表示视频分析所得结果的不可靠性大小(面积越大越不可靠),整体表示视频分析所得结果的可靠性最终会随着制作视频记录的研究项目与研究者自身距离的增大而减小。

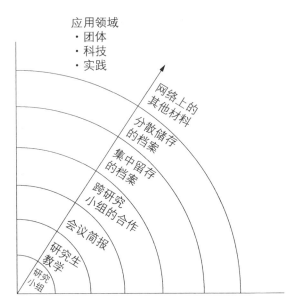

图2-4 视频材料的使用与其生产源之间的关系

二、教学公开课视频的分类

由于教学公开课的视频资料较多,课堂形式多样,教师要想面对众多视频做到"心中有数""知根知底",就要学会区分不同种类的教学公开课视频。

基于前人的研究和大量视频资料,我们总结和归纳出教学公开课的四种类型,无论是研究他人还是自己的教学视频,教师都可以在一定程度上根据以下介绍对视频研究内容有更加深入的理解。

(一)示范型公开课

示范型公开课的主要模式即观摩。主要目的是对青年教师或师范院校的学生起教学示范作用,一般由骨干教师、特级教师或大家公认的名师来授课,这对于推广成功的教学经验、提高教师队伍的整体水平具有重要作用。而此类教学公开课视频更容易被教师群体反复观摩并学习。

自 20 世纪 60 年代初示范型公开课从重点面向师范院校学生转为重点面向广大在职教师群体以来,我国中小学教师通过示范性质的公开课向优秀教师学习其教学设计、教学方法、教学技巧的氛围就已逐渐形成。该类公开课作为最初的公开课类型,另一重要示范表现就是它通常能够完整、严格地呈现教学的基本流程,使教师在授课时做到"心中有数",相关模式逐渐成型并趋向完整。同样地,此类公开课还能够引导教师逐渐产生对"好课"的趋同认识,增加教学实践的具体比照,对教师的教学具有较大的促进作用。

(二)研究型公开课

研究型公开课就是我们平常所说的"研究课""研讨课",许多学校也称其为"磨课"。与必做"精品"的示范型公开课不同的是,这类课程更关注其"代表性",无论是新手教师的"初级课",还是实验中的"探索课"都可以作为研讨的素材。因此很适合在学校内部教研的教师之间呈现。大多数这类公开课的视频资源也适合被用作对比研究。

研究型公开课一般聚焦于研究和探讨教学中的问题;或聚焦于教师在教学中对学生在某个方面特定的发展;或聚焦于教学中某个具体问题的解决方法;或研讨不同的课型,探究高效教学的方法;或聚焦于某个教学理念与教学具体行为优化的实践;等等。另外,此类公开课大多使用循环改进教学、实验教学、轮流教学和同课异构四种方式帮助教师进行研讨,进一步促进教师改进自己的教学实践,提高教学质量,实现教师在教学上的发展。

(三)考评型公开课

考评型公开课具有一定的标准且以检查评定教师为目的,同时还会以检查评定结果为考核依据。因此,它相较于示范型和研究型公开课的要求较低,更接近于"常态课",也更加真实,能够反映教师的实际教学水平与教学态度。

教师在屏幕前可通过研究此类教学视频了解并接触与自己不同地区、不同科目、不同授课年级的教师在常态课上的教学内容和教学方式,以及新教师与老教师授课的差别,等等。但与此同时,教师能够从中接收到的新方法、新理念相较而言会减少,在观看时关于自己的反思与改进也许会增多。

(四)竞赛型公开课

竞赛型公开课是最常见的一种公开课类型,也是目前争议较大的一种公开课。它常以评优为主要目的,通过各种竞赛,评出优秀的教师,并把获奖荣誉作为主要的激励手段,有着与其他三类公开课不同的突出特征。

由于此类公开课往往以选拔优秀教师为目的,教师也会受到激励从而有一定的动机努力使课堂"尽可能完美"。因此,教师在观看此类教学视频时可以十分明晰除示范型公开课外"优秀"教师的课应在课堂环节中有怎样的设计,有哪些有亮点、有创意的新技术和新方法值得自己借鉴与挖掘,还可以通过对比不同水平教师的课堂的差异以达到提升自己的目的。

值得注意的是,不少平台会对教学公开课视频做出明确的标注,例如"某年某省教师技能大赛一等奖"或"某省某学校某名师公开课"等,无论是研究者自己或他人的教学视频,我们在采集时即可根据视频信息和公开课的分类信息选择自己需要的一节课程或多节课程,为进行视频分析或系列课堂的横纵对比做好研究准备。

第三节 用视频分析法研究教学公开课的流程框架

当教师确定使用视频分析法,并选择了需要研究的教学公开课视频资源后,即可进行分析。为充分熟悉和全面分析视频,我们建议教师在拿到一个视频后要看两到四遍,即至少应观看两遍。看第一遍时,教师应以观察者的身份介入研究,即从整体上观看,以熟悉授课教师的教学内容设置和整体情况为主要目的,观看连续的课堂教学。看第二遍时,教师应就观看研究第一遍后设置好的广泛的价值目标和具体的学习目标,对视频进行切片诊断和转录分析,进一步可以以撰写反思记录、编码视频数据、组织研讨交流、设计重构教学等方式促进自我提升,最终形成教师的个人定制分析库,以积累和提供长期的视频分析材料和记录。

基于不少学者的研究,我们发现,适合一线教师互动分析的视频研究取向更注重真实教学过程的研究,其中,理论框架和目标领域可以更加多样化。我们借此提出了"用视频分析法研究教学公开课的流程框架"。这一框架呈现了"从整体到部分再到整体"的研究过程。

我们在以下图表和内容中对该流程及原则进行了详细说明。

另外,为更准确、便捷地辅助和引导教师分析教学公开课视频,我们根据图2-5所示的流程制作了视频分析清单,以工具包的形式呈现如下。

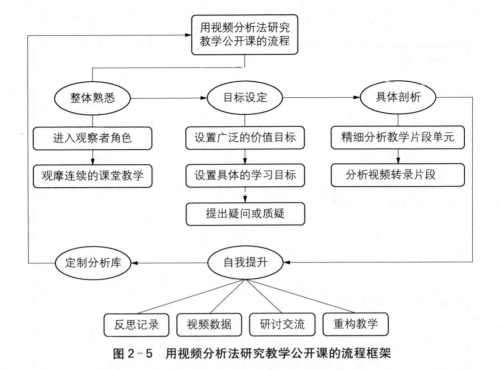

图2-5 用视频分析法研究教学公开课的流程框架

工具包2-1

用视频分析法研究教学公开课的辅助清单				
日期：　　年　　月　　日				
科目		年级		课题
教师姓名		公开课类型		视频来源平台
是否已进入观察者角色	是　　否			
初次观看信息记录：				
广泛的价值目标(写清序号)：		具体的学习目标(写清序号)：		

续表

疑问和质疑记录：
本视频片段单元制作名称及分析： （例：导入设计——时长合适，方式有趣，适合授课年龄段学生，但课堂活动时学生过于活泼不利于课堂管理）
本视频的转录片段信息： （选择1—2条记录，可另附纸）
更多的研究思路内容： （例：反思记录、视频编码结果、研讨交流记录、重构教学设计等）
定制分析库储存信息 （例：分类、可用性、对比视频名称等）

一、整体熟悉：连续回顾教学视频

（一）进入观察者角色

对课堂教学视频分析的第一步是要求教师以"局外人"的视角连续回顾完整的

教学公开课视频,"悬置"自己的一线教师或授课者身份,而是作为观察者重新审视课堂上究竟发生了什么。

在进行视频分析等需要不断克服研究者的主观想法的研究时,教师容易将自己提前带入正在进行课堂观察的授课教师的角色上,因此会产生类似"如果是我,我将如何设计教学"和"如果学生这样回答,我将如何反馈"的策略性疑问并试图找寻答案,新手教师如此,有经验的老教师亦然。当观看某个之前没有看过的教学公开课视频且受到经验发挥的作用时,教师常常会因过度带入自己的教育教学理念而执着于思考课堂问题的解决策略,将更多的关注放在自己身上,以致于忽略不少视频中授课教师的教学亮点,从而无法对视频材料进行更细致的分析。那么,此时的视频就并非作为研究的主体存在,而成为了教师回顾自身专业优劣势的工具,失去了其本身的研究价值。

"悬置"意味着陌生化,即我们希望教师在进行视频分析的第一步时能够"忘记"长久以来的实践经验,单以"局外人"的视角看到视频中教学现象的本质及其被情境、环节和教学语言等呈现的内容,为后续研究奠定理性基础。

(二)观摩连续的课堂教学

在教师确定自己的研究者角色并同时开始分析时,还应明确第一次观看视频的意义。第一次观看他人教学公开课视频的教师可通过观看连续的课堂教学活动进而熟悉视频录制的环境、教师教学的风格、学生的活跃程度以及课堂教学安排的大致时间线等较直观的信息。而观看自己教学视频的教师则可以在一定程度上简化或省略这一步骤。

为保证课堂观感的连续性和教学内容的整体性,在此过程中,教师最好不要对视频进行暂停和回放,但需要边看边记录一些自身感兴趣的问题和随思随想或认为值得注意的师生言语、非言语行为等,这样的记录并非一套完整的教学实录,而应是由教师自己决定记录内容并使用符号在连续的视频播放时的速记所得。记录内容可以是教师根据计时器记录在课堂教学过程中师生主要活动转换的时间,如从教师讲授转换到学生交流合作,由学生交流合作转换到学生个人展示,由学生个人展示转换到教师总结课堂内容,等等。该内容应是个性化大于规范性的,既需要教师为自己服务也能够有效服务于教师,为接下来的目标设定和问题提出做好铺垫。

在案例2-1中,教师从观察者的角度以自己可以理解的方式简单明了地在表单中记录了自己的随思随想并做出相关解释,此类简洁、方便的操作可以作为连续观看教学公开课视频并进行记录的尝试。

> **案例 2-1**

> [手写听课笔记图片:]
> 4. 学生沉默而偏的时候.
>   生质疑: 为什么五五二十五只有一道算式?
>   生: 为什么三五十五, 不是三五一十五?
>
>   觉而有问:
>   ① 有疑而问
>   ② 无疑故问
>   何时质疑?

从这里能看出我记录了课堂的主要环节，记录了学生的两个"疑问"，记录了我的随想。当时我的想法是：课堂中，学生质疑，"疑"从何来？我觉得，学生的疑问有两种：一种是"有疑而问"，即问自己所不知不解的，如学生问"为什么说'三五十五'而不说'三五一十五'"；一种是"无疑故问"，即质疑者本身知道，但他人可能不知道，故提出问题让他人回答，如学生问"为什么'五五二十五'只能算一道乘法算式的结果"。我还想到的是：我们在教学中注重学生发现问题、提出问题的意识与能力的培养，那么在课堂中什么时候让学生提出问题呢？是否是等到课堂中教师发话"对于今天所学的内容，大家有什么问题吗"的时候，学生才能提问？所以我在听课记录中写下了"何时质疑"这几个字。

（选自贲友林：《听课笔记的结构性内容与反思性实践》，《江苏教育》2019 年第 38 期，第 16—19 页。）

二、目标设定：阐明分析的价值目的

（一）设置广泛的价值目标

设置广泛的价值目标与教师自身的专业发展息息相关，无论是观看自己或他人的视频，目标的设定都基于每一位教师对教育教学的认识和追求。因此，教师在完整观看一遍视频，并在准备开启具体分析前设置一系列广泛而开阔的目标时，这些目标既可以是短期的，也可以是长期形成的，既可以是为一次分析设立的，也可以是为多次分析设立的。教师结合自身实际条件和期待，思考有哪些基本知识和实践是能使教师做好充足的准备以发展他们的职业生涯的？有哪些生成性的知识或实践能使职前教师在整个职业生涯中继续学习和发展他们的实践的？有哪些可学习的内容是需要在观看视频时重点关注的？学习这些内容可以带给他们怎样的职业优势？甚至可以结合目标设定更换合适的视频或挖掘一系列合适的视频以增强该研究的普适性。

案例2-2是一个项目组在分析一堂小学科学课时列在清单上的四个目标，以作为呈现该目标设立的广泛程度的参考。

案例2-2

观察该视频应阐释职前教师的价值目标，即树立良好的科学教学的共同形象，同时也是其本身的职业目标追求。

1. 拓展科学教学的新视野，支持不同的学生以公平的方式深入参与科学学习。
2. 开发一系列科学启蒙教学内容。
3. 加深对学科和学习者的理解。
4. 学习如何不断地从实践中学习，特别是从学生身上学习。

以上这些广泛的目标会引导教师建立观看视频时的基本思路，在本次分析中，教师决定将重点放在第一个目标上。

（选自 Kang, H., & van Es, Elizabeth A.（2019）. Articulating Design Principles for Productive Use of Video in Preservice Education. Journal of Teacher Education, Vol. 70, No. 3, pp.237—250.）

（二）设置具体的学习目标

与设置广泛的价值目标不同的是，教师设置研究特定视频的学习目标的作用是在视频中呈现的教学的活动和有价值的目标之间建立联系，同时对嵌入视频的活动所能取得的进展进行推测。也就是说，这些与视频联系密切的目标既是课堂教学活动和教师的职业价值目标的纽带，也是研究者想要从研究中获得的知识与技能的载体。因此，设置特定的学习目标明确了教师在本次视频分析时的关键点，这也是与广泛的价值目标的设定紧密联系的所在。

那么，设置具体的学习目标可以具体到什么程度呢？我们认为可以以教师教案设计时的教学目标作为参照。例如："能够借鉴语文教师在课堂上提出开放性问题后反馈学生回答的技巧和策略"，"能够习得数学教师在教学二元一次方程时使用的语言描述方式"，以及"能够应用英语教师在课堂导入环节使用的游戏教学法",等等。而对于观看自己教学视频的教师而言,类似"能够修改小组活动环节的设计以提高课堂效率"的具体目标就成了主要记录内容。可见,为抓住分析的核心要素,教师设置具体学习目标后,只有时刻关注视频中授课教师的行为表现才能更具针对性。

我们可以结合案例2-2中设置广泛的价值目标的案例和以下案例2-3呈现的教师设置具体的学习目标时的所思所想,了解具体目标的设定经历了怎样的思考过程和结果所得。

案例2-3

为了设置具体的学习目标,教师基于"拓展科学教学的新视野"这一广泛的价值目标向自己发问:发展共享愿景的第一步是什么?我如何知道自己在观看了一段视频后,在发展科学教学新视野方面是否取得了进展?如果我完成了目标,那么在活动的最后会做什么或产生什么?

大多数职前教师还没有看到复杂的实践行动,他们对教与学的看法往往很简单,不存在困惑。一旦职前教师想要进一步了解儿童,试图发现教学中的复杂现象,那么只有经过一段时间的坚持分析,他们才会发觉这种研究方法正在使他们的期望成为可能。通过这种直观的方法,即使是一名新手教师,也会学着开始反思传统的教学实践。例如,他们可能会思考:来自贫困地区的学生是如何学习的?这会促使他们积极探索出新的实践方式。

值得注意的是,这个"行动理论"指导了以下关于指定视频嵌入式活动系统的决定,这反过来又导致了学习目标的细化。

因此,最终版本的学习目标为:

1. 开发和使用科学的模型,解释因果机制,聚焦现象,提出视频公开课的相关问题。

2. 描述儿童的各种思想和语言,通过分析他们在课堂上的表现,得出有价值的研究内容。

这两个学习目标与发展促进深入学科参与以及公平的科学教学新愿景关系密切,且具有基础性。

(选自 Kang, H., & van Es, Elizabeth A. (2019). Articulating Design Principles for Productive Use of Video in Preservice Education. Journal of Teacher Education, Vol. 70, No. 3, pp.237—250.)

（三）提出疑问或质疑

提出疑问或质疑与设置具体的学习目标紧密联系,旨在结合特定的学习目标,教师进一步思考刚才观看教学公开课视频时有哪些印象深刻的地方,有哪些值得再看一次的地方,有哪些困惑以及有哪些当时没做好又想改进的地方,并把它们列在清单上。分析视频时,这一步骤可作为设计目标的诱因记录在脑海中,也可记录在纸上,其目的在于建构教师在视频分析中的批判思维,引导教师借鉴视频中好的教学行为,规避不好的教学策略,而不是将所有教学公开课作为范本。教师可以提出疑问或质疑,保持时刻在思考的状态。

案例2-4是教师从听公开课的经历中获得的关于提出问题的感想,我们认为该内容也可作为教师在观看视频前后提出问题以及确定关注内容的真实情境,教师在这样的情境中提出希望,即在视频中解决的问题能够有助于研究的发展。

案例2-4

在听课之前,当看到上课的主题时,你要思考在听课中,你要关注这节课的整体教学逻辑是否合理？其中存在哪些亮点与不足之处？在听课后,你要品味课堂的一些细节,比如:最让你印象深刻的是什么？最让你感到遗憾的是什么？最让你回味无穷的是什么？最具有争议的是什么？……这些想法既包含了对听课方向与重点的把握,又涵盖了对评价的考量,体现了听课者对待课堂教学的一种务实、严谨的理性精神。

2019年12月,我有幸参加了对一所市级高中高三年级的数学课堂教学调研活动。本次调研活动上课的主题是"空间向量的数量积",这节课的基本教学思路是通过类比学生熟悉的"平面向量数量积"来实现知识的迁移拓展。我认为,要上好这堂课,关键是要处理好"学什么""怎么学""学了有什么用"这三个问题,整个教学过程就应该以这三个问题为基点自然展开,但纵观整堂课,不仅乏善可陈,还存在内容零碎、逻辑混乱、满堂灌等诸多问题。

（选自吕增锋:《从听课者到反思者的嬗变——以一次数学课堂教学调研为例》,《中学数学教学参考》2020年第13期,第73—74页。）

三、具体剖析:分解课堂教学过程

无论是分析自己还是他人的视频,具体剖析教学视频的环节都是分析教学公开课的"重头戏"。随着视频分析研究的不断发展,其多样的研究方法也更加丰富。当前,教师教育研究者在研究教学公开课视频时多会借助足够数量的视频数据和一系列开发较为成熟的视频分析工具对其进行拆解,再基于数据统计进行分析,经常用到的视频标注和切片软件如:Media Tagger、Anvil、Video Traces、Media Notes、VAST、VITAL、IVAN 和 Transana 等。但是,对于一线教师而言,这样分析视频未免过于烦琐且所得结论理论性强,不能有效助力教师将研究所得运用在工作实践中。

因此,我们认为教师可以将视频分析与教学日常反思进行融合,提取课堂教学中的主要情节、可深入研究的情节、感兴趣的情节进行片段转录分析,以形成适用于一线教师的操作方式。该操作虽然减少了视频分析的准确性,但增加了一线教师分析教学公开课视频的实用性。

（一）精细分析教学片段单元

切片分解教学活动的目的在于通过对课堂视频中主要活动的分解,以增加教师与课堂视频互动的次数和深度。教师结合第一次观看视频时记录下的时间线、教学活动转换等信息与设定好的学习目标,从第二次开始观看视频就可以在必要时暂停或重播主要片段,将其中的主要课堂活动细分为多种情节,使用视频剪辑工具或记录视频情节转折时间点的方法将自己认为重要的片段进行区分,完成较为简易和实用的切片。

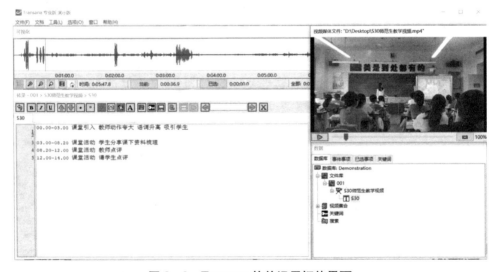

图 2-6　Transana 软件运用切片界面

图 2-6 即为研究者使用 Transana 视频工具对视频进行切片的界面。该软件操作简易且自由度高，教师既可以借助此类工具标记视频，也可自行制作视频片段。为使教师更加明确视频片段的"切割点"，我们将教学公开课视频中主要制作的片段主题列表作为工具包呈现如下，以做参考。

工具包 2-2

序号	主题	序号	主题
1	教学目标设计	17	情感目标达成设计
2	导入设计	18	价值观达成设计
3	情境创设	19	课堂偶发事件处理设计
4	提问设计	20	课堂小结设计
5	追问设计	21	课堂留白设计
6	理答设计	22	课堂教学线索设计
7	候答设计	23	课堂重点、难点处理设计
8	小组合作学习设计	24	复习课设计
9	自主学习设计	25	理科教学中的价值观教育设计
10	探究学习设计	26	讲评课教学设计
11	教学互动设计	27	理科课堂教学建模研究
12	板书设计	28	体态语应用设计
13	课堂评价语言	29	小组合作学习评分表设计
14	课堂反馈设计	30	课堂强化设计
15	作业布置设计	31	课堂拓展设计
16	作业批改设计	32	课堂主问题设计

（选自刘海生：《教学视频切片诊断：教师成为研究者的一种有效方法》，《中小学教师培训》2019 年第 2 期，第 21—24 页。）

对视频进行切片后所形成的视频片段，是课堂教学进行分解简化后的呈现，而在每一个片段中还存在着许多分析单元。教师可以结合本次研究中在最开始设置的广泛的价值目标和具体的学习目标，选择想要重点分析的单元。通过纵观各种理论主张和已有案例,我们可以初步归纳出以下主要分析单元。

(1) 问题点:教师通过视频分析探寻所研究的主题出现的时刻和分布状况。

(2) 教学场景:教师关注的是一个具体的时刻或者一个短时间的教学片段,特别是那些具有典型性的时刻或者片段。

(3) 语句:教师关注授课教师或者学生的一次提问、陈述或者应答的句子。

(4) 话轮或一次会话:教师将师生或者生生间的一次话语转换或者会话作为分析的对象,如"提问—回应""提问—回应—评价"或"对于回应的回应"等。

(5) 完整主题会话或者片段:教师关注的是对于一个相对独立的主题或者问题的完整讨论。比如,研究分析一个主题会话是如何得出结论的,或者在一个主题会话中授课教师和学生的主导性。

(6) 完整课堂:教师关注的是一次完整的教学活动是如何展开的。如在一节课中,教学活动的结构是什么,授课教师讲授、师生对话和学生独立练习的时间占比,等等。

分析教学片段即从已得到的片段中提取出分析单元进行诊断,通过观察片段中的教师是如何实现优秀教学设计的良好效果的(教师是如何做的),或者片段中教师典型不足的教学设计是如何出现的,以及如何避免出现这种失误以积累经验。另外,教师同样可以使用切片分析对比两个或两个以上教学公开课视频,只需选取本质上类似的教学环节、功能相似的分析单元即可,如案例2-5所示。

案例 2-5

【个案分析】

通过观看视频可知,李老师执教的四年级语文阅读课,课堂风格生动活泼,讲课流畅熟练,总结部分有设计升华,甚至在提问形式上自成一体且努力挖掘个性化课堂。在与学生对话时,她十分注重学生的反馈,且能将教案中的问题融合并幽默地呈现。例如,在引导学生提炼人物形象时,问:"除了劳苦、简朴这种'高大上'的词语外,还有什么新鲜的词语?"在帮助学生在书本上做标记,以使学生更好地理解人物时,她幽默地说:"他就得先标上,就怕忘了。"研究者在李老师的教育叙事中找到她尝试这一风格的动机:"……听了几节骨干教师的课,找到了自己喜欢的讲课模式——幽默,和学生没有距离感,经常在聊天中就能把知识讲到,学生的听课热情十分高涨,甚至不舍得下课,就连我都被吸引进去了……"于是,关于自己的课堂,她又说:"……经过老师的指导,我在很多地方做了调整,使整体更丰满自然了一些……"

（选自吕雪晗:《师范生实践性知识的表征研究——基于小学教育专业本科生教学视频的分析》,首都师范大学2020年学士学位论文。）

【对比分析】

在对我国的案例分析中发现,在我国的课堂教学中,教师的设计是一个问题紧接着一个问题推进的。例如,在我国上海学校的《折线统计图》教学中,教师会提问学生:"我们之前学习了条形统计图,你能来画一画吗?"学生画一画。教师会提问:"你在画的过程中发现了什么?"学生回答。教师又提问:"你觉得如何去解决?"而在英国的课堂教学中则是将一个大问题放下去讨论,如同样在英国学校的《折线统计图》教学中,英国的教师则向学生提问:"如何来呈现一个数据的变化过程,你能否运用之前所学的知识与你的同学讨论,并研究出一个方法?"然后教师给予学生充分的时间进行讨论,并得出结论。

（选自薛张盛:《基于视频分析的中英课堂教学比较研究——以小学数学课堂教学实录为例》,华东师范大学2018年硕士学位论文。）

（二）分析视频转录片段

视频转录是指将视频中的声音和画面转录为文字,目的在于在保留分析依据的同时,再一次加深教师与课堂视频的互动。视频的转录与切片有着密切的联系,如果说分析教学片段单元是将整节课堂进行分割,那么被转录的视频片段就可以说是对分割后的课堂的进一步提炼;如果说分析教学片段单元是着眼于课堂,那么视频的转录则是将重点放在了教师与学生的行为和互动上。视频转录分析时不仅要从之前的片段中采集,还应基于之前设定的分析目标,以及在分析的过程中尝试解决一开始关注的疑问和质疑。

教师选择的有研究兴趣的转录情节可以是不完整的,其中可以包含课堂互动过程中所有人之间持续的姿势、距离、相互凝视的布局,记录不同发言者的简洁和可深入挖掘的语言行为(如表示恍然大悟的"喔")和非语言行为等(如表示不解的"皱眉头")。如若教师在研究该片段时偏向于研究言语,则可使用剧本对话的形式,由上至下地呈现师生互动;若偏向于研究行为,则可以在描述中加入细节的动作描写,教师可以依据需要自行选择。而事实上,言语和行为都只是一个完整的互动过程中的单一方面,"说""行""听"三者同等重要。为转录内容,教师需要不断回放录像中的短片段(通常是 3—7 秒),直到记录下教学中所有研究对象在互动过程中"说""行""听"的相互影响或某单一方面的影响,获取足够的信息。例如:如果教师关注的是小组合作进行化学实验,则要转录从实验开始到结束的全过程;如果关注的是教师如何在小组合作中进行指导,则可以转录教师介入小组合作的多个片段。

在案例 2-6 中,教师选择将一堂化学实验课某小组学生"利用稀盐酸和石灰石制作二氧化碳"过程中教师纠正学生实验内容的片段进行转录,转录的顺序为时间顺序,而情节分为非言语行为和言语行为。

案例 2-6

非言语行为	言语行为
教师身体前倾,看着小欣	教师:"哦,是这样的,用滴加法吗?滴加法,你觉得"=①
小磊把木条放进碗里,然后抬头看了小欣一眼	小磊:="倾倒吧。"=
小欣把胶头滴管收回滴瓶	小欣:="直接倾倒吧。"
小欣抬头看着老师。小磊和小凯都看着小欣	教师:"因为长颈漏斗下方一定要干嘛?液封(注:长颈漏斗必须插至液面下的原因是为防止气体生成时通过长颈漏斗下方溢出,也就是要形成液封)。所以你是不是在一开始就要( )所以就要用什么方法进行倾倒?"
教师身体后倾,右手挠了挠额头,笑着小磊伸出左手接近小欣手中的滴瓶,又收了回去	(3.0)"嘿嘿,我知道,我啰唆了。请!"
小欣再次拿出胶头滴管对准长颈漏斗小凯伸出右手,从小欣拿着滴瓶的左手下穿过,拿起导管	(3.0)"还用滴加?我刚才已经提示啦。"
小欣把胶头滴管收回,抬起左手,用滴瓶向长颈漏斗倾倒稀盐酸	

---

① 注:表格中的"="意味着在邻近的两个话轮中间没有间隔,"( )"意味着一段不清晰或难以理解的讲话,"(3.0)"意味着语句间以秒为单位计时的间隔,以上均为杰弗逊转录符号(Jeffersonian Notation Transcription Conventions)

在完成上表的学生小组化学实验过程片段的转录后,接着,教师表中的片段进行了如下转述:在制作二氧化碳的过程中,教师走到了小磊和小凯的中间,看到小欣错用滴加法加稀盐酸,出声询问小欣"是用滴加法吗",让小欣停下了手上的动作。此时,参与结构其实变了,本来是小组成员内部的互动,变成了教师和小组成员之间的问答,小磊先不完全确定地回答教师"倾倒吧",小欣紧接着也拿不准,回答"直接倾倒吧"。教师向小组解释为什么要用倾倒法,但却被小欣的抬头打断了(机位看不见表情),小欣得以再次尝试,动作上却还是滴加法;教师再次出声,小欣才改正了方法。可以推断,小欣并没有彻底理解并内化教师的解释,只是在"正确操作"的提示下完成了动作。

（选自欧柔:《视频图像分析让教学反思更精准》,《中小学管理》2018年第6期,第16—19页。）

此时,如果视频教学中的教师通过转录后的信息反思这一教学片段,他便有了许多能够深度思考的角度。例如:如何判断学生是否真的理解了知识点,什么是合适的教师指导语,等等。结合教育教学理论,可再适当进行推理和反思总结。同样地,其他教师在分析这一片段时也能够获得思路和启发。

第四节　视频分析法的拓展应用

一、自我提升:尝试开阔研究视野

通过借助"从整体到部分再到整体"的框架对教学公开课视频进行全面而细致的分析,教师已经基本完成了对可用于日常工作的视频分析方法的学习研究。然而,对于想要从更多角度分析教学视频的教师而言,以上内容还远远不足。为此,我们又归纳提出了以下四种可作为教师在时间精力充沛的情况下进行的辅助分析方法。其中包括:为教师设置个性任务的"反思记录",数据充足且教师想要进行对比研究的"视频编码",有助于教师群体教研和进行头脑风暴的"研讨交流",以及能够引导教师代入自身反思教学的"重构教学",这些方法均为基于视频分析的下位步骤,有助于开阔一线教师的研究视野。

(一)反思记录

在视频分析中比较常见的任务设计即教师在观察教学视频期间或之后会完成

一个书面反思任务,多使用笔记、随笔、札记和日志等形式呈现,随着科技的发展,有能力的教师还会学习制作叙事视频以表达自己在观看某一教学公开课后的感受。这些操作可以使教师以一种慢速度的方式感知课堂互动,识别他们在回顾教学时没有注意到的细节,同时对于教师回顾重要教学事件、反思行为策略、总结经验教训、调节情绪以及提升对自我的认识都有重要影响。

较视频片段单元分析而言,反思记录的主观性更强,教师能通过其充分表达自己在课堂教学或观看他人教学视频过程中的看法。如在案例2-7中,任教于初中二年级的孙老师就对一堂自己教授的公开课视频进行整理并做出反思记录,其中,他就自己提出的疑问进行了反思与改进。

案例2-7

教学设计中存在以下四处疑问。

1. 二次函数一般式可以通过描点绘图观察图像的性质,为何一定要转换成顶点式?

2. 板演展示配方过程的两名同学数学基础较扎实,没有暴露配方的障碍,教师也因此没有展开。然而,配方是一般式转换成顶点式的关键环节,也是易错点。

3. 在整堂课中,教师的控制力度太强,学生的探索过程被教师紧抓在手,教师总结过多,学生自我探索、突破的体验感弱。

4. 列表对比了二次函数的两种表达式,对于学生而言,多学习了一个新知识却没有建立起知识网络,没有内在修炼的体会,这让我感到非常遗憾。

【反思与改进】

环节1的矛盾质疑环节,可以让学生描点绘制 $y=2x^2-4x+21$ 图像。学生有可能会将自变量x取值为1,2,……如此作图,得到的是抛物线的下降侧图像,不能展现对称轴及其他图像特征。由此认知冲突,引发学生思考,该怎么做才能绘制完善的图像?学生不难想到对称轴这个分水岭,分水岭确定了,再向左右两侧依次对称取点即可。那么,怎样才能找到抛物线的对称轴?配方成顶点式便可水到渠成。接着类比前面特殊二次函数的配方过程,尝试将一般式配方成顶点式。此环节依然由学生板演,可邀请两位同学同时进行,尽可能全面地暴露错误。再由学生纠误,阐述思路后,教师再来归纳总结配方中的易错点,并通过几个特殊二次函数巩固配方,让学生体验从实践冲突到理论突破再应用的过程。在环节4的列表对比结束后,可让学生语言阐述观察到的异同,教师可通过学生的表达来检验他们对获得新知的体验。环节5中例1,让学生展示两种不同方法:配方和套公式,加深学生意识到配方是求顶点坐标公式的有力工具,即便记不住公式,配方也可到达终点。环节5中例2,在学生展示不同做法后,教师需要引导其对比两种方法的异同:直接带入求值的计算量不小;配方后确定对称轴,开口向上,那么离对称轴近的点,函数值越大,因此只需要经历配方这一次计算即可,可以大大节省运算时间,提高效率。

(选自孙慧:《课堂实录与反思——二次函数顶点式》,《农家参谋》2020年第11期,第249页。)

(二) 视频编码

要想较为客观和直观地记录课堂教学各阶段的互动情况,我们有必要了解一种高效的课堂互动行为分析技术,即弗兰德斯互动分析系统(Flanders Interaction Analysis System,简称FIAS)。该系统由美国学者弗兰德斯(Ned. Flanders)提出并命名,主要用于研究课堂教学中的教学语言,并在此基础上研究教师在教学情景中的教学行为和师生互动事件,分析课堂上的师生互动行为,包括课堂互动行为的编码表、观察和记录编码的规定标准及迁移矩阵三部分。其中,研究者对视频进行编码是能够克服传统评价的主观性、较大地提高评价的客观性和科学性的重要步骤。在分析过程中,教师将较复杂的课堂教学情景转化为简单的数学计算,客观反映课堂互动的特征,具有较强的诊断性。

通俗意义上,我们可以将视频编码和切片理解为对教学视频的解构,类似于将一部完整的文学作品分解为基于互动的多场景舞台剧。操作时,研究者先要确定视频中教师行为的内容及表征,形成编码表并用数字替代,再一一对应已经按同一时长分解好的公开课片段,最终以表格或图形的形式直观呈现课堂上的复杂情况。基于视频编码,研究者的课堂教学分析内容也更为丰富,能够使教学的稳定性、流畅性、一致性和师生课堂活动的话语行为比率等情况一目了然。例如,当编码后的教师话语矩阵面积远远大于学生话语矩阵面积,计算得出前者的比率也远远大于后者时,教师应思考如何减少自己在教学时的言语输出,更多引导学生发声。当然,即使不通过编码,教师也可凭经验在观看教学视频时发现类似问题,但是,无法否认的是,视频编码往往能够更加客观和具象地呈现那些容易被我们忽视的细微问题。

因此,对于教师个体而言,可以对某节课的教学视频进行全过程分析;当该名教师积累了数量充足的教学视频时,也可以考虑对多个视频进行编码,找出其中的共性。如果我们手上有多位教师的视频,也可以聚焦不同教师的某个特定教学环节(如:课堂导入或全课小结环节),借助数据统计的方法进行跨案例的研究,在横向的比较中进一步帮助教师完善与反思自身的教学设计及授课方式。

在以下两个案例中,我们选取了文字记录和表格整合两种形式的编码结果呈现方式供老师们参考,其中包括弗兰德斯互动行为编码表。在文字记录时,研究者对7节初中数学公开课视频进行了分析,经过标记、切片、计数和运算,总结出了一系列有效数据,以供研究者进一步挖掘背后的原因。在表格整合时,研究者对教师的课堂行为进行编码,分类并进行详细表述,记录"点数"(行为出现的次数等)并计算比例,最终呈现出了直观的编码数据。

案例 2-8

【文字记录】

对某校7节初中数学课堂视频的初步研究表明:

1. 课堂教学过程中师生互动频繁(7节课平均有114次师生间的话轮转换),师生互动已经成为所选课堂的主要形式,但是在互动过程中,教师有更大的话语主导权(7节课中教师语言占课堂总语言的比率平均为82.6%)。

2. 课堂中的师生对话以教师主导为主,学生的学习控制权较低。

3. 课堂中的提问以教师提问为主,学生提问极少,在教师提问中以简单问题或者简化了的任务为主,课堂教学频繁出现的对话形式是基于简单问题的I-R-E(提问/发起—反应—评价)。

4. 在教师对于学生的回答进行反馈时,教师较多重复学生观点或者简单回应,有的教师则注意追踪学生的观点或方法。

5. 学生话语主要用于回应教师的提问或者直接给出答案,较少用于描述方法和策略,很少用于提出问题或者新的观点。

由此,我们可以重新认识目前课堂教学的状况。根据目前的这项小样本研究,我们可以得出初步结论:目前我们的课堂教学看似是以学生为中心的,实质上仍是以教师为中心的,但是教师已经开始有意识地朝以学生为中心的方向进行探索。

(选自郑太年、仝玉婷:《课堂视频分析:理论进路、方法与应用》,《华东师范大学学报(教育科学版)》2017年第3期,第172—173页。)

弗兰德斯互动行为编码表

分类		编码	描述	内 容
教师语言	间接作用	1	接纳学生的感受	以不威胁的方式接纳并理解学生的感受
		2	表扬或鼓励	表扬或鼓励学生的行为
		3	接受或采纳学生的意见	阐明学生的观点或建议
		4	提问	通过提问,让学生来回答
	直接作用	5	讲解	教师列举事实或提出看法,表达自己的观点
		6	指令	希望学生遵从的指示、指令或命令
		7	批评或维护教师权威	声明,旨在转变学生行为;训斥
学生语言		8	学生被动应答	学生被动发言以回应教师
		9	学生主动应答	学生主动进行发言
无效言语		10	沉寂或混乱	短暂的沉默或混乱,交流活动无法被理解

(选自苟超然:《新课标下高中数学课堂师生互动特征研究——以国家教育资源公共平台优质课为例》,西南大学2020年硕士学位论文。)

【表格整合】

《6的乘法》课堂行为比率统计表

国家	中国	学科	数学	年级	二年级
时长	41分07秒	记录人	薛张盛	记录日期	2017年7月21日

分类		编码	表述	点数	比率	合计
教师语言	间接作用	1	教师接受情感	0	0.00%	51.88%
		2	教师鼓励、表扬学生	16	2.23%	
		3	教师采纳意见	43	6.00%	

续表

分类	编码	表述	点数	比率	合计
	4	教师提问开放性问题	89	12.41%	
	5	教师提问封闭性问题	57	7.95%	
直接作用	6	教师讲授	109	15.20%	
	7	教师指示学生	58	8.09%	
	8	教师批评学生	0	0.00%	
学生言语	9	学生被动应答	195	27.20%	27.75%
	10	学生主动应答	0	0.00%	
	11	学生主动提问	0	0.00%	
	12	学生与同伴讨论	4	0.55%	
沉寂	13	无助于教学的混乱	3	0.42%	14.23%
	14	学生思考问题	6	0.84%	
	15	学生做练习	93	12.97%	
技术	16	教师操纵技术	39	5.44%	6.14%
	17	学生操纵技术	0	0.00%	
	18	学生观看演示	5	0.70%	
合计			717	100%	100%

(选自薛张盛:《基于视频分析的中英课堂教学比较研究——以小学数学课堂教学实录为例》,华东师范大学2018年硕士学位论文。)

(三) 研讨交流

当前,教师使用教学视频或片段参与教研和研讨的机会很多,因为教师可以在大多数视频教学平台上获得优质的教学公开课视频以借鉴学习,用于提升自己或团队的教育教学能力。教师不仅可以通过观摩分析彼此的教学过程,还能够利用视频分析结果,根据自己遇到的教学问题或困惑,进一步通过与其他教师或学生之间的交流研讨找到解决问题的具体方法,从而使自己的教学能力获得提升。美国学者谢林(Sherin)创建的"视频俱乐部"是目前通过组织教师观察和讨论他们的教学录像带以促进其教学反思的一种典型模式,能够供我们学习和借鉴。

参与"视频俱乐部"时,研究者组织了四名中学数学教师参加了一个为期一年的视频分析会议。其间,教师每个月都会观看和讨论他们的课堂视频剪辑,随后研究人员和教师一起研讨,回顾课堂录像,并在会议上展示大约6分钟的研讨会视频。结果表明,教师在视频俱乐部的观察和讨论有助于提高教师的专业洞察力,且教师会更加关注学生的思维方式而不再聚焦于教学行为,并开始将教学方法和学生思维相联系。以下就是一次"视频俱乐部"中的经典研讨记录。

案例 2-9

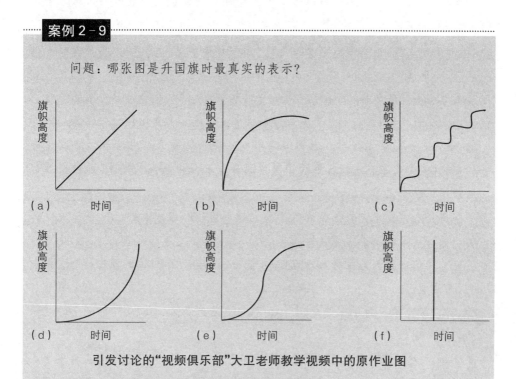

引发讨论的"视频俱乐部"大卫老师教学视频中的原作业图

在第一次视频俱乐部活动中,教师们观看了一段课堂节选,这段节选的内容是教师带领学生们回顾关于如何解释图表的家庭作业(如上图所示)。课堂上,大家讨论最多的是图(f)能否真实地表示正在升起的旗帜。一些学生认为这样表示并不现实,而另一些人认为可以。比如,当旗帜立刻升起时,或像山姆说的:"如果这面旗帜很长"。

看完视频后,活动主持人问:"大家对学生们说的话有什么评价吗?"任课教师大卫做出回应,他的注意力主要集中在教师是否适合与全班长时间讨论图(f)的问题上。

大卫:"作为教师,你可以决定是否应该利用课堂时间探究或不探究一个与教学内容无关的问题。原本我可能不会对图(f)做什么解释,但山姆评论了'这可能吗?'引得很多孩子也开始讨论起来。这时,我本可以直接绕过这一问题而继续教学内容,但我没有。"

在这段引用中,大卫解释说他本没有打算和全班讨论图(f)。但在山姆问图(f)是否是一个现实的表示后,大卫决定在他的班上继续研究这个问题。尽管如此,大卫不确定在图(f)上花这么长时间是否正确。老师们讨论了大卫所关心的问题,并提出了他可能让学生们也参与讨论其他图表的方法。此后,为了回应大卫,老师们也开始罗列不同学生的陈述。例如,艾米认为这不太现实,本说他搞错了。然而,在讨论这些陈述的具体含义之前,一位老师问了大卫这节课的目标,把谈话引向了一个新话题,即大卫那天希望完成的任务。大卫解释说,他的一个重要目标是让学生在课堂上谈论他们的想法。因此,他请了一位学生志愿者来解释其中一张图表的含义:"几个孩子举起了手,我就请了艾米。"主持人继续跟进大卫提到的一个特定的学生,通过引导继续探讨学生说了什么。

主持人:"艾米说的甚至有点滑稽。她只说'图(f)一直向上',但没说时间。她的回答并不是描述性的。"

老师们一致同意主持人的观点,并进一步讨论为什么学生喜欢讨论这张图,即使他们回答不出什么。最后,他们认为原因是图(f)对学生来说很有趣,可以假设学生的注意力被吸引到图(f)上是因为它看起来与讲义上的其他图表不同。

罗:"这个图形看起来不像他们熟悉的任何东西,我们平常见的这种线要么是弯弯曲曲的,要么是曲线,要么是直线。但是图(f)就是这样上下移动的,在这些图里显得不同。"

南茜:"这幅图不像他们习惯的那样,所以他们不知道该怎么做。"

约翰:"是的,这很不一样,很奇怪。有些学生可能认为图(f)是真正的旗杆。"

(选自 Sherin, M. G., & Han, S. Y.(2004). Teacher Learning in the Context of a Video Club. Teaching and Teacher Education, Vol. 20, No. 2, pp.163—183.)

（四）重构教学

重构教学是指教师根据自己的反思，总结和提出在课堂教学方法、教学能力等方面应用的一些改进意见，从而进一步理解教学，重新设计课堂教学，进行再一轮的教学实践，进而使自己的教学能力得到提升。

这一方法看似只对分析自己教学视频的教师有用，实际上对研究他人视频的教师同样奏效，甚至更能够引导其挖掘多样化的授课视角。当教师细致地分析教学视频后，尝试将自身嵌入到真实的课堂环境中观察教学过程和教学问题，这会极大地促进教师的思维活跃度，每位教师都可以从不同的角度重新思考教学事件，从而互相形成全新的教学知识。这一重构既可以是教学环节的重构、教学方式的重构、教学语言的重构，甚至还可以是融合教材相同内容后在教学内容上的重构。在观摩视频后将自身代入经自己理解后的教学情境，能够大大增加一线教师研究教学公开课视频的实践意义。

在案例 2-10 中，教师就基于教学要求并融合自己对教学内容的理解，对学生深度学习时的情境创设进行了独具特色的教学重构，取得了良好的效果。同样地，我们认为教师可以依据对自己和他人教学视频的深度剖析，尝试呈现多种课堂，这既能够培养教师的理解和创新能力，也能够使其积累教学经验。

案例 2-10

在教与学双向活动的过程中，学生、教师、素材能处于一个和谐的统一体中，教与学的各个环节配合适当、和谐，有利于提升教学效果。深度教学就是创设有利于学生学习的情境，在合适的情境中发挥学生的主体作用与教师的主导作用，能更好地激发学生的学习动机，唤起学生的求知欲，让学生积极主动地参与数学学习活动。

在教学"商的近似值"时，教师设计了一个情景：2016 年 G20 峰会在杭州举行，学生们给来苏州旅游的外国友人做小志愿者。首先，安排来自美国、德国和日本的客人分别入住宾馆，他们只带了本国的货币，你能帮他们计算一下他们应各拿出多少本国货币用来支付住宿费吗？学生利用计算器很快算出结果，并按"四舍五入法"取商的近似值，自然地体会求商的近似值的方法。其中，日本客人所付的外币需要用乘法计算，这样安排有利于防止学生的思维定式。其次，设计了美国客人在环秀山庄购买刺绣的情境，他看中了每幅售价 45 美元的刺绣，准备带些回去送给朋友，但他只带了 300 美元，最多可以买多少幅?这时为什么不用"四舍五入法"保留?接着,德国客人一行126人来到环城湖畔,准备坐船水上游,每条船坐15人,应该至少安排多少条船?这里为什么也不用"四舍五入法"?需要用什么方法求商的近似值?

求商的近似值是比较抽象的知识,教师巧妙地将知识渗透在情景中,充分信任学生,借助兑换外汇、购物、乘船等数学活动激发学生的学习兴趣。

(选自朱红伟:《以深度教学重构小学数学课堂样态》,《上海教育科研》2020年第6期,第85—88页。)

二、定制视频分析库

当前,为提升课堂互动水平,国内外部分高校和机构已首先尝试了建设视频分析库。例如,美国弗吉尼亚大学研究团队就将400多个教学视频和片段基于"课堂互动评估系统"分别以情感支持、班级管理和教育支持三个领域分类整合在分析库中,旨在为教师提供方便的研究途径和重要的经验参照。

由于教师分析教学公开课视频是一个长期而有计划的过程,随着自身的职业发展和教学能力的提升,看待问题的角度也会有所变化。因此,我们建议教师从个人出发,仿照以上方式定制一个属于自己的视频分析库,随时记录自己分析过的视频材料信息,按时对视频数据进行必要的整理和保存,形成个性化的定制视频分析库,以便对比、挖掘出更多有效内容。事实上,视频分析库并非需要特别复杂的建构,只要求教师根据自己的经验和理解,将认为有价值的公开课片段与在分析过程中曾产生的思考资料分类整合到一个文件夹或硬盘中。以真实、多元和深入为原则,教师可以将转录过的视频片段内容发生的频次整理成表格,以频率表或流程图的形式来展现这些片段在一堂完整的课中不同部分的分布情况。

在量体裁衣地定制视频分析库时,教师可以基于某一教学环节采用"辐射型"方式收集或整合视频,以达到快速提升其某一教学环节或技能的精准效果。例如,当分析案例关于教师的课堂导入技巧时,就可以持续收集自己或他人的课堂教学中一系列相同或不同的导入形式,进行转录和对比,以观察并连续探索适合自己发展的教学风格。同样地,教师也可以基于授课内容、学科、授课教师、年级、学校或地区等指标划定范围,采用"平铺型"方式搜索并观看视频,有助于丰富教师在某一场域的积累,明确或调整自身的实践风格与对课堂教学的期待值。例如,当分析案例是关于某一篇具体的课文时，教师可以收集并观看以往很多讲该篇课文的教学公开课视频，在多角度加深课文理解的同时思考最适合自己和课文的讲授方式，甚至参考预设学生的回应，这对其快速熟悉和上手一个新的领域是十分必要的。

当然，视频分析库的定制给予了教师充分的自由，其构建方式远不只以上两种。对此，我们既可以将视频分析库理解为一个随时可以进入的"教学论坛"，也可以将其想象成当下互联网的"大数据投放"，一旦教师能够习惯性地依据自身"口味"收藏教学公开课并对其进行分析，那么愈发完善的视频分析库和愈发自主的专业发展意识，都会成为他们在真实教学情境中"游刃有余"的有力保障。

总而言之，定制视频分析库有助于教师把握住在教学实践中获得提升的机会，其优势就在于定制者可以随时进行教师之间的横向对比和教师自我之间的纵向对比。

（一）教师之间的横向对比

教师之间的横向对比学习是指教师针对同一类型的课堂教学，通过观摩和对比评价其他教师的教学视频分析数据而进行的横向对比学习。教师只有通过对比彼此的视频分析数据，互相评价和交流讨论，才能更清楚地了解彼此的教学过程，借鉴并学习彼此的教学方法，从而更有效地改进。教师之间针对同一内容，可利用视频分析结果进行横向对比展开教学研究，这是教师教学能力发展的有效方法。我们熟知的"同课异构"教研形式也是基于这一思想。

（二）教师自我的纵向比较

教师自我的纵向比较是指教师针对自己的教育教学，通过不断观摩和对比分析每一次教学公开课视频，分析数据而进行的纵向对比学习，是教师多次视频录制、共享、分析并应用分析数据的方法。教师利用视频分析结果进行自我纵向的比较学习，能进一步加深自己对教学细节的认识，了解自己的进步或不足之处并针对性地做出教学调整，在不断地比较、调整过程中使自己的教学能力得到发展。

由此，教师不仅可以分析反思单个片段案例内容，还可以追踪、解释和评估伴随自己的教学反思，思考教学公开课视频分析中所反映出的课堂教学过程是否有改进，从而总结出其变化的规律或模式。而分析库中的视频资源还可以随时迎来一波新的分析与挑战，成为教师职业发展道路上"常析常新"的存在。

◆ 问答角

问题1： 在观看教学视频时，我时常感觉某节公开课上得并不成功，没有研究的价值，不想将视频分析的时间浪费在此类公开课上，我该如何规避？

回答　　首先，我们需要明确的是，公开课应该允许失败。成功的公开课是好的公开课，但失败的公开课同样具有研究价值。这正像是对好的作品可以写出好的评论，对不好的作品同样可以写出好的评论一样。公开课不应该以成败评论其价值，它的价值应该在于对教师有没有启发意义。我们进行视频分析就是将一节教学公开课视频进行拆解，在每个教学环节中挖掘其优势和劣势，有哪些地方是教师可以借鉴的，又有哪些问题是需要教师参考并在自己的课堂上尽量避免的，这就是一节所谓"不成功"的教学公开课视频的价值所在。因此，没有必要规避对一节不成功的公开课进行视频分析。

问题2： 进行一次完整的视频分析所需的时间较长，如果我想分析的教学公开课视频数量很多，但时间有限，怎样才能高效完成？

回答　　教学视频的分析流程框架是可以结合实际情况灵活调整的。如果时间充足且准备分析一个新视频，那么完整的视频分析步骤是最好的选择。如果时间不充足且仍然要分析一个新视频，那么教师可以省略"自我提升"环节并加快视频的播放速度，力图快速从"整体熟悉"进入"目标设定"。可见，对于一个新视频而言，"整体熟悉"是必不可少的。如果时间充足但准备分析一个自己已经有所了解的视频或自己的教学视频，那么教师可以直接由"目标设定"进入分析，把重心放在"具体剖析"上；而如果时间不充足，那么教师可以将视频单独进行"具体剖析"并辅助"自我提升"中的部分方法，以拓展研究视角和研究思路。值得一提的是，当教师需要一次性分析大量视频时，不妨考虑对视频进行编码分析，这样既能够将视频情况以直观的数据形式呈现，还可以挖掘出不同思路的研究结论。

◆ 实践练习

1. 请选择一个在本章中提到的视频平台中的教学公开课视频进行完整流程的

视频分析,并在视频分析清单上做记录。思考一下自己在这个过程中有哪些收获?

2. 请选择自己认为在视频分析过程中收获的至少一个不错的教学策略,结合课堂内容在你所任教的班级课堂上进行实践运用。

❖ 资源拓展

1. Knoblauch H., Schnettler B., Raab J., Soeffner H. G. (eds.) *Video-Analysis Methodological Aspects of Interpretive Audiovisual Analysis in Social Research*. New York: Peter Lang, 2012.

该书是在视频分析研究领域迅猛发展时出版的第一本用英文全面介绍视频分析法在社会科学中运用的书,是视频分析领域的权威著作。其中收录了许多在该领域有较大贡献的学者的研究。该书内容的多元化、使用方法的广泛性以及大量的案例解析都十分适合想要深入研究视频分析的教师,更有助于教师在教育研究上的实践。

2. 鲍建生、王洁、顾泠沅著:《聚焦课堂:课堂教学视频案例的研究与制作》,上海教育出版社2005年版。

2004年,由全国教师学会组织的中小学优秀课堂教学视频案例展评活动激发了广大教师和研究人员对视频案例的研究热情。于是,《聚焦课堂:课堂教学视频案例的研究与制作》这本书于2005年问世,其中全面论述了课堂教学视频案例在教师教育研究上的重要性,其内容从理论层面、操作层面和视频案例脚本内容层面三个部分展开。该书脱离了对方法的泛泛而谈,而是将重点转移到课堂教学视频的本质上,使教师能够发现视频分析的多种角度,适合中小学教师学习使用。

第三章 用设计研究法实施有效教学

◆ 本章导言

　　教育设计研究是20世纪90年代初出现的一种教育研究方法。当时的一批教育研究者认识到传统的实验室研究对于解决教育现实中的问题乏善可陈,他们希望在真实的学校课堂教学中进行教育研究,从而真正理解什么样的学习环境会有效、学生的学习轨迹是怎样的、学习是如何发生的等学习中的核心问题。

　　教育设计研究从它出现开始就具有鲜明的循证特征。它由实践中复杂和真实的问题驱动,教师扎根在真实情境之中进行研究,要设计出干预方案,并检验其有效性,在循环迭代中不断改进。当然,作为一种研究,它希望产出对教育教学有用的理论和原则。

　　作为一种研究方法的创新,教育设计研究强调在研究过程中的合作性,即研究者与学校教师的密切合作,这为学校教师在学做研究中设立了重要位置。尽管要成为成熟的方法论,教育设计研究还面临不少挑战,但是其拥护者已经发展出了一套比较清楚的操作方法。

　　在本章中,我们首先带领大家了解教育设计研究的主要特征、研究路径,然后展示一个用设计研究法改进教学的例子,帮助大家了解并学会使用这种方法。

学习目标

- 了解教育设计研究的主要特征。
- 掌握教育设计研究的过程。
- 能够在自己的教学中开展教育设计研究。

◆ 情境导入

　　李老师是一名小学数学教师,她发现学生们在学习分数除法的时候学习效果各不相同,犯的错误也是千奇百怪,她有时真不明白孩子们的这些小脑壳中是怎么想的。为什么自己用各种方法讲解运算法则,学生做题的时候还是会出错呢?学生是对算法理解有误,还是做题粗心大意呢?

带着这些困惑,李老师报名参加了一个主题为"学习科学"的教师培训,她希望这次培训能对她的教学有些实际的用处。在这次培训班上,李老师第一次了解到有关"学习"的理论,李老师惊讶地发现,原来学生学习行为是可以进行科学系统的探究的!还有那些诸如"人是如何学习的?学习是如何发生的?"等问题,都是李老师之前从未思考过的,这次培训给予了李老师极大的启发。她开始意识到,要真正做到以学生为中心的课堂教学,教师就必须研究学生的学习行为。自那以后,李老师开始跃跃欲试地想对学生们做点研究,对原来的教学进行调整,看看学生们的学习效果如何。

李老师目前的情况很适合进行设计研究,通过分析、设计、评估、反思等基本的步骤,并进行过程迭代,最终获得有效的干预方案和关于有效教学的解释。

第一节 什么是教育设计研究

很多人喜欢将教育领域与医疗领域做类比,因为它们都是实践领域——医生改善人的身体,教师培育学生的心灵……但是,与教师不同,大多数的医生都从事科学研究,临床治疗与科学研究是紧密联系在一起的。而反观教育领域,教育教学活动中的实践者们并不常参与研究,而关于教育和教学的知识主要是被教师们称之为"搞理论的"学者们所生产的。这一传统导致了在教育实践中的教师们往往凭借经验行事,而学者们"搞出来"的理论又难以适用于充满着不确定性、不稳定性、极具复杂、情境依赖以及价值冲突的教育实践场域。

一、教育设计研究的产生

从20世纪80年代末期开始,一群原来从事认知科学、计算机智能系统等研究的科学家,开始从实验室里走出来,他们与认知人类学家、教育研究者、一线教师等形成了共同体,致力于研究真实教学情境中的教与学。他们界定了一个新的研究领域——学习科学,这些跨领域的学者们运用活动理论、建构主义理论、参与式学习等设计计算机软件、学习环境以及各种教育方式来促进深度而持久的学习,他们也研究在这些所设计的环境中的人的行为、学习是如何发生的,是什么促进了更好的学习,什么让学习更加有效等问题。

为了达到上述目标,学习科学家们寻求新的方法论以支持研究。教育设计研究最初由安·布朗(A·Brown)和艾伦·柯林斯(Allan Collins)分别发文提出,他们原来都是从事教育心理和认知科学研究的著名学者,两位学者从不同的角度,都提出通过设计学习环境使其作为研究开展的平台。柯林斯指出:"我们开始发展一种教育的科学。但是,它不是像物理学或者心理学那样,仅仅是一门分析的科学,它应该是门设计的科学,就像是宇航或者人工智能,……教育的设计科学应该确定学习环境的不同设计是如何对学习、合作和动机发挥作用的。"

案例 3-1

安·布朗是加州大学伯克利分校的著名教育心理学家。

在20世纪80年代,布朗和她的同事进行了一系列在真实情境下的教学和评估探索,最著名的就是他们在学校中开展的"互惠教学"。"互惠教学"最初聚焦在阅读策略上,他们根据苏格拉底式教学和探究式教学,以及合情推理等理论设计了包含"提问、澄清、总结、预测"4个环节的教学过程,为学生的讨论提供脚手架。布朗等人后来将"互惠教学"的模式应用到不同的、更复杂的阅读教学中,他们研究个人、小组的学习,以及在实验室、阅览室、教室等不同的学习环境中的学习。后来,布朗等人又把"互惠教学"发展成为对"学习者共同体"的研究。在科学课堂上,六、七、八年级的学生开展合作探究项目,让学生成为研究者、彼此的教师、项目进程的监督者,通过有指导的探究模型、帮助思考的工具、反思工具、成长档案袋等评估工具来搭建学习环境,通过合作学习中的"拼图法"(Jigsaw)来促进参与和交流。这些设计研究不仅对实践产生了重要影响,也让研究者收集了大量的传统心理学研究所采用的标准化数据,获得了包括访谈资料、观察记录、学生的研究计划方案、成长记录袋等丰富的资料。

安·布朗认为研究在产出理论贡献与服务实践之间存在着张力。干预研究是为了对实践产生影响而设计的,但是为了让这种干预有效,还必须要走出个性化的教室,提出更具一般性的理论。

安·布朗于1999年英年早逝,但是她所提出的设计研究已成为学习科学领域重要的研究方法论。

(选自 Brown, A. (1992). Design Experiments: Theoretical and Methodological Challenges in Creating Complex Interventions in Classroom Settings. The Journal of the Learning Sciences, Vol.2, No.2, pp.141—178.)

二、教育设计研究的要义

教育设计研究通过分析、设计、开发、实施以及多轮迭代来改进教育实践,其基础是研究人员和实践者在现实环境中的合作,并产生基于应用环境的设计原则和理论。与其他研究方法相比,它具有如下非常鲜明的特征。

(1) 干预主义的。教育设计研究往往从重要的教育问题入手,这些问题需要创新的解决方案和科学上的深入探究。"干预"是指根据现有的科学知识、经验和研究者的智慧产出创造性的解决方案。它们可以是教学产品(例如:学习材料)、教育项目(例如:教师专业发展的方案)、教育政策(例如:学校评估的标准)等。虽然教育设计研究的范围可能会有所不同(参与者可以是一名研究人员和一名教师,也可以是数百名教师),但其意图都是在实地对教育实践做出真正的改变,同时推动相关理论的发展。

(2) 迭代的过程。教育设计研究是对问题、解决方案、运用方法以及设计原则的不断检测与提炼的探索过程,需要对复杂的教学和学习环境做出相应的反应。例如,为了教给研究生如何设计整合信息技术的课程,耶尔·卡利(Yael Kali)和罗森·福尔曼(Tamar Ronen Fuhrmann)发展了一种教学模式,他们在3个课程中进行了4次迭代,不断地制定和完善模型。每一次迭代,都以学生遇到的学习挑战作为学生学习的过程特征。针对挑战,他们做出设计决策,从而改进教学模型,并在下一次迭代中实施。然后,他们再次研究这些改进对学生学习的影响,既确认改进模型对以往学习挑战解决的效果,也发现新的学习挑战。通过这个迭代过程,他们不断获得对学生学习过程的理解,同时也相应地调整他们的教学模式。

(3) 与理论相关的。与大多数的研究相同,教育设计研究基于理论产生设计框架,也产出新的学习理论。但是,设计研究特别注重理论的"情境性",所以教育设计研究需要既描述理论,也描述理论产生的具体情境细节,以便当别人使用理论的时候,结合其情境细节使得这些从情境中产生的一般性的理论重新情境化。

(4) 强调合作。在整个教育设计研究中,凸显的是研究人员和教师的合作伙伴关系。柯林斯在对教育设计研究最早的论文中就指出:"研究要取得成功,实验必须在教师定义的约束条件下进行,并且必须解决他们的问题。因此,教师要扮演共同研究者的角色,帮助制定要解决的问题和要测试的设计,随着实验的进行对设计进行改进,评估实验不同方面的效果,并将实验结果报告给其他教师和研究人员。"

案例 3-2

艾伦·范德霍芬(Ellen Vanderhoven)等人开展的"在线社交网络的安全与隐私"研究项目中一个重要的目标就是要开发用于中学的教学资源,从而对青少年进行社交网络的风险教育。艾伦·范德霍芬等人的研究具有教育设计研究的典型特征,即干预主义的、理论相关、迭代性以及合作性。

首先,研究是干预主义的。研究者开发了一个课程的教学材料,包括:课程目标、课程大纲、教师教学手册,规定了五步的教学模式以及一小时的课程时长。这些教学材料与教学模式被应用到真实的学校教学中。

其次,研究是与理论紧密联系的。一方面,在分析、设计等过程中,需要寻找理论依据,搭建设计的理论框架。研究者通过文献研究发现青少年在社交网站上面临的风险可分为三大类:内容风险、接触风险和商业风险,他们自己所进行的调查、焦点团体访谈等也证实了文献的观点。进一步的文献调研发现,虽然已经存在一些防止青少年上网风险的干预措施,但是大部分的干预设计缺乏理论基础,也没有对干预效果,特别是对行为改变的测量。研究者依据教育设计研究与理论密切相关的原则,以及与预防相关的一般性理论、建构主义的教学设计理论,还特别采用了专注行为改变的跨理论模型、有计划行为理论等,进行了初始的框架设计并确定了测量干预措施的指标……。另一方面,理论生产是教育设计研究与干预实践并存的目标。这项研究也产出了丰富的理论成果,从初始框架所依据的设计原则出发,经过多轮的迭代研究,产生了对于青少年风险干预的更具情境性的设计原则。例如:研究发现协作学习虽然被认为是遵循建构主义理论的一种重要的教学策略,但是对于与声誉相关的行为改变,诸如社交网站上的不安全行为,似乎不太有效。研究也发现了真实情境学习以及家长参与的重要性,因此产生了更具情境性的设计原则。研究也在不同的阶段发表了多篇学术论文。

再次,迭代性在这个研究中也体现得十分充分。这个研究在基金的支持下,进行了设计/构建和评估的五次迭代,历时三年。在第一、二、三轮干预研究中,分别有1035名、1487名和156名学生参加了该课程。在所有这些研究中,学生的平均年龄为15岁。在后面的两次干预研究中,由于要检测父母参与的重要性,因此,更多低龄的学生参与了课程。参与第四轮和第五轮干预的学生分别为146名和205名学生,平均年龄为13岁。每轮干预都通过前—后测、干预组—对照组实验等进行干预评估。在第一轮干预研究中,采用了最初开发的材料,并将其影响与未进行干预的对照条件进行了比较。结果发现,虽然所设计的课程对学生的社交网站风险意识有所影响,但对行为的影响却有限,所以研究者根据行为改变的理论框架,对教学材料进行了修订:通过减少协作学习的时间来减少课程中的同伴影响,为个人反思腾出更多时间。在第二轮干预研究中,发现这种新的干预措施对态度和行为的影响更大,而对意识的影响仍然有限。根据学生和教师的反馈,研究者再次对材料进行了修改。比如:把学生自己的社交网站简介作为讨论资料,让课程更具有真实情境性。不过后期的评估发现这种操作并没有改善干预的效果。在最后的两轮研究中,由于要测试父母参与的重要性,所以第四轮研究中设计了一个"家长之夜"的活动,但是第四轮的评估发现这种活动不足以囊括所有的学生家长,所以又将活动改为亲子共同完成家庭作业。最后的评估发现,这种干预方法可以明显地改进学生,特别是男孩子的上网行为。

最后,在整个研究过程中,研究团队的合作性也得到了充分的体现。研究者与教师的密切合作使得研究在教师需求与研究理论产出之间找到了合理的平衡。比如,以往的研究认为有效的干预需要有足够的时间进行实施,但是教师们为了避免过多的工作负荷,更喜欢短期的干预措施。通过这个设计研究发现,短期的干预也可以获得有效的成果。同时,通过教育设计研究,研究者真正参与到教育实践中,课程开发由研究者和教师共同进行,教师的实践经验、研究者的知识和理论很好地结合,使得干预措施获得了成功。

(选自:Vanderhoven, E., Raes, A., & Schellens, T.(2015). Interpretation in the Process of Designing Effective Learning Materials: A Design-Based Research Example. in Smeyers, P., Bridges, D., Burbules, N.C., &Griffiths, M. (eds.) International Handbook of Interpretation in Educational Research, Berlin: Springer, 2015, pp.1219—1237.)

第二节 教育设计研究的基本框架与流程

总的来说,教育设计研究是一种基于教育实践现场、致力于问题解决和理论产出双重目标的研究方法。教师以教育设计研究作为研究法,可以通过对教育教学问题的诊断,设计出相应的解决策略,然后在实践中验证其有效性,并做进一步的优化调整。正如李老师所遇到的"分数除法教学"中的困惑一样,倘若通过探测学生的问题所在,调整教学方法,迭代式地一步一步改进,那么就能有效提升学生的学习效果。下面,我们详细介绍教育设计研究的核心框架与主要流程,为大家提供一个可供效仿的行动路线图。

一、教育设计研究的基本框架

不同学者对于教育设计研究给出了各种框架,在这里介绍苏珊·麦克肯尼(Susan Mckenney)和托马斯·里弗斯(Thomas C. Reeves)的一个比较简洁的框架。如图3-1所示,框架中的三个大方框,代表教育设计研究的三个核心阶段:分析/探索阶段、设计/构造阶段和评估/反思阶段。核心阶段之间的箭头凸显研究的迭代性与灵活性特征。两个黑色的长方形,表示教育设计研究的两大研究目标:成熟的实践干预方案、全新的理论性理解。图形上方的四边形,代表着教育设计研究的实施和推广过程,图中寓意这个过程随时间的推移其范围将逐步放大。四边形与三个核心阶段之间的双向箭头,表明了实践会随时反馈给各个核心阶段,从而影响核心阶段的进程以及最后理论与实践的产出,反之亦然。

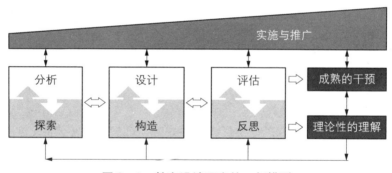

图3-1 教育设计研究的一般模型

从这个通用模型可以看出,教育设计研究虽然经历三个核心阶段,但是它们并不是简单的线性过程,在不断地与实践的互动中,每个核心阶段以及不同的核心阶段之间都可以灵活地切换,在不同的层次上形成循环。

麦克肯尼和里弗斯勾勒出了教育设计研究的核心框架,也给出了一些实施的具体办法。我们把它们整理成了教师开展教育设计研究的操作工具。如果您与李老师一样面临同样的或类似的课堂教学的问题,那么就可以使用如下工具对课堂研究进行初步的整体设计。

工具包 3-1

阶段	主要过程	活动	产出
分析/探索阶段	分析	(1) 确定初始的方向 (2) 查阅文献,以确定问题在理论和实践层面是不是值得深入研究 (3) 进入存在问题的课堂等实地进一步识别情境、问题、潜在的原因,以及利益相关者等	(1) 清晰的问题界定 (2) 设定目标 (3) 划定边界
	探索	(1) 随着问题的逐渐清晰,寻找相关的其他情境进行对比分析,可以获得新的洞察 (2) 建立研究团队,大家发挥各自的专业特长,并对项目研究产生归属感	(1) 根据对问题的理解提出初步的设计需求 (2) 可供使用的相关理论
设计/构造阶段	设计	(1) 头脑风暴,让各种想法涌现出来 (2) 设计框架 (3) 细化框架各个部分	(1) 记载思路发展的文档 (2) 设计框架 (3) 细致的设计说明
	构造	(1) 产生原型 (2) 修改原型	干预。包括:教材、教师指导书、教育软件、网站、APP 等实物,或者教学过程、策略、模式等。这些都是在下个阶段可以被评估的
评估/反思阶段	评估	(1) 确定评估的重点 (2) 确定指导评估的问题(例如:什么起作用、如何起作用、到什么程度等) (3) 确定评估策略(形成性评估、总结性评估等) (4) 选择具体的方法(问卷、访谈、观察等) (5) 草拟和修改评估计划文本 (6) 创建或者寻找具体工具(例如:量表等) (7) 收集数据 (8) 分析数据 (9) 报告结果	对于干预的更好的理解

续表

阶段	主要过程	活动	产出
评估/反思阶段	反思	(1) 反思可以是偶发性的(例如：与相关人员聊天的过程中产生的) (2) 比较具有结构性的反思	(1) 对结果的解释 (2) 对设计或者干预的改进想法等

二、教育设计研究的主要流程

在下面的部分,我们用巴纳-里特兰德(B. Bannan-Ritland)等人所进行的"阅读获取—在线"(Literacy Access Online,简称LAO)的教育设计研究为例,以加深大家对于教育设计研究方法主要流程的理解。

巴纳-里特兰德等人希望设计一个基于互联网的学习环境,可以为教师、父母(阅读促进者)提供帮助,发展儿童特别是特殊儿童的阅读能力。这个研究希望设计出的这种干预方法不是以传统的讲授方式来进行阅读教学,而是提供一种基于技术的环境,可以同时支持阅读促进者和儿童两类人群。我们相信,巴纳-里特兰德等人提供的案例,能够为中小学教师开展基于学科教学的课堂研究提供丰富的借鉴。

(一) 分析/探索阶段

在最开始的时候,研究者抱定了一个比较宽泛的、一般性的目标,即如何为儿童,特别是特殊儿童提供阅读帮助。早期的研究问题是:"对于健全或者残障的四至八年级的学生,什么是获得基本阅读能力的最好的方式? 如何为儿童提供技术增强的阅读支持?"为了更好地解决这些问题,研究者运用了需求分析、文献调研、角色模拟等方法来进行探索。

需求分析是开始教学设计的基本步骤,它包括要识别出当前的状态和提出理想的解决方案。由于巴纳-里特兰德等人的研究希望设计一个基于互联网的学习环境,他们还借鉴了商业领域需求分析的基线调研(Benchmarking)技术,也就是收集其他机构的相关产品为自己的研发提供信息,从而避免重复开发。他们调研了市面上辅助阅读学习的软件,分析这些与现有的需求之间还有什么"教学设计的差距",这为后续的设计提供了一个"基线"。研究者开始的调研发现,辅助儿童阅读的过程是比较多的产品的设计思路。但是研究团队中有一位残疾儿童的家长,她非常强调家长与孩子的共同阅读，她希望可以获得资源以便在共同阅读的过程中来帮助她与孩子互动。这使得研究和设计的目标发生了根本性的转向，研究目标从原来的"支持儿童的阅读"转变为"支持合作阅读中的互动"。这个目标虽然来源于研究者的兴趣、洞察力和需求，但是在随后的家长和专家的调研中也得到了支持。

在确定了"为家长和孩子的合作阅读过程提供帮助"的目标之后，研究者进行了文献调研，主要关注文献中有哪些辅助或促进阅读的策略，以及儿童对于阅读可以发展哪些技巧、技能，等等。他们查阅了与阅读相关的国家标准以及实证论文，从而使得理论方法与研究团队的经验实践结合起来，扩展了他们对于阅读以及辅助儿童阅读过程的理解。研究者还采用了焦点团体访谈的形式，与四个阅读学习有困难的孩子的父母座谈，主要对"家长和孩子共同进行了哪些阅读活动""使用了什么阅读策略""家长对于帮助孩子阅读的自我效能感如何""学校内外目前对于促进儿童阅读形成了怎样的合作关系"等方面进行了探索。此外，研究者还对阅读专家以及特殊教育专家进行了问卷调查，询问他们什么是有效的阅读活动和策略，一对一合作阅读过程中应该避免什么，他们认为好的阅读促进者的素养是什么，等等。通过分析用各种方法收集到的数据资料，研究者对他们的设计问题、设计出来的干预所要满足的目标人群等都有了深入的理解。

通过各种数据的收集和分析，研究者对合作阅读过程的"情境"有了深入的思考，他们认为不能仅仅只看到家长和孩子一对一的这种简单的情况，而应该考虑更加复杂的情境性因素，这些因素会对设计的理论模型产生影响，也可能会对将来开发出来的学习环境的采纳和传播产生影响。于是，他们在这个阶段又聚焦了一个研究问题：对于那些试图在阅读过程中支持儿童的阅读促进者，社会、文化和组织方面对他们的影响是什么？研究者认为，直到这个时候，关系到多个目标群体的教学复杂性才被揭示出来了。他们运用了角色模型的方法，设计了一些人物角色，比如：有阅读问题的孩子、家长等，赋予这些角色以典型特征，力图通过这些角色来捕捉场景、人物、事件，这种人物角色产生了未来这个学习环境的使用者的分析信息。研究进展到这里又产生出了新的设计问题，因为儿童可能会在不同的时间与不同的人（比如：父母、兄弟姐妹、老师等），共同开展阅读，那么怎么对他们提供持续的、一致性的帮助呢？研究者考虑到社会、文化和组织等情境的影响，进一步把他们设计的理论方向放在对不同经验水平的阅读促进者同时提供帮助，能够让多个阅读促进者都可以了解同一个儿童的阅读进步情况上，以便为儿童的需要提供更好的帮助。

可以看到,随着分析/探索阶段的不断推进,研究者不断调整、聚焦研究问题,把已经存在的理论与实际经验、相关研究整合起来,形成了这个研究所要设计的基于互联网促进儿童阅读学习环境的独特的理论定位。

(二) 设计/构造阶段

模型和设计是不断迭代和修改的。在这个阶段,研究团队成员、学科专家、教师、儿童、项目资助代表等的多方会议不断举行,进行充分的头脑风暴,这样的活动推动了项目合作成员的集体学习。

在探索阶段,研究者形成了初步的设计理论假设,来描述他们所设计的学习环境,但是还需要进一步细化。随着研究的推进,研究者将比较宽泛的"为儿童和阅读促进者双方提供持续的、一致的帮助"细化为更加明确的四个目标。在具体的设计过程中,研究者面临的问题是如何将前面任务分析中所获得的认知和绩效目标操作化,研究人员采用了活动理论的任务分析技术对学习环境的教学任务和支持活动进行分类和细化。由于这项研究是设计一个基于互联网络的学习环境,研究者还借用了其他电子系统的设计模型。在纸面上形成了设计原型之后,研究者还进一步地细化设计,专家和预设的这个学习系统的典型使用者也会在设计周期内的一些关键时间点上重新审视系统的学习目标、任务分析、初始设计概念、系统级架构和详细的设计模板。他们的反馈数据包括确定设计在多大程度上体现了理论模型,或者是对界面、外观和所呈现特征的感觉的一般反应,等等。

虽然进入了设计/构造阶段,但是此阶段与前面探索阶段仍然是紧密相连的,设计阶段将理论模型具体化、操作化,需要不断检验前面阶段所形成的理论假设,设计阶段内部会形成小的循环,也可能会与前面探索阶段形成迭代的循环。

(三) 评估/反思阶段

这个研究项目的评估经历了多个周期。首先,针对儿童和他们的父母等促进阅读学习系统的使用者,研究者对这个干预的可用性和合理性进行了评估。然后,对使用这个系统来促进儿童学习的学习效果进行了评估。研究人员通过可用性测试以及形成性评估等方式进行评估。

可用性测试主要发现系统界面、导航的优缺点,以及数据驱动的格式与功能等方面。专家评议、一对一、小组等对系统的测试实际上从设计开始到越来越接近系统完成,一直在不断进行着。

研究者特别关心阅读促进者和学习者在合作阅读的过程中是如何感知并与系统进行交互的。在比较早期的时候,研究者就让5组实验者(4个组的阅读促进者是父母,有1组是兄弟姊妹)模仿进行运用系统进行合作阅读的任务,通过半结构化的访谈,以及对阅读活动过程中互动的观察来收集数据。初步的评估发现这个系统可以激发儿童的阅读动机,也可以提高阅读促进者开展合作阅读的意识。研究还发现需要对特殊儿童提供更多的帮助,以及父母和孩子的互动有时会产生紧张,所以在随后的设计中进行了针对这些问题的修订。在后来,研究者又对8个亲子组进行了类似的质性研究,8个亲子组代表了不同的技能水平与残疾程度,这些孩子都在阅读水平上比预期水平低2个等级,而且不愿意参加阅读和写作活动。评估得到了比较正面的反馈,在互联网和其他辅助技术的支持下,孩子在写作的数量和质量上都得到了提高;家长也认识到对孩子即时反馈的重要性以及了解了由学习系统提供的支持工具的各种特性。通过这次评估,学习系统还在学习内容和提供工具方面进行了改进。

形成性评价在这个系统的设计和构造过程中是不断地发挥作用的,通过评估反馈,持续地检验和修改理论假设,并修订设计和构造的学习系统。

上面这个案例向大家展示了一个教育设计研究的全过程。虽然我们是按照三个阶段线性展开的,但是实际上每个阶段内部会有微循环,不同阶段之间都会有中循环以及大循环。在整个过程中,实践与理论共同发展,每个阶段都有学习系统研制的推进,也有理论模型、假设的建构,甚至有针对不同研究问题的论文发表。

🛠 工具包 3-2

巴纳-里特兰德等人提出了一个框架将教育设计研究的步骤更加具体化,我们将其中的部分摘录如下。这个表格中的内容可以帮助中小学教师在每个研究阶段思考相关的问题,选择恰当的研究方法获取资料与数据。

	分析/探索阶段	设计/构造阶段	评估/反思阶段
用于研究的引导性问题	1. 在理论、实践,或者市场方面存在什么问题和差距 2. 从现有的数据或者研究中可以收集到什么信息 3. 我们如何描述问题的特征或者学习者的需求	1. 这项创新/干预的学习目标是什么 2. 有什么设计原则或者策略可以使用 3. 如何将认知和行为过程识别出来并将其在设计中体现出来	1. 产出的设计是可用的、合理的和相关的吗 2. 在传递教学或提供学习支持方面,设计和构造的干预是可获取的和有效的吗 3. 这个干预的影响和有效性是什么

续表

	分析/探索阶段	设计/构造阶段	评估/反思阶段
用于研究的引导性问题	4. 对于设计存在什么系统性的社会、文化以及组织层面的影响或约束 5. 要使用这项干预的受众有什么特征	4. 在多大程度上设计可以体现理论模型	4. 当一个解决方案的设计在合适的情境下,及以最好的保真度实现的情况下,对于达成期望的学习目标其效果如何
可应用的研究方法	1. 基线调查 2. 绩效/需求分析 3. 访谈 4. 专家调查 5. 焦点团体小组 6. 观察/角色模型 7. 案例研究	1. 任务分析 2. 情境分析 3. 设计者日志 4. 专家评议 5. 受众评议	1. 可用性测试 2. 专家评议 3. 观察或视频记录 4. 访谈 5. 形成性评估 6. 前一后对比研究 7. 准实验研究

第三节 教育设计研究作为教师专业发展的途径

教育设计研究的突出特点在于它的双重结果,既产生干预又产出理论,理论可以是关于人是如何学习的,也可以是如何设计干预从而促进人的学习,等等。开展教育设计研究的领域有很多,例如:从事数学教育的学者和教师通过设计研究发现学生学习数学的学习轨迹,教育技术领域的设计研究关注数字化环境、资源、移动APP对学生学习的支持,等等。

通过教育设计研究,教师既可以寻求改变学生学习的创新方法,也可以探究学生的学习,教育设计研究也正在成为教师专业发展的一种途径。

一、教师开展教育设计研究的实例

在本节,我们再举两个设计研究的例子,供大家进一步了解其主要的研究步骤,也让大家看到在学校中,教师如何成为教育设计研究的主要参与者,从而与研究者形成研究共同体,合作探索改进教学实践的途径与策略。

第一个案例是关于如何用教育设计研究开发有效教学策略。基巴尔(Pinar Nuhoglu Kibar)和教师们共同基于"产出式学习理论"(Generative Learning Theory)

与信息可视化的相关研究,设计了运用信息图促进学生有意义学习的教学策略。经过多轮迭代循环,不断精进这个教学策略的各个环节。其中特别值得注意的是,在教育设计研究中,迭代的循环可以以各种形式出现,下面的例子就是一个很好的展示。如图3-2所示,研究在三个主要阶段内部形成微循环,阶段之间形成中循环和大循环。从这个例子我们还可以学习到如何将一个教学过程模型化、可操作化。我们的教师在教育研究过程中产生过很多教学策略与模型,但是往往过于概略,不利于研究成果的传播和其他教师的借鉴。同时,也没有数据支撑所提出的模型的有效性。通过这个例子,大家也可以学习国外教师是如何进行模型化的。

案例3-3

在第一个中循环的分析/探索阶段,基巴尔组织学校老师以及教研部门形成了研究团队,他们利用"产出式学习理论"和对于信息图(Infography)设计在中学应用的相关研究,提出了一个信息图设计过程模型,并认为科学与技术这门课程比较适宜实施这个模型,因此信息技术老师和视觉艺术老师需要参与到课程教学中。他们选择了七年级的学生作为课程教学的对象,因为七年级学生具有一定的知识基础和数字化工具使用的能力。他们以话题"简单机器"作为信息图的学习成果。

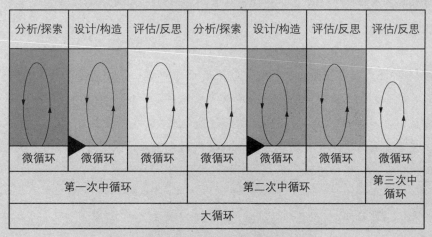

图1 研究的微、中、大循环

在第一轮设计/构造阶段,研究团队确定的信息图设计过程模型包括内容生成、视觉设计生成以及数字设计三大部分,整个过程预计七周,每周一至两次课。图2展示了第一次中循环过程中研究者所设计的信息图设计过程模型。

图2　第一次中循环的信息图设计过程模型

在内容学习部分，科学与技术老师首先进行学科内容教学。信息图设计学习部分，由信息技术老师主导教学，通过教学视频以及信息图样例，让学生了解信息图设计。然后学生需要准备与内容相关的文字和视频资料。研究团队设计了内容生成和信息草图生成路线图，共十个步骤。在内容生成过程中，由信息技术老师配合科学与技术老师，为学生学习提供帮助。在A3纸上形成信息草图后，由科学与技术老师、信息技术老师、视觉艺术老师分别用便签条为学生的草图提供反馈。在数字化设计阶段，学生们在计算机教室完成作品，由信息技术老师和视觉艺术老师合作进行指导。

研究团队在第一轮的评价/反思阶段采用了信息图设计评价量规、反思表、教师焦点团体小组访谈等方式收集所设计的这一促进学生深层的、产出式学习的教学策略的效果。应用评价量规发现学生在视觉设计方面比其他方面稍差，学生的反思也反映出视觉设计部分的反馈很重要，但是同时也反映出了时间紧张以及视觉设计比较难的问题。教师的反思中也强调了反馈的作用以及时间的有限所造成的问题。

第二轮的中循环仍然从分析/探索阶段开始，分析了学生在信息图设计过程中出现的问题，研究团队认为"视觉设计生成"部分需要改进设计，课程的时间问题、设备等也需要调整。

第二轮设计/构造阶段，修改了信息图设计过程模型（如图3所示）。取消了"内容准备"步骤，学生草图设计修改为在A4纸上进行，并不要求做过多的细化工作。根据学生学习中对反馈的需求，设计了生成信息图的导学单,帮助学生思考如何建立信息图的主标题、子标题、各部分应该呈现什么内容等。将视觉设计部分的课时延长到三周,每周两小时。允许学生自带笔记本电脑等数字设备完成作品。第二轮在"物质的结构和特性"单元中选择了"化学键"作为主题。

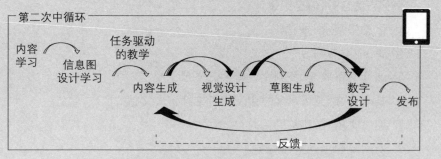

图3　第二次中循环所修改的信息图设计过程模型

第二轮的评估/反思同样用信息图设计评价量规、反思表和教师焦点团体访谈等收集资料,各类数据显示修改后的过程模型取得了比较好的效果。

第三次中循环只有一个环节,即评估/反思阶段。在这个阶段中对整个设计研究开展评估和反思活动,这里不再赘述。

(选自 Kibar N.P., Akkoyunlu B.（2018）. Modeling of Infographic Generation Process as a Learning Strategy at the Secondary School Level Based on the Educational Design Research Method. Education and Science, Vol. 43, No. 196, pp. 97—123.)

在上述案例中,研究团队在这一阶段对学生学习的现状、研究可以开展的环境、已有研究成果、可以使用的理论等都进行了认真的分析和探索。在教育设计研究中,分析/探索阶段十分重要。在这里,我们为大家提供一些可用的工具,帮助大家在分析/探索阶段可以产生更加具体的成果。

工具包3-3

文献调研的一般步骤

（1）你要开展研究的主题是：＿＿＿＿＿＿＿＿

(例如：形成用信息图设计过程促进学生有意义学习发生的教学策略。)

（2）你希望通过文献调研回答的问题是：＿＿＿＿＿＿＿＿＿＿

(例如：目前信息图已经用于哪些学科教学当中？)

（3）你需要搜索的关键词是：＿＿＿＿＿＿＿＿＿＿

(例如：信息图、信息图设计。)

（4）你希望搜索的数据库是：＿＿＿＿＿＿＿＿＿＿

(例如：中国知网。)

（5）阅读文章摘要，找到比较相关的文献。

（6）获得全文，还可以通过引文作者继续扩大文献。

（7）阅读文献、做相关的摘要。

（8）对文献的主题进行分类。

（9）总结每类文献的核心观点。

（10）报告你文献调研的结果。

（改编自 McKenney, S.E., & Reeves, T.C.（2012）. Conducting educational design research. New York：Routledge.）

工具包 3-4

进一步提炼你的问题，你可以利用下面的工具进行探索。

	政策方面的要求是什么	利益相关者有什么诉求	实际教学中是怎么做的
例如：关于有意义学习	相关的政策文本有哪些？ 课程标准有什么表述？ ……	政府 学校 家长 学生 ……	教师在教学过程中是怎么做的？ 教学的场景是什么样的？ ……

或者，利用 SWOT 分析帮助你。

优势	劣势
机会	挑战

（改编自 McKenney, S.E., & Reeves, T.C.（2012）. Conducting educational design research. New York: Routledge.）

工具包 3-5

界定你的问题就是要描述出你希望达到的终点和你目前的起点之间的差距，并根据你的经验和文献研究给出一些初步的解释。你可以按照下面的格式描述和解释你的问题：

学生们可以达到＿＿＿＿＿＿＿＿＿＿＿＿＿＿＿，

但是，在＿＿＿＿＿＿＿方面还存在＿＿＿＿＿＿＿问题。

可能的解释包括：

(1) ＿＿＿＿＿＿＿＿＿＿＿＿＿

(2) ＿＿＿＿＿＿＿＿＿＿＿＿＿

(3) ＿＿＿＿＿＿＿＿＿＿＿＿＿

（改编自 McKenney, S.E., & Reeves, T.C. (2012). Conducting educational design research. New York: Routledge.）

案例 3-4 主要讲的是如何用教育设计研究进行"以学习为中心"的课堂教学。该案例基于变易理论[①]，针对小学常识课中关于"价格"这个概念的教学，设计了课程，并通过多轮实验改进教学活动，以期让小学生更好地理解影响"价格"的因素。特别值得注意的是，教师们所设计的教学活动对于扭转小学生关于"价格"影响因素的干预效果并不是很显著，这也说明教学情境是复杂的，设计研究往往需要历经多个循环迭代才能获得较好的干预。同时，不太成功的干预也可以揭示学习的发

---

① 变易理论(Variation Theory)由瑞典学者马飞龙(F. Marton)提出。作为一种学习理论，变易理论认为人是通过事物与事物之间的差异比较来学习新知识的，因此教师也应该在教学中设计各种变式来激发学生对新知识的理解。

生过程,这也是教育设计研究可以做出贡献之处。

案例3-4

这是3名研究人员和4名教师在常识课上开展的研究。他们选择"价格"这个主题,研究如何让小学生正确理解价格这个概念。因为这是小学生4年级教学大纲中的重要部分,也是了解经济学概念的基础。

在分析/探索阶段,研究团队进行了相关研究文献的阅读,已有研究发现学生们对价格的理解有所偏差,低年级学生认为价格是由商品的大小等特性而决定的,高年级学生则偏向认为对商品的需求是决定价格的关键。很少有学生对影响价格的因素有全面的理解,也有教师分享他在数学课上发现学生对价格的理解存在偏差。教师们设计了有趣的课前测试问题,对176名学生进行测试,了解其对于价格的理解。

"……(香港)热狗面包目前售价是4.5港元。假如你是学校小卖部的新老板,你打算给热狗面包定价多少?你会把售价定为与现在的一样还是不一样?定价时你会考虑哪些因素?"

结果发现认为价格是由供求双方因素影响的学生只占6.8%,所以通过设计课程来干预和研究小学生对于"价格"概念的学习是十分必要的。

在设计/构造阶段,教师们进行了80分钟课程的教学设计。教学过程被设计成一个为学校建设募集资金的拍卖会,教师作为拍卖师,学生作为竞拍者进行活动。基于变易理论,教师设置了3种竞拍情境。

情境Ⅰ:给定竞拍品和竞拍品数量,以及学生手中的拍卖资金。

情境Ⅱ:变易之处是,教师减少了每类竞拍品的数量,而学生手中的竞拍资金不变。希望学生可以发现需求不变而供给数量的变化所导致的价格变化。

情境Ⅲ:将情境还原回情境Ⅰ后,教师再次给出变易:每个人手中的竞拍资金减少了,竞拍品数量与情境Ⅰ相同,再次进行竞拍。希望学生发现由于购买力、对竞拍品喜好等影响了需求,从而导致拍品价格的变化。

总结和巩固环节,教师设计了一个需求和供给同时变化的题目,对学生在前面所学内容的迁移情况进行检测。

设计结束后,教师们进行了一次试验教学,然后在2周时间内用5个教学循环分别在5个班级中进行课程实施。每次课程由2名教师进行教学,其他教师进行课堂观察,课程结束后马上进行教学心得和教学观察的交流,然后对教学流程进行修改。例如:第一轮教学后,建议将情境Ⅲ与情境Ⅱ的顺序进行颠倒等。

在评估/反思阶段,通过与前测类似的题目对每个班级学生的学习效果都进行了测试,结果显示全班学生中将"价格"归因为"需求与供给"共同作用的人数从原来的6.8%提升到了25.9%。对每个班学生的前后测对比发现,虽然各个班都有所提高,但是不同班级的提高程度差异较大。所以教师们根据教学录像,对提高幅度最大的班级的教学进行了进一步分析,发现课堂某个意外环节变动反而促成了学生们认识到了"需求与供给"的共同作用。研究团队还对一些班级在只考虑"需求"这一因素的人数有所增加的现象进行了分析,发现除了"购买力"之外的一个新的需求因素——学生为了赢得比赛而竞投的欲望,但是教师在与学生讨论的时候并没有将此与竞拍品供应减少相关联,导致学生将关注点放在了自己的购买愿望而不是供给的变化上。其他研究发现在这里不再赘述。

(选自卢敏玲等主编:《课堂学习研究——如何照顾学生个别差异》,教育科学出版社2006年版,第95—112页。)

在上述案例中我们可以看到,研究所设计出的干预需要评估和反思来发现其有效性并增强理论性的理解。下面,我们提供一些工具,以更好地帮助大家开展评估和反思活动。

工具包3-6

对于我们设计的干预,在其实施之后,可以从实施干预的过程和干预取得的成效两个维度进行评估。对于实施干预的过程,主要评估其可行性与可持续性。可以用以下问题引导评估:

- 这个干预在实际的教学环境中(例如:课时安排、学习内容、学校文化等)实施的适应性如何?

- 教师或者学生认为这项干预在哪些地方比较适宜？在哪些地方不太适宜？
- 干预在实施过程中有什么意想不到的事情发生？有什么问题、情况是这个干预无法解决的？

对于干预成效，主要评估其有效性和产生的影响。可以用以下问题引导评估：

- 这项干预解决了原有问题吗？在多大程度上解决了这个问题？
- 这项干预在什么条件下起作用？在真实的课堂中，如何才能创造这样的条件让干预发挥作用？
- 阻碍干预发挥作用的因素都有哪些？如何能够防止这些因素的影响？
- 这项干预的长期影响是什么？

（改编自 McKenney, S.E., & Reeves, T.C. (2012). Conducting educational design research. New York: Routledge.）

工具包 3-7

有很多反思模型可以促进我们进行比较具有结构化的反思。加拿大学者范梅南（Max van Manen）将哈贝马斯（Habermas）的认识的三种旨趣与教师的反思相结合，提出了技术性反思、对话性反思和批判性反思三个反思的层次。对于教育设计研究所产出的干预，我们也可以从这三个层次入手进行反思，以获得更多的理论上的理解和干预的改进。

- **技术性反思**：可以从对干预的有效性评估结果出发进行反思。对于问题的解决，目前的干预效果如何？还有哪些可以改进的地方？或者还有什么可以替代的方案？……
- **对话性反思**：可以从对干预的设计理念、设计假设、预测等进行反思。这些理念、假设、预测反映了研究者的什么教学观、学生观、课程观等……
- **批判性反思**：可以从对干预问题的框定、干预希望达成的目标等出发进行反思。我们认为的问题是什么问题？是谁的问题？是什么产生的问题？希望达成的目标是为了学生的长远发展吗？是公正的吗？……

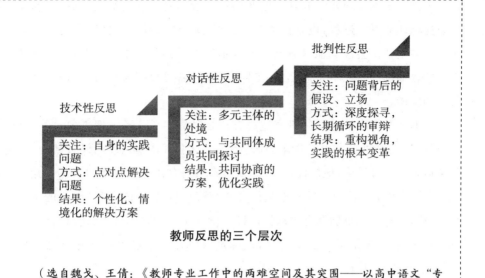

教师反思的三个层次

（选自魏戈、王倩：《教师专业工作中的两难空间及其突围——以高中语文"专题学习"试验为例》，《教育学术月刊》2018年第10期，第63—72页。）

二、教育设计研究作为教师专业发展的途径

传统的教师专业发展方式往往依赖外部专家，教师处于被动的地位。当教师开展教育设计研究时，教师可以在自己的教室里、教学中设计和创新他们的教学干预（例如：课程、策略、软件等），通过多轮收集数据研究学生的学习，检测干预的有效性，从而对他们的教育信念、观点、能力等进行检验和反思。

巴纳-里特兰德等学者把教师开展的设计研究称为"教师设计研究"（Teacher Design Research，简称TDR），她指出，教师设计研究不应该把时间浪费在对那些直接的概念，或者简单的过程性知识的教学研究上面，而应该面向某个教学挑战，这个挑战具有重要的概念复杂性，而且目前缺乏适合的教学资源，相关的干预理论也还没有发展。这样的问题才是值得开展教师设计研究的。

教师应该直接参与到需求评估、文献调研、情境分析、概念框架设计、干预原型设计和具体干预的构造与实施、收集数据评估学生学习等分析/探索、设计/构造、评估/反思的各个过程中。这些循环所产出的设计思想是扎根于理论、以往的研究发现和教师个人的实践中的。教师参与设计决策，并在实践中使用他们的创新，从而使得教师得到专业发展。

巴纳-里特兰德还把教师专业发展看作是一种创新扩散的问题。教师设计研究

将作为创新采纳者的教师放到了创新的设计者和研究者的地位,教师参与设计和由数据驱动的决策过程,也是说服自己采纳创新的过程。而且被参与设计的教师所采纳的创新也会被其他具有同样教学情境的教师所采纳。当然,作为教师专业发展的教师设计研究不是短期的、临时性的,它需要教师对学习进行长期的、深度投入的承诺。

柯斯林在提出教育设计研究这一方法之时提出了八条迫切需要之物,其中第一条就是"让教师成为相互合作的研究者"。有学者认为以前的设计研究,理论仍然掌握在研究者手中,他们设计干预,而教师只是合作地提供实践者的视角。而巴纳-里特兰德等学者所倡导的教师设计研究直接将教师作为设计研究的主体与主导,这样,教师可以更加具有主动性地投入设计研究,通过分析问题、设计和实施干预并评价效果,无论干预是否成功,教师都可以在这个过程中检验自己的教育信念、方法和能力,从而让自己得以发展。

◇ 问答角

问题:教育设计研究、行动研究、课例研究、学习研究之间的区别是什么?

 这几种研究的共同之处在于它们不仅仅通过客观的观察或者其他方式进行研究,同时都会本着"向善"的目的而干预实践。教育设计研究、课例研究和学习研究都有循环迭代的过程,而行动研究不一定需要。课例研究不强调发展理论;而教育设计研究与学习研究则比较重视基于理论,并希望有理论产出;学习研究往往基于变易理论而进行干预设计;教育设计研究则强调基于理论产生设计框架的假设和预测,并检测数据从而不断修正理论框架。教育设计研究的研究问题可以是研究者提出来的,邀请教师来参加;也可以是教师主导的研究,由研究者和其他教师共同进行;而学习研究是由教师决定应该聚焦什么问题。

◇ 实践练习

你是不是已经准备好开启一段教育设计研究的旅程呢?思考一下你目前进行的学科教学中有什么难点是以往教学方式难以突破的?或者是你们正在设计的跨学科综合实践课程打算以一种什么创新策略进行教学?选择一个具有复杂性的问题,开始投入挑战吧!在研究的过程中你不仅可以了解学生的学习,也能够发展自己的教育观念与教学能力。

◆ 资源拓展

1. 杨南昌著:《学习科学视域中的设计研究》,教育科学出版社 2010 年版。

该书追溯了设计研究发展的理论渊源,并对设计研究的概念内涵、特征、过程、方法等进行了深入系统的阐述。同时,该书还提出了"面向课堂情境的设计研究实践框架",并基于此框架提供了研究案例,可供大家参考。

2. 卢敏玲、庞永欣、植佩敏主编,李树英、郭永贤译:《课堂学习研究:如何照顾学生个别差异》,教育科学出版社 2006 年版。

该书介绍的是基于变易理论的学习研究。由于学习研究与教育设计研究具有很多共同特征,而且很多学者也将学习研究作为教育设计研究的一个类型,所以推荐给大家。书中介绍了变易理论的相关内容,并提供了三个学习研究的实例,特别适合中小学教师学习。

第四章 用民族志研究法了解学生亚文化

 本章导言

民族志(Ethnography)是以参与观察的方法,对特定文化进行资料搜集、记录、评价,并详细、动态、情境化地描绘和解释该文化的过程。在参与观察时,主要通过对重要人员的访谈和相关档案的检视,来找出该群体中成员间彼此的关联,并了解其中发生的故事的来龙去脉。民族志方法源于人类学家对少数族裔文化的研究,后来拓展到对某个群体的文化研究。在教育研究领域,它成为我们了解学生群体文化的有效方法。

在学校班级中,各班学生往往有属于自己的亚文化。所谓亚文化是指学生在学习过程中,所形成的独特的价值观念与行为型态。因为年龄相仿的学生通常会面临相同的情境,例如完成作业、通过考试、应付家长、生理变化等,所以容易透过彼此的社会互动而形成属于该群体的亚文化。

教师若能善用民族志的研究方法,了解任教班级学生的亚文化,不但有助于对全班进行整体的理解,知道其彼此的互动关系,更有机会帮助个别学生融入组织里,进而达到班级的和谐。教师也因此更能在师生互动中知道自己应该扮演的角色,有效地开展教学与班级管理的工作。在本章中,我们将借由问题的情境导入,首先介绍民族志研究法的内涵,其次说明民族志研究法的基本流程,最终引导大家应用本研究法以探究学生的亚文化,达成掌握并运用其方法的重要理论与实务技巧的目标。

学习目标

- 了解民族志研究法的内涵。
- 理解民族志研究法的基本流程。
- 掌握及运用民族志研究法的重要理论与实务技巧。

◆ **情境导入**

　　林老师已经有十年的教龄了，这个新学期，她将首次担任小学音乐特长生班的班主任。虽然从入职以来，林老师担任过各个年级的班主任，相关表现也都颇受学校与家长的肯定和学生的喜爱，但她却对于第一次担任音乐特长生班的班主任感到忧心忡忡。其主要原因是她一直担任的都是语文学科的教学工作，没有音乐的相关背景，因此自认为对于新班级学生的情况比较难以掌握。她想在最短的时间内，了解音乐特长生班的学生与普通班的学生是否有差异？有哪些异同？有没有属于他们的语言和文化？该用何种方式与他们沟通？等等。但她却不知该从哪里着手。

　　林老师的情况相当适合用民族志研究法来入手，这不但可以帮助她深入了解音乐特长生班学生的亚文化，而且可以让她与学生融为一体，达成有效教学与优化班级管理的目的。而究竟什么是民族志研究？学生的亚文化如何产生？如何以其方法了解学生的亚文化？

第一节　什么是民族志研究法

　　在近几年参与教师培训的经验中，我们发现中小学教师对于学生的认识往往不尽如人意，通常都是以成人的视角来看待学生的问题，无法理解学生为何这么想、那么做背后的原因。而这其中的主要难点是教师找不到合适的方法来切入。因此，接下来我们将以情境导入中林老师的问题情境为脉络，再结合其他真实案例，带领大家一起来学习民族志研究法，并帮助大家更好地在自己的教育教学工作中进行应用。

　　什么是"民族志"？民族志的英文为"Ethnography"，其中"Ethno"是指"一群人""一个民族"或"一个文化群体"，而"Graphy"则是"绘图""画像"的意思。简而言之，民族志就是"人类图像"，而且是同一族群中人们共同生活的图像。因此，若林老师想用民族志的研究方法来理解音乐特长生班学生的亚文化，她的任务就是要努力地建构出班级学生群体的一幅肖像画，而这幅画的内容就是他们的日常生活。

　　为了要完成这幅画，林老师必须走进学生的生活空间，真正了解学生的所思所行，并且在参与的过程中成为一名观察者。林老师必须长时间参与，以掌握班级中学生的观点，理解学生对自身所处生活世界的看法，也就是从学生的视角观察他们的文化生活，真正理解学生的社会互动过程，最终达成尽可能地完整描绘这幅图像例如，在案例4-1这篇公开发表的论文中，研究者为了解"新市民子女的自我认同"，自身深入到学生的生活之中，透过参与观察、深度访谈和个案工作介入等过程，从学生的角度来理解他们面临的困境，进而从亲子关系、师生关系、同伴关系中化解自我认同危机，塑造其良好的自我认同意识，帮助新市民子女有效地解决自我认同问题。而这就是研究者所绘制出的新市民子女自我认同图像，也就是新市民子女的亚文化。

案例4-1

随着我国城市化进程的不断加快，新市民子女群体也随之不断发展壮大，由于自我认同产生偏差，新市民子女在适应城市的学习和生活中产生了负面情绪。自我认同对于新市民子女而言，是影响其自身发展的根本性问题，自我认同的缺失会对新市民子女自身的身心造成不利影响，因此我们不能忽视新市民子女这一弱势群体的自我认同问题。

本研究从社会工作视角出发，选取就读于Y中学的新市民子女作为研究对象。为了全面了解Y中学新市民子女自我身份认同的实际情况，研究者以随堂听课的方式参与到学校生活中来，共听了10节课，主要以语文课为主，也有部分数学和英语课。除了通过随堂的观察，在课后的休息时间，研究者还通过与部分学生、家长及其任课老师的沟通，注意观察他们的生活条件、学习状态、交流方式、表情和动作等，以了解新市民子女的基本现状，同时通过对话的方式与研究对象进行交流，获取第一手资料。

根据参与观察和实地访谈的情况，研究者从以下几个角度对Y中学新市民子女自我认同进行归纳总结。首先是"自我角色混乱"，对于从农村到城市，拥有双重角色的新市民子女，如果没有及时的调试和准确的角色再造，很容易陷入自我角色混乱中；其次是"自我价值感低"，新市民子女虽然比一般同龄人更加早熟和懂事，但由于其更加敏感，进入到新环境时更容易产生自卑情绪；最后是"自我改变意愿和动力不强烈"，新市民子女的自我效能感较低，在面对问题时，多处在一种不自信的状态中，缺乏自我改变的意愿和动力。

透过此研究，使得研究者能够迅速掌握新市民子女的自我认同情况，并分析出造成其原因的非理性认知的内部因素，以及家庭、学校、社区和政策等外部因素，清楚勾勒出Y中学新市民子女自我认同的图像，让一般读者得以窥探其生活面貌。

（选自许柯柯：《个案工作介入新市民子女自我认同困境研究》，井冈山大学2020年硕士学位论文。）

民族志研究法的优势在于，可以深入群体活动的现场，通过实际的观察、访谈、实物检视等方式，了解到其他研究方法无法得到的信息；另外，也可以帮助我们理解学生族群的亚文化的形成过程，及其与主流文化之间相互影响和促进的关系。

下面的研究虽然不是来自校园，但却是一个相当经典的实际案例，让我们知道运用民族志研究法所进行的研究，不但可以得到一般研究方法难以掌握的信息，更能窥探特定族群生活的不同文化，以及它与主流文化之间的关系。

案例4-2

斯克里布纳（Scribner）等人在一家乳品制造厂进行了几项实地研究，目的是研究行动是怎样指导知识的习得和知识的组织的。他们选择了乳制品作为研究的范畴，首先比较了三组人员在乳制品方面的知识，分别是文职人员、仓库装货员和送货司机。文职人员只是负责处理一些货品的文书工作，而仓库装货员和送货司机则必须接触实际的货品。他们除了对人员的工作环境进行现场的考察之外，还对五类人员的产品知识进行了测验，诸如说出产品的名称、种类、大小等。

研究结果显示，仓库装货员对于货品分类，常以货品的位置来区分产品，而且他们是唯一采用位置分类的工作人员，原因在于他们每天晚上都要花大约8个小时在货品的寻找和整理上，所以了解不同货品的位置对他们来说十分重要。另外，仓库装货员和送货司机还会采用货品大小作为分类的办法，而文职人员则很少用此分类方法。所以，对于同样的知识范畴（乳制品），不同组别的工作人员会因为在功能上与该知识范畴的关系而有不同的认识。

那么，是什么因素影响了知识的挑选和组织？其一，是对象出现的形式：是表象的还是实际的。其二，是有关人们的行动目的，也就是希望自己做到什么。对象的某些属性对于目的的达成非常重要，正如货品的位置对于仓库装货员而言。这样，他们在思考事物的组织时，那些重要的属性就会发挥作用。

> 在此基础上，研究者又前往乳品厂的仓库，更加仔细地观察了产品装卸的工作，结果进一步发现乳品厂内与工作相关的知识相当复杂，这些知识取决于行动的形式，以及对行动形式的调控。所以，社会知识（如乳制品的名称）与个人知识虽然不同，但不是对立的，因为社会知识是用来组织乳品厂的物质环境和符号形式的，而个别员工会有创意地运用这些社会知识使得工作更符合自己的需要。这证明在乳品厂中，社会知识和个人行动是相互促进并良好地组织在一起的。
>
> （详细内容可阅读 Scribner, S. *Knowledge at work*. London: Paul Chapman, 1999.）

在案例4-2中，我们可以看到，若不身临其境，很难发现乳品厂员工对于乳制品的分类方式与我们一般大众有如此大的区别。例如，他们会用货品大小来区别，不像我们是以乳制品的名称来分辨的。而他们分类的方式，就是借由民族志研究法所理解到的亚文化，而这种亚文化并不是独立存在的，它是包含在主流文化世界中的一部分。

案例4-2启示我们，中小学教师可以有效地运用民族志研究法来理解学生的生活世界，用他们的视角来看待所处的情境，从而画出一幅真正属于他们的图像。而教师正因为每天与学生生活在一起，因此也具有开展民族志研究的先天优势，教师可以利用校园生活中的点点滴滴记录学生的一言一行，从而勾勒出一幅完整的学生素描。例如，教师若想要了解班级内各个小团体的形成，就必须深入他们的情境中，并以他们的视角来进行观察与探究，而非单纯以成绩差异、兴趣不同等成人的偏见来断定之，这样才能得到像案例4-2一样符合实际情况的结果。

第二节 民族志研究法的基本流程

如果中小学教师考虑使用民族志研究法，那么前期需要做哪些准备工作呢？我们建议大家首先确定基本的研究问题，然后深入研究现场（如：班级）进行详实的记录工作。

一、形成研究问题

研究问题总是来自某个研究现象，而所谓研究现象是指研究现场中的人、事件、行为、过程和意义的总和，在这个范围中，我们才能聚焦。在林老师的问题情境中,师生的互动、校园的生活、社会文化的影响等,就属于研究现象的范畴,而在此之中,音乐特长生班学生的亚文化就是她提升出来的焦点,也就是研究的问题。在民族志研究中,这个问题通常属于"特殊性问题",是由某一个特殊群体所呈现的问题,不具有普遍代表性;另外,它也是一个"过程性问题"或"情境性问题",探究的是事情发生和发展的过程,且是在特定情境下对某一特定问题所进行的研究。所以林老师的研究问题,即聚焦在探究该音乐特长生班亚文化的形成与发展历程,不能推论到其他的音乐特长生班。

民族志研究法还有一个大忌是"成见",但是事实上所有的观察都难免戴着先入为主的有色眼镜,因为毫无准备地进入现场进行观察,有可能不知道要看什么,或什么都看不见。因此,教师起初应该有一个比较松散的问题,并以此点进入现场进行广泛的观察。案例中的林老师因为对于音乐特长生班的亚文化不熟悉,因此想对其进行深入的探究,这就是一个很合适的松散问题,因为"音乐特长生班"和"亚文化"都属于比较中性和普通的词汇,不具有特定的指涉性。但研究过程中,仍要小心成见的影响,比如一般生活经验可能会认为"学音乐的学生大多比较乖巧文静,所以他们的亚文化也会有这个趋向",因此林老师必须反思自己是否受此或其他类似的经验的影响。

案例4-3可以让我们进一步了解如何形成相对松散、开放的研究问题,又如何透过自我反省来让有色眼镜的影响尽可能地降低。

案例4-3

关于学习这个问题可以从许多方面进行探讨。比如一个学习很好的学生可能有许多方面的表现:智商高,思维敏捷,记忆力强;有良好的学习习惯;善于掌握学习方法;适应教师的课业安排;对学习有兴趣、有信心;认为学习是有意义的事;没有很多事情来干扰他的学习;遇到困难不会轻易放弃;善于利用各种资源来帮助自己的学习;等等。在这些描述中就包含了价值观、能力、兴趣、动机、行为习惯等许多方面。在这些因素中,我选择了动机作为我研究的角度。根据以往的研究,动机是影响学业成绩的关键因素之一。动机不但会影响一个人在某个具体情境中的行为选择,而且会影响长期的生活结果。在心理学中,特质和动机可以说是解释和预测一个人的行为的两个主要方面。但是,特质的研究远远多于动机的研究,这与动机比较复杂、难以进行研究有关。因为特质描述了一个人的行为跨情境的一致性,而动机却会导致一个人行为的多样表现。此外,在一个人身上同时存在着许多动机,这些动机之间还存在着冲突、融合、从属等多种关系。

根据上面的考虑，我要研究的问题可初步确定为"初中生有关学习动机是什么"。对于这个研究问题，要从两个角度去剖析：研究动机有哪些问题需要考虑？涉及初中生学习的有哪些动机？而上述问题的内容又包括许多方面，但由于研究时间与经济上的限制，我不可能把这些内容全都包括。因此，我倾向于把焦点集中在现在，而不是过去——动机的成因，或是未来——动机的长期影响。从动机类型来说，我倾向于把焦点集中在通常认为与学业成就关系最密切的成就动机上，但也并不排斥涉及其他的有关动机。

而我个人的学习经历中有许多方面也与我现在选择的这个问题有关。可以说，我从小学到中学始终是学习很好的"好学生"，而且常给人一种还有潜力的感觉。但是我自己知道，我的学习动机大有问题。我一直对学校比较缺乏热情，尤其讨厌考试前的复习。从初中开始，我就有考前就生病的毛病。现在我知道这是考试焦虑的一种表现。我也喜欢通过生病或装病的方式来逃避上课。老师知道我体弱多病，也习以为常。我在乎考试，我喜欢第一，但是我不是真的喜欢学习。高中期间，我曾怀疑我学的东西有什么价值，甚至我作为学生的生活有什么意义。但进入大学以后，我不必天天面对我感到无意义的东西，开始有许多时间自由地看我喜欢的书。幸运的是，心理学是我长期喜欢的，并且认为有很大价值的学科。我开始对学习越来越感兴趣了。

我选择的研究问题与我现在的状态也有关系。毕业的压力和生活的困扰使我常常不能抓紧本已急迫的时间积极地投入到学习中。所以，在有的时候，我也会问自己：其他人会用什么样的方法去激励自己、管理自己呢？其他人会怎样处理各种动机的冲突呢？我希望访谈具有积极学习动机的学生，能够从他们身上获得积极的影响力，帮助自己克服学习中的种种困难。

由于我本身有这样的学习经历，我想，在很多方面我会比较容易理解受访对象的所指、所惑。但是，这也可能使我自以为了解受访对象所表达的内容，而疏忽了可能值得追问的地方。我对应试教育的态度是比较负面的，认为它没有什么值得挖掘的地方，而积极的感受是特殊的、令我好奇的。这个有色眼镜可能会使我选择性地吸收信息，因此在访谈中，我有意要平衡这一点。

（选自陈向明，林小英主编：《如何成为质的研究者——质的研究方法的教与学》，教育科学出版社2004年版，第16—18页。）

二、进入研究现场

大家或许会有疑问,我不是已经在教学现场了,甚至已经在班级里担任班主任了,为何还需要"进入"研究现场呢?民族志研究法所谓的"进入",至少包含了两个意思:一是"被同意",指教师要在班级里进行研究,需要相关人士的同意。在中小学阶段的研究,除了应获得学校领导的同意以外,由于学生都尚未成年,所以也应该获得家长的支持。二是"被接纳",也就是让被研究的对象足够信任自己,愿意将自己的生活样貌忠实且完整地呈现出来。

上述提及的"被同意",相较于后者的"被接纳",虽然是比较容易的,但也有其难度。因为当我们想要获得学校领导和家长的同意时,必须让他们理解这个研究可能给学生带来的好处,同时也必须让他们知道可能产生的负面影响。诚实是民族志研究中关于研究伦理的基本守则,若刻意隐瞒可能会产生不必要的麻烦和不良的后果。而既然可能会有负面影响,学校领导和家长就一定会担心,这时候建议对他们充分地披露信息,甚至提供研究的书面计划,再加上书面形式的知情同意书。通常情况下,这些能大大地减缓他们的担忧,使得研究顺利开展。

以林老师所要进行的班级学生亚文化研究来说,由于涉及影响学生负面的部分可能较少或不存在,所以以口头方式将研究计划呈现给相关人员即可,内容则可以包括为什么要做这个研究(研究动机)、期待研究的结果是什么(研究目的)、以何种方式进行这个研究(研究方法)等,另外再加上书面形式的知情同意书,应当就能获得许可。

下面的知情同意书范例是一名教师为了解学生有关绘本融入数学教学的学习效果向家长呈现的家长知情同意书,其所拟订的内容可供大家参考借鉴。

工具包 4-1

家长知情同意书范例

尊敬的家长,您好:

我是班主任×××,为了解班上学生有关绘本融入数学教学的学习效果,我将会尝试采用<u>说故事</u>的方法来帮助部分学生发展数学能力,希望他们可以用自己喜欢的学习方法来学数学,让他们爱上数学。

我将会利用下学期<u>课后辅导</u>时间,来帮助想要提高自己数学能力的学生,希望您可以同意让您的孩子参与,让我可以帮助孩子学好数学。

在这里也谢谢您给我这个机会让我与孩子共同成长,我很期待未来一学期的时光,希望大家合作愉快。

若家长同意让您的孩子参与本研究,请于下方空白处签名,非常感谢您的协助。

签名处＿＿＿＿＿＿＿＿＿＿＿＿＿

而进入现场除了被同意之外,被接纳更是不容易。民族志研究法希望能在参与中进行观察,所以研究者会与被研究者有密切交流,甚至共同生活,因此如果不被接纳,几乎无法完成研究的任务。所以我们建议以"自然进入"的方法,并辅以"坦诚交流"的方式,只有这样才能比较容易被研究对象接纳。

所谓"自然进入"的方法,是指在研究开始之前,我们可以在被研究的场域中"闲晃"一阵子,参与被研究者的一些活动,并与他们随意交谈。随着被研究者对我们的出现慢慢习惯,再加上越来越了解我们,他们对我们的信任感也会逐步加深,而这时候我们其实已经自然地融入他们的生活了。例如,林老师想要研究班上的亚文化,一开始最好不要开门见山地向毫无交流的学生说明此事,而是应该利用课间、用餐、放学后等时间与学生随意交流,拉近与学生间的距离,等到彼此不再陌生,再找合适的机会,以适当的方式向学生说明研究的计划。

而"坦诚交流"则是指研究者向被研究者交流有关信息的方式。一般而言,当我们开始进入研究阶段,应该告诉对方自己的个人背景、研究的内容和目的、自己对于对方的期待、研究结果的去向等。同时,研究者也要向对方许诺自愿和保密原则,而且以不影响他们正常生活为前提。若被研究者有疑问或要求,也应该据时以答、充分响应。以林老师的研究为例,她应该向学生说明自己的音乐相关背景比较薄弱,为了深入了解学生的状态,才想开展这个研究,同时希望大家能一如既往地与其他同学交流,因为这个研究就是要了解他们的日常生活和文化,而研究结果也只是让老师可以更融入班级之中,不会对他们产生负面影响,以减低学生的担心。

上述所说的同意与接纳,在时间上是没有一定先后次序的,端视研究现场的情况来做弹性调整,因为每个场域的状况都很不一样。案例4-4就可以很好地向我们展示在进行研究的过程中,常常会遇到的"意外"与"惊喜",而这些让人无法掌握的各种情况,往往才是民族志研究中进入现场时的"正常"现象。希望大家阅读完之后,能有更正向的心理准备来展开这场奇幻的冒险旅程。

> **案例 4-4**
>
> 　　本研究的对象为某中学 218(化名)班。以二年级学生为研究对象主要有两个原因:一方面据研究统计显示,中学各年级中二年级的班级凝聚力较高;另一方面就该学校现有情况考虑,因一年级学生为初入学学生,尚需适应新生活,班级同学与师生互动也处在相互熟悉的阶段,不便本研究介入,而三年级则因升学考虑,学校进行班际分组教学,也不适合进行班级生活脉络的观察,至于二年级,则因同学彼此间已相互熟悉,且尚无升学压力,校方也因此会安排较多的班际活动,班际竞争情形较易观察,而使班级的内外关系得以更完整地呈现,所以二年级具备研究优势,成为本文的探讨对象。
>
> 　　为什么是 218 班?事实上,最早研究者便于 2003 年 5 月底至 6 月初,三度至某中学寻访所设定的研究对象,当时该年级共 16 个班级,在逐一参与各班一堂课之后,发现 218 班上课不会因研究者在场而受到影响,学生与教师之间的互动相当率真,下课时则不掩对研究者之好奇,而有学生频频主动探询,似乎并不排拒陌生人。之后,研究者与该班班主任沟通过两次,其不仅亲切热情,并能对班级各种情况侃侃而谈,最后也表明愿给予研究者协助,当班主任在开学后向 218 班学生言明研究者来意后,多数学生大方表示欢迎,于是 218 班的所有成员成为本研究的主角。
>
> 　　(选自郭玉辰:《班级运作脉络之民族志探究》,台湾大学 2005 年硕士学位论文。)

当教师确定使用民族志研究法,基本明确了研究问题,并选定了研究现场,接下来就需要收集相关资料。民族志研究法可供收集的资料类型和方式有很多,我们主要介绍几种教师常用、易上手的方法,并深入介绍资料的分析路径,帮助教师看到如何在纷繁复杂的信息中提炼出有价值的研究结论。

三、搜集相关资料

(一)参与式观察

在民族志研究中,我们主要以观察作为搜集相关资料的手段,而且是用参与式观察的模式来进行的。所谓参与式观察是指观察者表明自己研究者的身份，且和研究对象在社会过程中自然互动。所以，观察者不仅要和研究对象保持良好的灵活的关系，而且必须同时保持研究所需要的心理和空间距离。而在观察前，应该准备好"制定观察计划"与"设计观察表格"这两项工作。

　　观察计划的内容包含了人、事、时、地等几个要素。首先，要知道观察的对象是谁，他们的角色、地位是什么；在场的这些人在群体中各自扮演什么角色，以及谁是领导者、谁是追随者；等等。其次，要思考观察哪些事情，发生了什么；观察对象说了或做了什么；观察对象的哪些行为是日常生活中的常规，哪些是特殊的事件，以及观察对象的行为是如何产生与发展的。然后，确定观察时间，即打算在什么时间进行观察，一次观察多长的时间，总计要观察多少次，等等。最后，确认观察地点，即在哪个地方进行观察，这些地方有什么特点，将在哪个位置进行观察，等等。

　　上述这些内容必须都在开始观察前就预先安排规划，然后再随着实际情况做滚动式调整。下面即以上文中林老师的案例来设计观察计划表，供大家参考应用。

工具包 4-2

"班级学生亚文化研究"
观察计划表

研究者：林××

研究期程：2021 年 2 月—7 月

日期	时间	观察对象	观察地点	观察事件
02 月 22 日	08:00—10:00	音乐教师、其他同事	会议室	全校教师期初会议
02 月 24 日	13:00—16:00	音乐教师	音乐教室	音乐教师研习
02 月 26 日	13:00—17:00	音乐班学生	表演厅	音乐演奏会练习
03 月 01 日	12:00—13:00	音乐班学生（第一组）	教室	与学生共进午餐
03 月 05 日	13:00—17:00	音乐班学生	表演厅	音乐演奏会练习
03 月 06 日	09:00—12:00	音乐班家长	教室	亲师座谈会
03 月 10 日	13:00—16:00	音乐教师	音乐教室	音乐教师研习
03 月 12 日	13:00—17:00	音乐班学生	表演厅	音乐演奏会练习

续表

日期	时间	观察对象	观察地点	观察事件
03月15日	12:00—13:00	音乐班学生(第二组)	教室	与学生共进午餐
03月19日	13:00—17:00	音乐班学生	表演厅	音乐演奏会练习
03月24日	13:00—16:00	音乐教师	音乐教室	音乐教师研习
03月26日	13:00—17:00	音乐班学生	表演厅	音乐演奏会练习
03月29日	12:00—13:00	音乐班学生(第三组)	教室	与学生共进午餐
03月31日	15:00—17:00	音乐班学生	篮球场	班际篮球比赛
04月02日	13:00—17:00	音乐班学生	表演厅	音乐演奏会练习
04月09日	13:00—17:00	音乐班学生	表演厅	音乐演奏会练习
04月12日	12:00—13:00	音乐班学生(第四组)	教室	与学生共进午餐
04月16日	13:00—17:00	音乐班学生	表演厅	音乐演奏会练习
04月23日	13:00—17:00	音乐班学生	表演厅	音乐演奏会练习
04月26日	12:00—13:00	音乐班学生(第五组)	教室	与学生共进午餐
04月28日	13:00—16:00	音乐教师	音乐教室	音乐教师研习
04月30日	13:00—17:00	音乐班学生	表演厅	音乐演奏会练习
05月07日	13:00—17:00	音乐班学生	表演厅	音乐演奏会练习
05月12日	13:00—16:00	音乐教师	音乐教室	音乐教师研习
05月14日	13:00—17:00	音乐班学生	表演厅	音乐演奏会练习
05月21日	13:00—17:00	音乐班学生	表演厅	音乐演奏会练习
05月26日	13:00—16:00	音乐教师	音乐教室	音乐教师研习
05月28日	13:00—17:00	音乐班学生	表演厅	音乐演奏会练习
06月02日	15:00—17:00	音乐班学生	表演厅	班际合唱比赛
06月04日	13:00—17:00	音乐班学生	表演厅	音乐演奏会练习
06月05日	19:00—21:00	音乐班学生	表演厅	音乐演奏会
06月16日	13:00—16:00	音乐教师	音乐教室	音乐教师研习
06月30日	13:00—16:00	音乐教师	音乐教室	音乐教师研习
07月02日	13:00—16:00	音乐教师、其他同事	会议室	全校教师期末会议

有了观察计划后,就要开始着手设计观察表格,以作为观察记录的工具。在民族志研究的参与观察中,观察记录的作用十分重要,因为受到人类记忆容量的限制,我们不可能将所看到的和听到的事情全部记住,即便有录像设备作为辅助,现场的体验和感受也是事后难以完整重现的。而且现场的观察记录还可以帮助研究者在当下思考与组织,使得事后进行资料分析时能更有效率。

而民族志研究的观察记录表格,不像量化研究的观察那么统一与固定,往往因人或因研究的具体情境而异,但其原则是一样的,就是必须要呈现出现场的人、事、时、地等基本情况。其次就是依时序进行,所记录的事情要有连续性,并且与事件同步记录,而非对整个事件做总结性的描述,如此才能保留细节,提供日后分析时更多具体的素材。另外,笔记的段落不宜过长,每当一件新的事情发生、一个不同的人出现在现场、一个新的话题被提出来时,都应该重起一个段落。以下的工具包,提供给大家一个观察记录表的模板参考,但在具体使用时需要依照实际需求来调整格式,以发挥最大的功效。

工具包4-3

某中学初三班一堂数学课的观察记录表

研究者:辛××

研究日期:2021年12月14日

实地笔记	个人笔记	方法笔记	理论笔记
10:30 上课铃声响了,教师快步地走上讲台,用很严肃的声音宣布:"上课!"	很严肃,和我平时见到的他的声调不同,比较慢,而且高。很正式的感觉	当时学生是坐着的,我可以很清楚地看到教师的神情	
学生起立,起立的时候桌子和椅子挪动的声音此起彼伏 教师:"请坐"。学生坐下	感觉就像是一个仪式。这个仪式让课堂前热闹、随意的气氛变得安静、正式起来	我站在教室的最后边,看不到教师当时的表情	用这样的方式来表示学生对教师的尊重
教师:"在上节课我们学习了……请同学说一遍它的性质。"	看来教师正在复习之前学习的内容		这是按照传统教学论的方法来组织一节课的开始的

续表

实地笔记	个人笔记	方法笔记	理论笔记
有三个男生举手。其余的同学有的低着头,有的在翻书		我坐在后边,看不到低着头的学生在做什么	
教师开始查数(教师查数的时候一边张望着班级):一个,两个,三个(又有一个学生举手),四个……数到四的时候,教师叫了一个同学的名字,学生站起来回答	学生不会紧张吗	我也是猜测,我知道他们是怎么想的	该教师的初衷可能是鼓励学生举手,但是方法有些强制,这样的课堂气氛很难给学生安全感
这时我注意到黑板上有一个方程: $y = a(x+h)^2 + k(a \neq 0)$	可能是教师在上课之前写上去的,我没有注意。刚才教师让学生回答的"性质"可能就是这个方程的性质		
教师:"只说对了一条,还有呢?" 又有一个学生起来回答			看来这个"性质"是要学生记忆的,而且不止一条。对教师来说,记忆还是挺重要的
教师:"不太好,请坐。请一个同学再说一遍,完整地说一遍。" 另一个学生回答			这个学生回答错了或回答得不完整,直接给负面评价是不是会伤害学生的积极性?是否应该用正面的鼓励性语言
教师:"非常好。"	很赞许的口气		
教师走到投影仪前,放了一张幻灯片。幻灯片上是四个练习题			通过练习来巩固的知识
教师:"我请四个同学回答四个问题。"停了一会儿,教师:"我要请一个不举手的同学。"		这之后应该有学生举手,我只是在注意幻灯片,没有注意数量	

以上是由叙兹曼(Schatzman)和斯特劳斯(Strauss)所提出的现场记录表，经常被现代民族志研究使用，他们将记录分为四个部分："实地笔记"专门用来记录观察者看到的和听到的事实性内容；"个人笔记"用来记录观察者个人在实地观察时的感受和想法；"方法笔记"用来记录观察者使用的具体方法及其作用；"理论笔记"用来记录观察者的初步理论分析。读者可以直接拿来使用，或者依照实际情况增删内容。

那么记录的内容要多详细才适当呢？答案是尽其可能越详细越好。以林老师的研究为例，如果在教室观察学生的行为，可以先根据观察的教室画一张现场图，这张现场图内容应包括物质环境与人文环境。所谓物质环境，包括教室内桌椅的位置、墙上悬挂的图片和标语等；而人文环境则指学生的座位、教师活动的范围等。

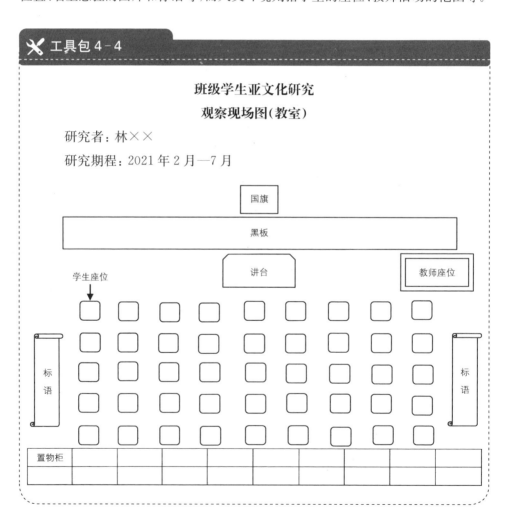

同时，在观察过程中，如果发现现场内某些物品摆设或人员位置有所变动，就要随时绘制新的现场图。民族志研究即是透过巨细靡遗的细节描述，让读者仿佛身临其境，因此记录必须注意完整、细密，以便提供研究成果厚实描述之基础。

（二）深度访谈

访谈的目的，是从被研究者身上获得能够表现他们所思所想、所作所为的资料，并且从他们的角度理解他们的行为和意义建构过程。而透过口头谈话，是最能收集上述内容的研究方法之一。访谈与日常谈话有所不同，是一种有特定目的和一定规则的研究性交谈，交谈双方的地位和权利也是很不一样的。访谈使研究者能够控制双方的交谈方式，包括交谈的内容、谈话的风格以及信息的类型等。在民族志研究中，我们建议同时使用"开放式访谈"和"半结构式访谈"，而且通常随着与被研究者的关系日渐密切，在研究初期以开放式访谈为主，之后再慢慢转向半结构式访谈，这样比较能获得相对真实的资料。

开放式访谈又可称为非正式访谈，通常没有固定的问题，希望受访者用最真实的面貌，并以自己熟悉的语言来发表看法，形式上也没有限制，可以视当时的情况随机应变。这类访谈的目的是了解受访者自己认为重要的问题、他们看问题的角度、他们对意义的解释以及他们使用的概念与表述方式。所以可以是闲话家常的随意谈话的方式，只是研究者在坦诚以对的互动中，仍要有意识地知道自己正在收集资料，担任好双重身份的角色。

案例4-5是研究者在进行半结构式的个别正式访谈前，为了让受访者放松心情，因此先以集体闲聊的开放式访谈方式，使对方慢慢进入状态，这样的方法是我们在民族志研究中常常使用的。

案例4-5

2009年1月至6月期间，我对全体教师进行了两次访谈，地点都是在学校会议室。采用集体访谈的原因是为了减轻老师们的压力，不用与我单独面对，另外还可以相互验证彼此的看法。选择学校会议室作为访谈地点的原因则主要是可以利用他们的上班时间进行访谈，在会议室会比较方便，不过相对来说，访谈常常会被公务打断，老师们随时会被主管叫去处理公事，这多少会影响访谈的进行，但是主管同意我在上班时间进行访谈，已经是给我很大的方便了，所以我只能在这种情况下，尽力采集研究所需的资料。

访谈的时间每次大约三小时，虽然受限于办公时间与休息时间而无法延长,但从访谈中可以发现,老师们对于研究的主题很感兴趣,同时对我更有兴趣,这也促成了之后几次我与个人的非正式交谈。过程中我没有预先拟订访谈纲要,而是从老师们对我的好奇开始谈起,如果他们继续追问,我则尽量依循他们的思路,让他们尽情发挥。这样的闲聊方式常常会与研究主题离得比较远,有时候甚至是完全偏离主题,然而这些内容也反映了在教师专业发展中,教师无法专心于教学工作的真实困境,于是我选择将这一部分当成教师专业发展中的现实背景来讨论,尽量将他们的生活经历、工作环境反应在研究结果中。而这样的方式使得我跟老师们的关系越来越紧密,他们对我也越来越信任,因此在这两次的访谈过程中,大家表现得相当轻松和随性,也为我提供了更多更有深度的想法。

(选自钟启旸:《体验式学习课程教师的教学法内容知识（PCK）研究——以东莞台商子弟学校生命力教育中心之课程为例》,北京大学2010年博士学位论文。)

在民族志的正式访谈中,我们则推荐使用半结构式访谈。在这里的"结构"是指访谈提纲,也就是先列出研究者认为在访谈中应该了解的主要问题和应该覆盖的内容范围。这个提纲应该是粗线条的,尽可能简洁明了,它的作用只是在提醒访谈者重点在哪,以避免有所遗漏。

通常我们在设计访谈提纲时,可能还不是很了解研究现场的情况,所以往往会不知道要问什么问题,因此可以先根据自己对这个主题的认知和经验,猜测出比较可能接近受访者世界的题目。而由于只是猜测,对这些问题应该保持开放的态度,使被研究者有足够的弹性空间去选择谈话的方向和内容,并且应该随时修改,让前一次的访谈经验为后一次的访谈提纲提供根据。

以林老师的研究为例,她想要了解学生的亚文化,但也正是因为不了解音乐特长生班学生的背景,才要进行该研究,因此可能会不知道从何问起。这时候可以先去阅读相关文献、问问其他有经验的同事,或是根据自己过去的带班经验,来拟订问题。如关于"人"的部分可以问"你和班上哪些人比较要好""你们为何会聚在一起"等,而关于"事"的部分则可以问"班上最近在流行什么好玩的游戏""大家常说的口头禅是什么"等,再让学生依照实际情况（例如没有流行的游戏,但大家都在追剧）,去谈谈他们所处的日常生活都包含了哪些文化。

案例4-6所呈现的是一位研究者为了解在学校日常生活中,小学生在规矩作用下的行为表现而拟订出的对于学生、教师与学校行政人员的半结构式访谈提纲,供大家参考学习。

案例 4—6

学生访谈提纲：

1. 上课的时候，老师要求你们怎样听课？
2. 老师对你们说得最多的是什么话？
3. 学校里有些什么规矩？
4. 老师怎样对待不守规矩的学生？怎样对待守规矩的学生？
5. 你喜欢什么样的老师？
6. 你喜欢学校吗？为什么？
7. 课间休息时，你们一般都做些什么？
8. 你在学校里最担心什么？

教师访谈提纲：

1. 什么样的学生好管理？
2. 什么样的学生不好管理，请描绘一下好吗？
3. 您一天中，花时间最多的事是什么？
4. 为了把班级管好，老师要做些什么？怎样做？
5. 工作中最大的困难是什么？
6. 您在工作中最担心什么？
7. 您是怎样和学校行政人员打交道的？
8. 学校是怎样管理老师的？您是怎么看的？
9. 学校对老师强调最多的是什么？

学校行政人员的访谈提纲：

1. 一个好学校要具备哪些条件？这些条件由谁确认？
2. 学校对教师的要求是什么？一个合格的教师的标准是什么？
3. 如何评价教师的工作？通过什么方式进行评价？
4. 您觉得在学校事务中您个人发挥的空间有多大？
5. 为了管理好学校，您要做些什么？怎样做？
6. 作为学校的行政领导，您最担心什么？如何应对您的担心？

（选自谢妮：《学校日常生活中的身体》，《教育学报》2006 年第 6 期，第 91—94 页。）

（三）实物检视

这里的"实物"是指所有与研究问题有关的文字、图片、音像、物品等，只要能够帮助进一步拓展研究，获得更多信息的"东西"，都可以进行收集。这些资料从教育民族志研究而言，可以是"正式官方类"的（如各种证件、公文、成绩单、教科书等），也可以是"非正式个人类"的（如笔记、日记、作业、信件等），或者是"其他类"的（如照片、教具、书籍、玩具等）。其各自有特点，能够为我们提供在观察与访谈之外不同逻辑的思考面向。

正式官方类的实物大部分具有法律效力，这些内容可以帮助我们确认被研究者是否具有某些特定的社会身份（如家境清寒的学生），是否真实地解读了自己表现（如成绩单的排名与自我学习情况的评估）等。正式官方类的实物有时候比我们眼睛看到的状况、耳朵听到的内容，可能更具说服力，因此更具有可靠性。但是，需要注意的是，这些看似值得信赖的实物，仍然要小心地检视其他相关条件来加以考虑是否符合真实情况。例如，本章问题情境中的林老师在了解学生背景时，看到某位学生的钢琴检定证书，就认定学生在钢琴弹奏技巧上有一定的能力，而没有注意这张证书取得的时间，以及之后学生是否持续在这个专业上花时间练习，那么就可能误判了这张证书所代表的意义。

非正式个人类的实物通常包括被研究者个人写的东西，最常见的是笔记、日记、作业、信件等，这些文件能够反映被研究者心中真实的想法，所以在民族志研究中是相当珍贵的资料，但由于内容可能涉及个人隐私，多半不容易取得，若有机会获得被研究者的信任而得到这些实物，也务必要格外小心使用。而除了上述文件外，在教育民族志研究中，还常见的有教师的教案、家长为孩子制作的成长记录单、学生的学习单等，我们应该努力发现并挖掘其他有可能反映被研究者真实想法的资料，这样对于解决研究问题会非常有帮助。

我们之所以将照片归在其他类，是因为它可以是个人的，也可以是官方的，它在民族志研究中也有举足轻重的地位，可以为研究提供大量丰富的信息。首先，照片可以提供清晰的描述型信息，如场景、人物和事件等细节；其次，透过当事人拍摄的角度，我们可以了解他们的世界观和人生观等背景；最后，照片还可以用来纠正历史事实，对一般人所认为的观点进行反驳，或是提供多元的解释。除了照片之外，其他类还包括研究开始后由于研究的需要而出现的资料，例如请学生填写的问卷调查表，或请家长填写的回馈单，等等。案例4-7是在英语课堂中教师利用思维导图来教授学生学习副词，而研究者据此对思维导图对于小学生学习英语的成效进行分析。

案例 4-7

思维导图

思维导图是一个学习英语的很好的工具。如果用上面这样的思维导图帮助学生分析和学习副词,学生会更易理解与记忆。如我们在学习英语时,经常会混淆那些意思相似但其实用处不一样的词汇,例如:河水可以叫"river""pond""lake""ocean",而放在一起用思维导图呈现,一下子就能明白这些词之间的区别。如果教师会画思维导图,学生也能学得更明白、更有效率。

(选自胡知:《小学教育中应用思维导图的案例研究》,湖南师范大学 2017 年硕士学位论文。)

第三节 民族志研究法的成果表达

一、整理分析资料

收集了资料后,我们就可以开始根据研究目的对其进行系统化、条理化,然后用逐步集中和浓缩的方式将资料的精华反映出来,最终是对资料进行意义的解释和描绘。因此,整理和分析的工作,可以帮助研究者从一大堆看似可能不相关的资料中，找到脉络和研究的焦点。而这个工作其实是与收集资料同步进行的，是持续和反复的过程，透过系统的分析，研究者可以找到"下一步该做什么""该使用哪一种方法继续收集资料""何时以及如何建构概念"等问题的答案，然后继续进行研究。

整理和分析资料也是同步进行的，它们相互之间来回循环、彼此牵制，因为整理必然建立在一定的分析基础上。我们在学校所进行的民族志研究，常常因受到各种条件的限制而困难重重，为了使老师们愿意且能够使用此研究法进行研究，并能获得有用的结论，我们可以简单将整理和分析资料分为三个部分来操作，也就是资料简化、资料归类和作成结论。为了使大家更容易理解，我们以案例4-8中关于中学生拓展训练与挫折容忍度的相关研究为例来进行说明。

首先，资料简化是指把原始资料选择化、单纯化、抽象化和转型化的过程，在收集资料时，就可以同时进行摘要、剔除、归类、分割、备忘等工作，而资料就能去芜、精炼、分类、对焦、组织。例如，在案例4-8中，研究者就把访谈逐字稿以表格的方式呈现出来，让读者可以知道其谈话内容的重点。

其次，资料归类则是将资料组织起来，依据上面的重点，进行类属分析，使之分门别类、有所依归。如案例4-8中将表格的内容再精简，形成各种概念。而最后形成结论，就是将整幅图像展示出来，让读者可以一窥其貌，并用开放和包容的态度接受各方的批评指正。案例4-8中的架构图，即是研究成果的展现。

案例 4-8

本研究为了解拓展训练对中学生挫折容忍度的影响，透过访谈法来窥探中学生接受拓展训练之后的感受与想法，以下将访谈之逐字稿进行资料简化、资料归类，并作成结论。

【资料简化】

对拓展训练的认识		甲生	乙生
	了解内容	1. 个人素质提高 2. 团队合作 3. 自我认识	1. 自信的建立 2. 团队精神的建立
	参与动机	1. 同学推荐 2. 名称吸引人 3. 平时较难接触 4. 喜欢团队合作	1. 想尝试新鲜的东西 2. 同学推荐 3. 从资料搜集中引起兴趣而想亲身体验

续表

		甲生	乙生
	对其影响	1. 交了很多朋友 2. 觉得很有挑战性，能提高自己 3. 从反思的作业中收获很多 4. 可应用于未来的教育工作中 5. 知道自己不同的一面	1. 增加自信心 2. 提升自己的领导能力
对于挫折的认识	如何定义	1. 你想要的东西和得到的东西有个差距，且差距是负向的 2. 虽然失败了，但是还想再去尝试一次	1. 在我预期能把它完成时，我没有能完成它 2. 我非常想完成的一件事情，但因为没有能力或客观原因无法完成
	如何面对	1. 接受事实 2. 发现自己的其他优点 3. 换个角度思考 4. 天生的个性较为乐观	1. 天性乐观 2. 换个角度想，不要只站在自己的立场来思考
	克服能力	1. 比较会面对挫折 2. 容易忘记失败 3. 整体来说挺好的	1. 对于大小事都能比较乐观面对 2. 不会把事情看得太严重 3. 我觉得挺好的
拓展训练中的挫折对其影响	过程的体验	1. 高空跳板时受伤 2. 七巧板总分没达到标准，团队的沟通出现问题	1. 无法展示自己，我说话没有人听 2. 在团队中不被尊重 3. 七巧板活动的失败，是由于领导的人太差所导致的
	能力的增加	1. 如何正确传递信息 2. 如何在资源有限的情况下完成任务 3. 协调的方法与重要性	1. 如何当一个领导人 2. 如何与别人沟通
	生活的改变	1. 领导能力的体现 2. 做事更为细心 3. 沟通能力的增加 4. 学会谦虚 5. 知道自己的潜能 6. 增加自信心	1. 一瞬间的心理震撼对日后行为有帮助 2. 以后遇到类似的状况会想起那一瞬间的感觉 3. 领导力的应用 4. 自信心的增加

【资料归类】

1. 对于拓展训练的认识

1.1 内容的了解

1.1.1 自我素质的提升

1.1.2 团队精神的提升

1.2 参与的动机

1.2.1 自己的好奇心

1.2.2 他人的推荐

1.3 受到的影响

1.3.1 自我素质的提升

1.3.2 人际关系的提升

2. 对于挫折的认识

2.1 对挫折的定义

2.2 如何面对挫折

2.2.1 乐观的性格

2.2.2 换角度思考

2.3 克服挫折能力

3. 拓展训练中的挫折对其的影响

3.1 在拓展训练过程中对挫折的体验

3.1.1 沟通的挫折

3.1.2 领导的挫折

3.2 在拓展训练的挫折中所习得的能力

3.2.1 沟通的能力

3.2.2 领导的能力

3.3 习得的能力如何应用于生活中

3.3.1 学习迁移

3.3.2 潜能开发

【作成结论】

参加拓展训练之前：

- 对于拓展训练的认识
  - 内容的了解
    - 自我素质提升
    - 团队精神提升
  - 参与的动机
    - 自己的好奇心
    - 他人的推荐
  - 受到的影响
    - 自我素质的提升
    - 人际关系的提升

- 对于挫折的认识
  - 对挫折的定义
  - 如何面对挫折
    - 乐观的性格
    - 换角度思考
  - 克服挫折的能力

参加拓展训练之后：

- 拓展训练中的挫折对其的影响
  - 对挫折的体验
    - 沟通的挫折
    - 领导的挫折
  - 习得的能力
    - 沟通的能力
    - 领导的能力
  - 应用于生活中
    - 学习迁移
    - 潜能开发

（选自钟启旸：《体验式学习课程教师的教学法内容知识（PCK）研究——以东莞台商子弟学校生命力教育中心之课程为例》，北京大学2010年博士学位论文。）

二、结果呈现运用

我们为了解决班级或校园的某些问题而进行的民族志研究,虽然没有一定要公开呈现给大众,但若能用心整理出文本,不仅对自己辛苦的研究能有一个成果交代,对于研究问题本身也能进行较为系统化的梳理,从而更好地面对与处理问题,因此这里还是建议大家能花些时间来完成成果报告。

成果报告的内容通常包括以下几个部分:一是研究问题的提出,包括研究现象和动机等;二是研究目的和意义,包括个人与公众的目的、理论与现实的意义等;三是背景知识,包括文献综述、社会文化背景、研究者个人的理解等;四是研究方法的选择与运用,包括资料搜集和分析等;五是对研究结果的检验,包括效度、推广度和研究伦理问题等。在民族志研究报告中,以上内容不一定要全部呈现,顺序也不一定如此,而是视实际情况做弹性调整,原则是自己和他人都能轻易读懂且最贴近真实。

关于成果报告的呈现方式,我们建议使用"类属法"和"情境法",这样最能表现出民族志的研究成果。"类属法"主要使用分类的方法,将研究结果按照一定的主题进行归类,然后分门别类地加以说明,上述的资料简化、资料归类和作成结论即属于此法;而"情境法"的写作则非常注重研究的情境和过程,注意按照事件发生的时间序列或事件之间的逻辑关联来描述研究结果,就像是写故事或者小说一样。我们在写作中,可以同时结合这两种方式,例如可以用"情境法"作为整个报告的主干叙事结构,再按照一定的主题层次来分别说明;或是可以用"类属法"为基本结构,再穿插故事片段、特殊个案来丰富画面。

民族志的写作是思考的历程,也是对现实的建构的过程,所以如何说好这个故事,不但是对研究者的一大考验,也是对被研究者最好的回报。我们应该尽可能地将被研究者的生活面貌真实地呈现出来,将这幅画中的每个细节都淋漓尽致地描绘仔细,这样才能达到研究者与被研究者双赢的结果。下面呈现一个经典案例,我们一起来看看研究者是如何把上述的"类属法"和"情境法"以接近完美的方式结合起来的,既体现出了被研究者的贡献,也成就了研究本身的价值。

案例4-9

我在写作中有意识地结合了情境法和类属法。论文中有关研究结果的主体部分使用的是类属法,由我在研究中发现的七个本土概念作为七章的叙述主题。与此同时,我在这七章里都使用了情境法,讨论每一个重要话题时都引用了一些小故事、访谈片段或当事人自己的叙述,以便将对主题的讨论放置到具体的情境之中。此外,我还在这七章的前面讲述了一位留学生的故事,将这个故事作为一个个案,而这个个案所呈现的主要问题又都与后面的七个主题密切相关。通过结合使用类属法和情境法这两种不同的写作手法,我希望既突出研究结果的主题层次,又照顾到研究结果发生时的自然情境,以及我与被研究者之间的互动关系。

(选自陈向明:《旅居者与"外国人":留美中国学生跨文化人际交往研究》,教育科学出版社2020年版,第50页。)

由上面步骤可知,民族志是一个循环的研究过程,从题目的产生开始,到进入研究现场中,然后进行资料的搜集,再分析组织资料,将所呈现的结果回馈运用于现场,接着继续发现新的问题,重复研究的过程,直到任务完满退出现场为止(如图4-1所示),所以它能对研究现场的问题有全面而深入的理解,一步一步完善这幅群体图像。以本章中林老师想要研究的主题为例,如果一开始在与学生共同用餐(进入现场)的闲聊中(搜集资料),发现了音乐特长生班的学生亚文化之一是喜欢听流行音乐(分析资料),那么接着可以在教室观察(再次进入现场)他们是否真的会关注讨论相关的作品(继续搜集资料),如果有就可以进一步说明这可能是因为

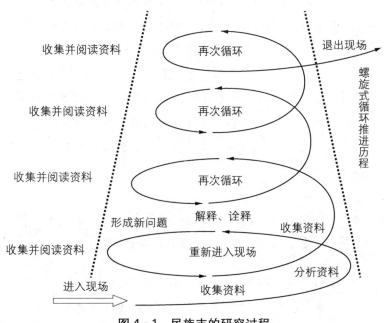

图4-1 民族志的研究过程

与他们的音乐素养相关联(诠释、解释),然后思考为何是流行音乐而非古典音乐(形成新问题)。接着再回到现场继续搜集资料,如此不断地循环,直到认为这个概念已经饱和。

这里要特别强调,前述民族志的研究过程其实是非常具有弹性的,并无所谓标准化的研究程序,因此这些步骤仅供参考,必须适时进行调整,也就是在实际运用时,必须时时刻刻反思研究问题是否有意义,搜集资料的方式是否适当,分析数据的过程有否偏颇,以及检讨研究伦理,等等,以建构出多元且真实的世界。再以林老师想要了解的音乐特长生班学生的亚文化而言,音乐特长生班是否真的存在有别于普通班级的亚文化?使用参与式观察、个别访谈和实物检视的方法,哪一种更容易获得事实的真相?分析资料时需不需要找其他人来协助以避免误判?进行研究时是否已经获得相关人士的同意?这些都是需要在研究过程中,谨慎且细微思考的问题。

◆ 问答角

问题1: 民族志研究涉及很多学生的隐私,我该如何在获得真实资料的同时,又能保护到他们的隐私权不被侵犯呢?

回答 我们可从以下几个方法着手,来尽可能保护学生的隐私权。

(1)允许与尊重:民族志研究中最忌讳的是隐蔽自己的研究,所以获准进入班级进行研究、观察与访谈的时间和地点等应该由学生选择,在获取学生实物前应先询问等,这些都是尊重隐私最基本的开始。

(2)诚实与信任:民族志研究者必须以正直的态度面对研究的工作,所以应当如实向学生解释研究想做什么和如何进行,如此才能取得他们的信任。

(3)匿名与互惠:民族志研究结果必须以匿名的方式呈现,而且学生相对于教师通常属于弱势,因此应当给予他们适当的回报或服务,使他们也在研究中受惠。

问题2: 在分析资料的一开始,我如何将获得的庞大信息,分门别类地做资料简化从而将概念说明清楚,为下一步资料归类做准备呢?

回答 我们可从以下两个方面着手,来将资料一步步简化。

(1)剔除:把资料中较不相关、不重要、不可用的部分先删去,例如访谈逐字稿中受访者因听不清楚问题的重复提问、观察笔记中因字迹潦草看不懂的文字,或实物检视中难以考证时间的照片等。

(2)摘要:把多次重复出现、令人印象深刻、回应关键问题的部分一一找出来,并且不断对自己提问:"我目前找到了哪些概念?""我是如何找到这些概念的?""我为何认为这可以是一个概念?""这些概念表达了什么问题?""我有什么资料可以说明这些概念?""这些资料可以对于概念做出何种解释?""是否可以有不同的解释?""我如何处理这些不同的解释?"这时候通常就会形成下一步资料归类的初步架构了。

◆ 实践练习

1. 请在自己任教的班级中,找到一个适当的研究问题,并从民族志研究法内涵的角度,来思考这个问题是否真实存在?需不需要被研究?以及能不能用民族志研究法来进行研究?

2. 请针对自己任教的班级拟订一个研究问题后,依据民族志研究法的研究过程,拟订出研究的计划。

❖ 资源拓展

1. **陈向明、林小英编:《如何成为质的研究者——质的研究方法的教与学》**,教育科学出版社2004年版。

该书收录了北京大学一批修习质的研究方法课程的学生的反思笔记,详细记录了质的研究的每个研究步骤的具体实践过程,对初学者了解质的研究方法的过程很有帮助。由于研究者的反思笔记以教育相关的研究问题为主,且与个人的教育经验息息相关,因此相当适合对教育问题感兴趣的读者阅读。

2. **约瑟夫·托宾、薛烨、唐泽真弓著,朱家雄、薛烨译:《重访三种文化中的幼儿园》**,华东师范大学出版社2014年版。

《重访三种文化中的幼儿园》是在美国著名学者托宾1987年出版的《三种文化中的幼儿园》一书的基础上所做的新研究。《三种文化中的幼儿园》是国际上有关学前教育的一本名著,被学术界广泛推崇,深刻地揭示了文化与学前教育之间的关系。《重访三种文化中的幼儿园》研究当今全球化背景下中国、美国和日本三种文化下学前教育的异同,提出了学前教育对文化关注的诉求。这是一本引起学术界和教育实践界强烈反响的著作。

第五章 用现象学研究法走近儿童世界

 本章导言

教师只有理解学生,才能够更好地对学生进行教育。要理解学生就需要走近学生的世界。学生的世界就是他们所体验的世界,用现象学的术语就是学生的"生活世界"。现象学研究法为一线教师理解学生的生活世界提供了一种可能的途径。

现象学试图在理论上突破传统的主客二元对立的认识模式,努力全面而深刻地把握现象的本质。现象学研究法是一种全面而深刻的反思方法,这种反思要求我们不断突破已有知识及传统对研究的影响,尽可能让体验本身被我们回忆、审查并努力描述且记录下来。而这些记录下来的体验就是事情本身。

本章将结合具体研究实例,对现象学研究法在教育中的实际运用做一个概括性的介绍,阐明一种现象学研究的具体操作过程,其内容包括为什么做现象学研究、如何选题、如何进行资料收集、如何提炼主题以及如何撰写研究文本等,并结合具体研究实例,引导大家走进教育情境中的现象学研究。

 学习目标

- 了解现象学研究的传统及其适用性。
- 掌握现象学研究资料收集的方法。
- 理解现象学研究主题提炼的操作。
- 学会如何撰写现象学研究文本。

◆ **情境导入**

潘老师是一位刚入职两年的新手教师,平时和学生相处比较融洽。不过班上有些学生非常淘气,这增加了他在班级管理方面的难度。他常常发现,自己不能很好地把握表扬与批评的分寸,也无法确定表扬或批评对学生的影响。有的时候,对一些调皮捣蛋的学生进行言语上的鼓励,可结果却并不能起到激励学生的作用甚至不被学生接受;而有的时候,潘老师苦口婆心地对学生的批评教育,却又拉开了师生之间的距离。针对潘老师的困境,我们需要思考的问题有很多:教师的表扬或批评对学生意味着什么?学生是如何体验教师的表扬或批评的?表扬或批评的教育意义是什么?等等。

第一节 什么是现象学研究法

潘老师所面临的困惑,是日常教育教学过程中常常会遇到的"小事情"或"琐事"。而教师在和学生打交道的过程中经常会面临或需要面对的都是这些"小事情"或"琐事"。其他类似的事情还包括学生迟到、早读课的管理、学生上课不认真听讲、做作业粗心等。这些看似"琐碎"的教育小事,却是现象学所关注的话题。正如英国哲学家、教育学家怀特海(Whitehead)所说的,教育是一个掌握细节、需要耐心的过程,一分钟接着一分钟,一个小时接着一个小时,日复一日地进行下去。不存在经由一条高明的概括之途来轻松地通达学习的大道。在教育研究中,我们把这种见微知著的研究方法称作"现象学研究法(Phenomenology)"。

一、现象学研究法的内涵

在教育研究领域的现象学研究法是受到现象学哲学影响而出现的一种教育研究取向,其源头与德国的精神科学教育学有着密切的联系。

当代教育学领域最有国际影响力的现象学研究者是加拿大阿尔伯塔大学(The University of Alberta)的马克斯·范梅南教授及其研究团队。在这里,我们把现象学方法在教育领域的运用简称为"现象学教育学"。

案例 5-1

马克斯·范梅南,加拿大阿尔伯塔大学教育学教授、课程与教学研究院主任、国际质性方法学研究院高级研究员。作为世界著名教育学专家、教育哲学家、课程论专家和人文科学研究方法论专家,范梅南教授是"现象学教育学"的开创者之一,并担任该领域世界第一本也是唯一的一本《现象学教育学》(Pedagogy+Phenomenology)杂志的主编。同时他也是北美和欧洲六种教育和人文科学研究国际学术杂志的顾问或国际编委。马克斯·范梅南教

> 授的教育学论著和论文颇多。其中最具影响力的是2001年以来范梅南教授的三本著作:《教学机智——教育智慧的意蕴》《生活体验研究——人文科学视野中的教育学》《儿童的秘密——秘密、隐私和自我的重新认识》(与巴斯·莱维林合著)。他的许多论著和研究成果被译成德语、西班牙语、葡萄牙语、挪威语、日语、朝鲜、荷兰语和汉语,在世界范围内产生了深远的影响。近期,他与中国学者李树英合著的《教育的情调》一经出版便受到一线教师的热捧。

现象学教育学家认同并继承了现象学创始人胡塞尔(Edmund Husserl)对实证科学的批判,他们认为,以自然科学研究方法为主的教育研究,往往过分注重研究方法和技术,忽视了教育的日常生活意义及实践性特征。这导致的结果是,很多本该是有趣的研究文本,而且题目听起来也非常有意思,但内容却往往并不像所期望的那样丰富。这些文章很少关注人文方面的事情,相反的是,它们迷恋于方法的谨慎、测量和统计分析。因此,当你拿起这样的文章开始阅读的时候,就好像事先被允诺可以得到一枚新鲜的李子,而结果却只得到一个李子干一样。由于谨慎和严密,汁液反而跑掉了。

现象学教育学认为这种"李子干"式的研究是一种脱离"教育实事本身"的研究,这样的研究只是研究了事情本身的某些缩小了的变量而已。现象学教育学研究就是要努力克服教育研究中的这种简化、经济原则,要在教育的情境中整体地把握教育经验的意义,而不是仅仅研究一组预先选定的变量及变量之间的关系。

现象学教育学"回到事情本身"看待事情的态度和方法,要求教育研究"回到教育生活本身"。研究者在研究之前不要先下诊断,而是首先要"悬置"自己的偏见,关注事情本身是什么样子,将事情如何在意识中显现"如其所是"地描述出来,让人们知道事情本身(如教师或学生的体验)"是什么样子",以恢复教育生活的本来面目。现象学教育学研究就是要把这枚"鲜李子"呈现出来,而不是仅仅提供一个"李子干"。

二、教师做现象学研究

中小学教师学做现象学研究有什么优势,又能收获什么专业方面的成长呢?

我们认为教师做现象学研究有三大优势:(1)教师经常接触学生,与学生打交道,更容易接近和观察学生群体。(2)教师收集学生的一手资料相对容易,不仅可以在本校收集,也可以通过同事在兄弟学校收集资料。(3)教师可以长期关注某一现象,进行追踪式的思考和研究。因此,教师可以将日常零星的反思变成持久系统的反思。

对教师来说,做现象学研究有如下好处:(1)帮助教师形成反思的习惯。现象学研究方法是典型的反思性研究,反思让教师能够更好地理解他人及自己。现象学反思不同于其他反思的地方在于,现象学的反思更加彻底、更加深入,也更加系统。(2)培养教育的敏感性。敏感性是教师对学生体验的感知。现象学研究能够将教师的教育意识指向学生的体验世界,感知学生的内心,从而更加机智地行动。(3)培养洞察力。洞察力是在敏感性基础上对行为、事件本质的把握。现象学研究能够帮助教师理解学生,反思自己内在的教育观,洞察事物的本质,形成实践智慧。

总而言之,现象学研究关注这些"琐事",它关注学生在这些教育情境中的生活体验。如前文提及的潘老师的经历,表扬与批评是教师在教育教学活动中非常简单的言语行为,但是为什么教师的表扬或批评能够对学生产生(或不产生)影响?在这里,我们就需要深入教育现象本身,了解学生在当下情境中的体验。在教育情境中,这样的时刻很多,如学生如何体验座位或变换座位等。现象学还会继续追问:这些体验对学生成长的意义是什么?现象学研究还能够促进教师反思:在面对学生的时候,自己的行为是否适当?教师如何才能够做得更好?

我们希望教师能够经常思考并探究这些问题,同时将自己的心得落实到文本上,使之成为可以交流的思想或可以发表的论文。现象学研究为教师进行这样的研究提供了一种方法途径。在下面的工具框中,我们为大家提供了一些做反思笔记的小技巧。

工具包 5-1

反思是教师日常教育生活中经常发生的事情。教师既会有情境中的反思,也会有事后或课下的反思,或者闲暇时对过往事件的反思。除了这些日常反思,现象学研究要求更加集中、更加纯粹,或者说更加有意识地进行反思。

反思笔记能够起到这样的作用。当我们做研究的时候,我们需要及时记下我们的反思,因此要养成写反思笔记的习惯。俗话说,好记性不如烂笔头。我们常常有这样的体验:有时候,我们突然洞见到某些方面,但是事后,却怎么也想不起来或者只能够记起部分内容,这常常会让我们非常懊恼,为什么当初没有把它们记下来。

教师可以将反思笔记作为一种备忘录来撰写。备忘录是一种非常有用的工具,可以用于各种不同的目的。备忘录可以是研究者撰写的任何有关研究的材料。

备忘录的范围很广,从访谈手稿页边的简短评论或记录在田野笔记中的理论洞察,到丰满的分析性文章,都可以是备忘录。所有这些笔记的共同特征是,它们是将思想落实到纸上(电脑上)的方法,同时也是运用写作来促进反思与提高分析能力的方法。当我们将思想记录到备忘录中后,就可以像对待田野笔记与访谈记录那样对它们进行编码和归档,然后可以回到这些记录提出进一步的思考。

备忘录不仅仅是用来记录的,更重要的是它能够促进我们思考。因此,我们应该把写备忘录当作自我思考的一种形式和一种纸上的思考。备忘录既包括对研究访谈、观察等研究中的所见所思,也包括在文献阅读过程中的反思。

这些备忘录无论采取什么样的形式来撰写,它们的价值取决于两件事:第一是你需要认真地反思和自我批判,而不仅仅是机械地记下事件与想法;第二是你应该以系统的、可检索的形式组织自己的备忘录,这样,当你需要进一步审视的时候,就可以很方便地找到这些观察与洞见。

第二节 现象学研究法的提问方式

现象学的研究范围很广,任何现象都可以作为现象学研究的课题。研究者可以结合实践需要和个人兴趣进行选择并设计自己的研究。研究者可以选择做一个专门的现象学研究,也可以将现象学研究法作为多种方法中的一种,渗透到自己的研究中。

一、现象学研究问题从哪里来

细心的教师都会关注日常教育教学中所发生的"小事情"。实际上,已有的现象学研究也多倾向于此。也正因为这个特征,荷兰著名的现象学家兰格威尔德(Martinus Jan Langeveld)将现象学研究称作是"厨房街道"的研究。如:他们关注儿童对操场的体验,儿童游戏体验,儿童的秘密,等等。这些说明现象学研究选题的广泛性,也就是说,教育情境中的任何现象都值得我们去关注,都需要我们沉下心来重新思考。

当我们聚焦于某一个教育现象之后,我们首先需要询问当事者如何体验这些现象,这些体验对他们的意义是什么?它们是否具有教育学上的意义?等等。就上面提到的潘老师关于表扬与批评的例子,教师可以这样询问:学生是如何体验教师对他们的表扬或批评的?表扬与批评对学生意味着什么?表扬与批评的教育学意义是什么?

> **案例 5-2**
>
> 　　教育是一项充满希望的事业。因此,每当孩子们有了进步,教育者总是不会忘记及时给予他们表扬或鼓励。表扬对孩子们成长的意义为多数教育者所认同,学者们也做了较多的研究。但已有关于表扬的研究多集中在"如何"表扬、表扬的方法措施,或者是有关表扬的量化实证研究上,对于孩子们如何体验表扬或者表扬对孩子们的意义研究缺乏。
>
> 　　教育实践是一门与孩子们相处的艺术。理解孩子们的生活体验是我们智慧实践的起点。每个孩子都渴望表扬。他们是如何体验表扬的?这些体验的意义是什么?和"存在"(Being)就是"去存在"(To Be)一样,"意义"(Meaning)也是"意味着"(To Mean)。那么渴望表扬对孩子们意味着什么呢?
>
> 　　文本将以现象描述的方式,从孩子们日常体验着手,通过小故事的形式,分析和展示表扬对孩子们的意义,希望能够引发读者对与孩子们相处情境的反思。
>
> 　　(选自朱光明:《表扬的意义——一种解释现象学的视角》,《全球教育展望》2011 年第 8 期,第 22—26 页。)

　　案例 5-2 是研究者针对教师表扬现象的一种提问方式。从中可以看出,现象学研究方法的提问方式主要是我们的意向指向当事人的体验和实践者的行为可能产生的影响。

　　现象学研究法意在不断促进研究者的反思。当我们发现学生都渴望表扬的时候,我们需要继续追问:这种渴望意味着什么,或者渴望的究竟是什么?我们在哪些情境或具体实例中能够看到这样的体验?我们在具体的情境中会发现,这种渴望有时候可能是渴望被看见,有时候可能是渴望被关心,或渴望被承认,……只有不断追问,我们才能够更加深刻地理解表扬的意义。对于批评也可以同样进行这样的或类似的追问。因此,现象学研究法的提问方式本质上是一种追问的艺术。

二、现象学研究的要点

　　现象学的方法并没有固定的程序。然而,在研究方法的教学中,这样说似乎不能令人满意。因此,从事实践研究的现象学学者们也一直尝试让现象学研究法成为可以教授或可以模仿的一种研究方法。

现象学研究法的创始人胡塞尔把现象学称为"描述心理学",称其为一种对意识现象进行描述的方法。他指导学生做了很多具体的现象学研究。现象学的这一方法影响了很多学者,以至于形成规模巨大、影响深远的现象学运动。这项运动也影响到了教育学研究,形成了"现象学教育学"。美国学者赫伯特·斯皮格伯格(H. Spiegelberg)在总结现象学运动中指出,任何自称为现象学研究法的研究至少需要满足以下三个要求:

(1) 必须从直接探究呈现在我们意识中的被经验的现象开始,特别要关注它们呈现的方式,而不怀疑它们真实与否。

(2) 必须抓住这些被经验到的现象的本质结构以及现象之间的根本关系。

(3) 探究这些现象在我们意识中的构成,即这些现象在我们的经验中成形的方式。

可见,现象学研究法不是从一个普遍的理解或抽象的概念开始研究,而是从一个现象或体验本身开始研究。

工具包 5-2

范梅南在这方面有很多研究经验,并为此提供了一种基本操作方法和程序:

(1) 转向对一个深深吸引我们并使我们与世界相联系的现象的关注;

(2) 调查我们真实经历过的经验而不是我们所抽象的经验;

(3) 反思揭示现象特点的根本主题;

(4) 通过写作和改写的艺术方式来描述这一现象;

(5) 保持与这一现象的强烈而有目的的教育学关系;

(6) 通过考虑部分和整体的关系来协调整个研究。

不过范梅南也提醒,这些程序和方法需要灵活地理解与运用,而不是按部就班地依次进行,在实际研究过程中可以变换交替进行或同时进行。对这些方法和程序的使用更多的是依靠研究者的解释性敏感、创造性思想、学识性机智和写作才能。

法国现象学家梅洛·庞蒂(Maurice Merleau-Ponty)也说过,现象学只有以现象学的方式才能够理解。为了更好地理解现象学,也为了更好地实践现象学的精神,斯皮格伯格在他的《做现象学》(Doing Phenomenology)一书中建议：我们需要一种复兴直接指向现象本身的做现象学的精神。那么在特定的情况下，我们该怎么唤醒这种精神呢？他提出了一种新的进入现象学的方法：工作坊路径（Workshop Appoach），即一部分新手研究者选择限定的、容易把握的话题做现象学研究，也就是选择很小的话题做现象学研究。

下面，我们将以对表扬与批评现象的研究，来展示如何做一项现象学的研究。不过，需要强调的是，这里介绍的操作并不能作为现象学研究的模式，而只是提供一个做现象学研究的案例。

第三节 现象学研究法的资料收集

现象学研究法被称为描述的方法，是对呈现在意识中的经验及体验进行如其所是的描述。同时，现象学研究法又是典型的哲学方法，而哲学方法就是反思的方法，现象学要求对经验进行不断的反思。由此，我们可以将现象学研究法简化为两个环节：描述和反思。首先是描述体验，然后是对体验的意义进行反思。实际上，现象学描述本身也是反思，是在反思中描述呈现在意识中的经验，而不指向外在对象。本节我们首先学习如何通过多样化的资料收集方法来描述现象。

一、自我经验的收集

人们常说，我们要将心比心，或者说"人同此心，心同此理"。这说明人们的体验具有一定的普遍性，否则人与人之间就无法理解。这意味着我们想要研究别人体验的时候，可以从自己对同类现象的体验入手。因为现象学经验具有跨主体间性的特点，一个人对自己生活经历的描述发生在他人身上也是可能的。对于研究者来说，自我经验是最直观，也是最真实可信的资料。因此，在现象学研究中，研究自我经验是一条捷径。例如，排座位的体验，或者表扬与批评体验，我们几乎每个人都有过这样的经历，研究者完全可以先从自我体验入手进行研究。

自我经验的描述不仅可以作为资料收集的手段，同时自我反思还具有方法论上的意义。因为，通过自我经验的描述，我们对某些经验会更加敏感，同时也会感受到自我描述的不足，这对于后面继续收集他人资料、发现重要的资料信息、增加经验的敏感性都非常有用。而且，通过自己的反思写作进行自我澄清，这样在以后的写作中会有更多的洞见。

自己在反思描述体验的时候，要尽可能以直截了当的语言来写作，而不做任何原因阐释或概括总结。以下是一个自我经验描述的案例。

案例 5—3

李树英教授在《教育的情调》一书中讲述了一则亲身经历:"在十多年的读书生涯中,有不少老师教过我英语,他们上课都有自己的风格,都给我留下了深刻的印象,其中最令我难忘的是初中二年级的英语老师朱老师。朱老师是一位很漂亮、很和蔼的女老师。在初一的时候,我对英语并没有什么感觉,到了初二我却渐渐喜欢上了英语,每天都盼望着英语课的到来。跟以前相比,我上课专心多了,做作业认真多了,回答问题也积极多了。这些朱老师都看在眼里。后来的一次英语考试,真令我终生难忘。那是一次英语单元测试,我感觉考得很顺利,除了有一个单词漏写了一个字母外,几乎可以得满分。试卷发下来一看,竟是满分。朱老师在班上表扬了我,说我真厉害,进步这么快,还希望全班同学向我学习。当时我的心里就跟吃了蜜糖一样甜,这是对我的肯定,也是对我的最高赞赏。其实,朱老师并不是没发现我的错误,因为她在错误的单词下画了横线,并把漏掉的字母写出来了。她之所以这么做是为了鼓励我。我心里多么感激朱老师啊!她的这种激励促使我在以后的英语学习中更加努力,更加认真,更加细心。"

(选自范梅南、李树英著,李树英译:《教育的情调》,教育科学出版社 2019 年出版,第 51 页。)

针对这样一则故事,李树英教授为我们展示了自我体验的例子。对于这样的体验,我们可以试着提问:一个成绩一般的孩子为什么会渐渐喜欢上了英语?是因为老师关注他吗?老师在学生写错的单词下面画了横线同时又给了满分,这是她有意为之还是一种体知?老师这样给出满分是否对其他学生造成了不公平?在这个故事中体现出的教与学又是什么?……

二、他人经验材料的收集

作为一种质性研究,现象学研究法并不限于自身的反思,现象学研究借鉴了人类学和社会学等经验资料收集的方法。现象学研究认为,丰富而详实的经验资料不仅能够促进我们反思,而且能够帮助我们看到更多的意义,从而更好地理解现象。现象学研究试图通过更多、更丰富的经验材料的收集,来更好地探究发现经验背后的本质或结构。因此,想方设法获取尽可能多的经验资料是现象学研究的首要工作。我们一般可以通过写作、访谈和观察等方式来获取他人的体验资料。

(1) 写作。收集他人的经验材料可以通过设计写作要求,然后请被研究者写出自己的体验。这对于一般人来说并不容易实现。除了时间上的原因外,写作会让人处于反思状态,而说出来则相对容易很多,所以,一般人宁愿说出来,也不愿意写出来。不过,教师从学生那里收集书面体验,还是比较容易的。

(2) 访谈。访谈比要求对方写作要容易得多。在现象学研究中,访谈对研究者的要求比较高。访谈不仅要精心筹划,还要努力发展一种对话性的关系,以便可以深入理解对方的意向所指,同时就某一经历的意义进行探讨。因此,在进行访谈的时候,研究者不仅要做充分的准备,而且还要有临场的智慧。

(3) 观察。观察也是一种常见的获取资料的方法,特别是对于一些年龄尚小的、不能很好地表达自己体验的学生,这种方法尤为重要。这种观察需要研究者能够深入其中,成为参与者;但是又能够保持距离,从而更好地反思;同时,还要对情境保持一定的敏感性。这些都需要研究者的细心和洞察。

三、其他资料来源

现象学研究不同于其他质性研究。例如,叙事探究对经验收集可能注重于经验事实的线索、重组故事等。现象学收集经验资料,其目的并不在于经验事实,而是通过经验事实透视经验的意义及结构特征。因此,现象学研究接受一切有助于我们理解现象及其意义的材料。

传统的社会科学研究把文学从资料收集中排除出去了,认为小说和随笔等作品是"不科学的",对它们的真实性不予考虑,它们不是"文献"的一部分。但是,文学、艺术来源的资料为我们提供了很多理解超出日常生活经历范围的鲜活的生活例证。因此,现象学研究不仅把传记、自传、个人生活史、日记、札记和笔记,以及各种形式的艺术都作为理解生活经验的资料来源,而且还把文学、诗歌或其他故事等作为资料的源泉,从而提高和丰富对实际经验的理解。

其他资料来源还包括:已有的现象学研究以及相关的研究(包括现象学哲学、现象学教育学、现象学心理学等);其他,如社会学、心理学等著作以及相关的研究也是资料的来源;另外,还有网络资源,如相关微博、博客、论坛等,都可以作为现象学研究的资料来源。

案例 5-4

资料收集举例：表扬与批评现象研究

1. 资料收集情况

现象学研究的资料收集工作是一个持续不断的过程。从研究时间上来说，资料收集过程覆盖了批评研究的整个过程。实际上，在初步确定选题之后，相关的资料收集工作就已经开始，而且从未间断过。

本研究所需要的生活经验材料主要通过观察、访谈、学生写作（包括研究者自己写作）等方式获得。在研究过程中，或者说在预研究过程中，先是自我反思，同时研究身边的人，从而加深对表扬与批评现象的理解，并形成进一步的访谈提纲，然后在此基础上设计下一步收集资料以及分析资料的方法。

2. 获取熟人的资料

熟人的体验资料获取相对容易。身边的熟人很多，各年龄段都有。研究中主要是通过访谈获得他们有关表扬与批评的体验材料。对条件许可的人，在访谈之后还要求他们把有些部分写下来，这主要取决于对方情况以及我们之间的关系。一般人都不愿意自己写。有时候，我们帮助整理，然后通过各种途径让他们阅读、修改；还有些人则是通过观察获得相关的资料，有些观察还需要结合访谈来进一步确定或者充实。

3. 获取中小学生的经验资料

中小学生的经验材料是资料的最主要的来源。最初，我们是找周围一些中小学生交流、谈话，这类似于上面的熟人访谈（上面的熟人访谈也部分地包括这些）。在获取一些资料的同时，也为进一步收集资料提供了有益的启示。

之后，我们主要是请一线教师帮助收集学生的书面材料。我们把设计好的写作提纲交给老师们或者通过电子邮件发给他们，请他们布置学生写作一次具体的表扬或批评的经历。例如：记一次家长会的体验（有关表扬或批评），或者一次作业中的批评（或表扬），等等。这些写作主要根据自己的研究进度和已有的主题，以及进一步需要而设计相应的题目和要求。这种方法的优点是能够一次性地获得大量的学生经验材料，这其中往往会有意料之外的经验材料，能够获得很多有益的启发。其不足之处是学生写作的深度有限。当然，这还取决于如何设计写作题目和要求，以及教师和学生的配合。对于个别条件允许的学校、班级，我们会根据个别学生的情况，把整理后的稿子返回,让学生自己或教师修改、充实。在收集这部分材料时,也有对教师、学生的访谈。这包括阅读他们写作材料之后的追踪式访谈,或者就某个方面的体验和其他学生交流。

4. 获取大学生和成人的经验材料

这里主要是对大学生及其他成人进行访谈,让他们回忆中小学时期的表扬与批评经历。他们能够回忆的一般都是记忆深刻的场景,这些经历对理解表扬与批评的意义非常有帮助。

（选自朱光明：《表扬与批评现象学》,教育科学出版社 2020 年版,第 66—68 页。）

第四节 现象学研究法的资料分析

研究者常常感到困惑的是,收集的资料非常丰富,甚至是堆积如山。但研究者却常常淹没于经验材料之中,不知道如何分析材料的意义,也不知道如何组织或使用这些材料。而且研究者常常会痛苦地发现,大多数资料看起来平淡无奇,几乎看不到什么意义。本节让我们继续学习现象学研究的第二个环节——反思。反思的难点在于如何从资料中提炼"主题"。

一、聚焦主题

主题为研究者理解材料提供了一种便利的方式。主题是意义的焦点,它表达了现象某方面的特征。如同我们用词语、概念传达我们的思想一样,我们用主题来把握现象的维度、特征及结构。例如苹果,我们可以通过颜色、形状、品质等标识其各方面特征,它们都是作为苹果的属性,在一起构成了苹果的本质。

主题是揭示一个现象各方面特征的手段。我们收集到的一个生活体验片段可能包含一个主题,也可能包含多方面的主题。有些体验材料讲述的经历不同,但可能包含有相同的主题,也有的经验材料相似,但却可能表达了不同的主题。因此,当我们试图揭示一个(种)现象或体验时,需要通过很多主题来描述它。在某种程度上,我们对现象的还原就是通过这些主题来实现的。而这些众多的主题具有一定的层次和结构。我们可以将之称为主要主题和次要主题、上位主题和下位主题。因此,提炼主题就成了现象学研究的核心。

例如，我们在研究"批评"现象时，收集了很多的经验材料（如学生有关批评体验的作文）。每个具体经验情境都不相同，而且不同经验材料往往差异很大。这些不同的材料可能具有相同或相似的主题。例如，我们发现：很多材料中都能够发现"害怕"批评的体验。因此，"害怕"就可以作为其中一个主题。这可以作为一个主要主题或上位主题，然后我们可以继续追问，到底害怕什么呢？或什么导致了这样的害怕？从而引出次要主题或下位主题，如害怕自己不够优秀，害怕身体被注视，害怕老师不再喜欢自己，等等。

一般来说，每一个经验描述材料都会含有不只一个主题。我们在一个典型的体验描述中可能会发现很多不同的主题。由于处境和关注点的不同，不同的人所提供或者所能够描述的往往只是现象的某个或某些方面。通过这些不同的经验材料，我们把一个现象可能存在的主题逐渐揭示出来，从而逐步建构起该现象的一般结构。

（一）形成主题的两种方式

第一种方式是从经验材料中提炼，我们可以称之为"自下而上"的方式；第二种是利用已有的理论、概念成果来把握主题，我们可以称之为"自上而下"的方式。

首先，我们可以从经验材料出发，或从"本土概念"出发，从材料中提炼主题。例如，在研究"批评"现象时，我们可以从很多人的体验材料中发现批评会造成受批评人不同程度的"害怕"。"害怕批评"可以作为理解批评的一个主题。这样的主题是从经验材料中发现的，或者说是体验者自己的语言。

其次，我们也可以借助于已有理论或受到理论概念的启发，而在材料中发现相关的主题。例如，在批评体验的材料分析中，我们从哲学家对人的生存分析中获得启示，即从生存维度上对批评体验进行主题分析。例如，存在主义哲学中提到的重要理论概念——时间体验、空间体验、身体体验、关系体验等，都可以作为解读资料的重要视角，并形成研究的主题。

需要注意的是，这里并不是简单地套用前人的理论或模式，我们必须根据经验材料，也就是人们的实际体验，通过我们的洞察来确定。对每一个可能的主题，都要结合我们的体验进行审慎的思考。例如，当我们思考批评的"空间体验"时，就觉得有些空洞，没有具体材料支持，而我们却能够发现有很多描述批评"气氛"的经验材料。因此，可以用批评的"气氛"，而不是机械地沿用"空间体验"来揭示批评现象的主题。不过，这两种形成主题的方式也不是截然分开的，二者经常交织在一起，而且经常相互启发，形成螺旋上升或者循环发展的关系，从而逐步帮助我们深入理解批评现象的构成。

（二）主题的周期性

主题的周期性指的是学术界的一些经验理论、议题和话语会在不同的时期重复出现。例如，有关"时间"的主题，周期性地出现在古希腊哲学家苏格拉底（Socrates）、中世纪的奥古斯汀（Aurelius Augustinus），以及近代哲学家康德（Immanuel Kant）、海德格尔（Martin Heidegger）等人的著作中。

教育研究是一种延伸的对话，不同时期人们关注的话题不同，表达的话语也不同。在确定主题的过程中，关注周围学界的话题和话语非常重要。学术研究具有一定的周期性。专业化实践和学者表达观点的方式更是受到这种话题和话语的影响。这些话题和话语构成了学者们当前对话的基础。例如，在对表扬与批评的研究中，一方面在经验材料中发现有关"身体""时间"，以及"身份"这样的主题概念；另一方面，确认这些主题是当前学界的主要话题，因此将其作为表达该现象的主题概念。当然，我们的研究和分析不能局限于这些话题与话语，我们要善于发现和揭示，努力创造更多的话题与话语，从而丰富已有的研究。

（三）主题的开放性

主题分析不是一蹴而就的，它贯穿于整个资料收集和文本写作的过程之中，是一个创造性发现且不断揭示的过程，是对意义不断追求的过程。因此，在提炼主题的过程中需要保持一种对事物的开放态度。这种开放不仅要打破学科限制、学术圈的限制，将能够更好传达意义的概念、维度吸纳进来，拓展思维的宽度，借用其他学科的概念表达。另外，还要深入到特定现象体验的群体当中，将属于他们的特定概念和表述提炼出来，使用本土语言和概念表达。

正所谓"尽信书不如无书"，我们对资料的主题分析虽然受到理论视角的启发，但是也要尽量悬置理论前见，对资料充满好奇，只有这样才能从中发现先前理论可能解释不了的现象。

为了能够更加深入地理解现象，我们需要把一些已经形成的主题拿出来公开讨论，例如在后续的访谈中，与参与者或对话者对这些主题进行讨论审查，从而克服目前研究视野中的局限并设法超越。这样的审查工作还可以在同事之间、在研究共同体中，或在向其他人士咨询中进行。现象学的研究就是通过这样"做"的方式来逐步深入的。

作为一项研究，我们不可能也没有必要揭示现象的所有方面。因为现象的丰富性不是我们的语言所能够全部揭示的。我们无法"还原"现象，但我们可以通过主题的方式在某种程度上把握现象的主要特征或结构。在某种意义上，我们可以把主题比喻为渔网的节点，通过这些节点，我们才能够将经验材料编织成渔网；我们也可以把主题比喻成天上的星座,借助于它,繁杂的星空(现象)就可以被我们有条不紊地认识。

总之,正如梅洛·庞蒂所言,现象学还原带给我们的认识不可能是真正的还原。我们所提炼把握的本质也只是被分离出来的本质,是语言的本质。因此,"本质"需要放到存在的意义上去理解。文本的存在,需要经由读者的阅读。

例如,我们运用现象学研究法研究学生在课堂被教师批评的体验,即便详尽地描述学生当时的心理感受,但也无法绝对还原彼时彼刻的情境。现象学研究的意义并不在于还原绝对真实,而是通过现象把握本质,抓住学生被批评这件事背后反映出的师生关系和教育关系。读者对这个现象的理解则需要从文字尽量还原回当时的情境,方能与学生实现共情。因此,现象学的还原既需要研究者(作者)高超的描写和分析能力,也需要读者深度的想象力与共情力。

《易经》有曰:"书不尽言,言不尽意。"我们不可能通过文本(语言和主题化的结构)就把一个现象的意义完全表达出来。文本对意义的表达并不能建立意义的连续性。语言只是一种方便,作为生命体验核心的"意义"需要在读者那里重构。

二、文本创作

(一)写作的重要性

沃尔科特(Harry F. Wolcott)有一本非常有名的著作《写出质性研究》[①],该著作强调了写作在质性研究中的作用。现象学的创始人胡塞尔的反思一般都是通过写作来进行的,他有每天写下其反思的习惯,到他1938年4月27日去世的时候,这些研究手稿(包括演讲稿和未出版的手稿)大约有45 000页。这些都表明写作对于现象学质性研究的重要性。

在现象学研究中,写作不是在最后为完成报告而采用的一种手段,而是自始至终都伴随着研究的一种方法。写作是一种将主体性意识客体化的活动,它将内在的体验转变为客观的可以共享的经验。写作是一种更加深入细致的思考活动,它还可以将思考逐步推向更加深入的层面。写作使得思考更加周密、周全,让我们能够思考更多的维度。而且,写作还可以为我们提供基于文本的反思,将我们与知识分离然后又使两者相对,将我们与我们的生活世界分离,然后将我们的思想与直接行为分离,从我们的具体参与中抽象我们的生活感受,又使这感受以文本的形式客观化。

---

① 重庆大学出版社翻译版本是《质性研究写起来》。

（二）文本形式

做研究最终是要呈现一个文本。现象学的文本要使得研究的问题鲜活起来，使得看不见的可以被看见。现象学的文本既要揭示现象的结构，又要展示现象的丰富性，让读者在把握现象本质结构的同时，又能"看到"现象的丰富意义。我们可以用主题构筑其架构，形成现象的结构，并使用富有说服力的解释分析和富有表现力的实例充盈现象的意义内容。

在整体安排中，文本的形式非常重要。好的形式不仅能够帮助更好地呈现现象，而且能够更加有力地影响读者。现象学的文本要能够吸引读者，邀请读者参与到现象的自我重构中来。因此，在现象学文本呈现的过程中，注意形式也就是注意内容。

现象学研究对文本形式的基本要求是：(1)文本需要目标明确，应该从教育、人文的角度对教育现象进行揭示；(2)文本需要论证有力，要对教育现象做出有说服力的解释；(3)文本需要显示出其丰富性的特点，研究中还要运用轶事、故事、小说、诗歌等来丰富研究的内容；(4)文本要显现出深刻的意义。

现象学文本并没有标准或统一的形式，研究者可以参考已有的现象学研究文本，也可以自己创造性地建构自己的文本形式。教师可以在自己做现象学研究中，创造性地使用语言，呈现新的描述方式，建构新的文本样式。这不仅能够更加丰富地揭示教育生活中的现象，也能够为读者提供富有洞见的文本形式。

虽然文本的创作没有固定的模式，但是协调好研究中的部分与整体之间的关系非常重要。这需要教师研究者不断对着文本思考，通过不断地重写和改写，使得各个部分之间相互协调、相得益彰。所以说，现象学的方法论与其说是一种技巧，倒不如说是一种精心培养的周密性思考。

（三）实例写作

现象学的文本要让读者能够"看到"现象。一篇成功的现象学描述应该让读者频频点头，即产生所谓的"现象学点头"效应。读者可能会发现研究所描述的或揭示的就是自己曾经拥有或可能会拥有的体验，产生似曾相识的感觉，或引发共鸣，或表示认同。能够产生这样的效果，除了研究者深刻的洞察和深入的分析外，更主要的是研究者所提供的实例具有揭示性的力量。现象学实例充盈了现象的意义，丰富了读者对现象的理解。

现象学研究中的实例主要是带有情境描述的故事或轶事。在现象学文本的创作中，它们就是表达主题的经验材料。如何选择与撰写实例，需要研究者具备一定的洞察力和表达力。这些实例可以是日常生活当中很小的事情或者细节，并不一定要求很长，关键是要能够指向主题所表达的意义，或者说能够展现主题意义，从帮助我们理解或"看到"所研究的现象的某些特征。

1. 实例的维度

现象学文本要深入全面地展示现象就要为读者提供多维度的实例,从而让读者能够"看到"现象的方方面面,对现象的各个特征和维度进行细致的区分。例如上文提到的有关"害怕批评"的主题,这些"怕"体现在哪些具体情境中呢?面对众多的材料,我们需要归纳提炼,尽可能地从多方面来展示材料,从而能够揭示"害怕批评"的多方面特征。

案例 5-5

例如在批评体验的研究中,我们可以从"害怕批评"的下面几个维度来考虑"怕"的实例:时间、空间、身体、关系。

怕批评的时间体验:

"我心中暗自祈祷,希望时间一分当成一秒,赶快脱离这个'唾沫满天飞的苦海'之中。于是,满脑子如来佛、孙悟空、猪八戒……老师的话一句也没有听进去,只是最后一句记得特别清晰:你可以走了!"

怕批评的身体体验:

"在这个如此先进的时代中,为什么没有发明隐身术、隐身衣之类的东西?害得我只能低着头、背着手、弯着腰,这狼狈样子被同学们看见了,真是丢死人了!唉!要是我有特异功能该有多好啊!……"

怕批评的关系体验:

"批评时,最担心的就是,你站在那里一动不动,而老师也就这样盯着你也一句话不说,最后叹口气,'你走吧!'那样,你的心情一定非常不好受。因为你已经被老师放弃了,说明你已经毫无希望了。而当老师对你大说特说时,虽然当时脸上无光,但内心还是欣喜的。这是因为老师还是很看重你的,并没有放弃你。你还有努力的希望。"

还有怕批评的气氛体验:

"月考成绩出来了。大家早已坐在座位上等待班主任的到来。每次成绩出来,同学们都能够感受到不同的气氛。当老师满脸笑容走进教室时,课堂就显得暖融融的——很明显比其他班级考得好;而当老师一脸严峻走上讲台时,大家便有些惴惴不安;若老师站在讲台上不说话,只是那么静静地看着全班,哪怕两秒钟,也会让大家喘不过气来,谁也不敢说一句话……"

(选自朱光明:《孩子如何体验批评——批评现象的存在结构》,《教育理论与实践》2009年第23期,第26—27页。)

2. 实例的层次

在关注实例所展示现象的维度的同时,还要注意实例所揭示的层次,也就是揭示相同主题不同层次的经验材料或者说多种形式的实例。例如,在"批评"现象的研究中,发现学生在批评中很容易产生报复的情绪体验,于是提炼出"报复"这样的主题,但孩子们的"报复"体验却有着很大的差异。为了更加丰富地展示该主题,我们可以从不同层次上提供相关的实例。多层次的实例能够丰富主题意义的"厚度",从而深化对该主题的理解(具体实例见案例5-6)。

案例5-6

例如下面的经验材料就显示出不同层次或不同形式的"报复":

"有一次上课我睡着了,老师当着全班同学的面让我站起来,还要我站一堂课。我非常气愤,心里暗暗地下定决心'我就是不听你的课。'"

"最近我的成绩有一些改观,老师也开始把目光投向我。但我并不感谢他,平时他除了批评没有给过我一丝的鼓励。"

还有很多其他类似的"报复"形式,如面对老师严厉的批评或惩罚,有些学生以逃学或者出走的方式抗议、报复老师,让老师着急。我们还可以回忆自己或者让其他人回忆曾经有过的类似实例。下面就是一位家长有关孩子在批评中"报复"的回忆:

四岁的冬冬已经学会了自己播放光盘。他想把四个光盘叠在一起放到机器里。爸爸赶紧阻止,而他却坚持要这么做。爸爸生气地在他屁股上拍了一巴掌。他本能地回敬了爸爸两拳,但他明显感觉自己吃了亏,因为他打过爸爸之后看了看自己的手,似乎疼的不是爸爸而是自己。爸爸对他这种不听劝阻和"以暴抗暴"的行为极其不满,于是又在他屁股上拍了一下。这下,孩子没有还手了,而是绷着脸,生气地在四处寻找着什么。最终,他拿起桌子上爸爸的茶杯,气冲冲地跑出去,把它扔到了门外。

(选自朱光明:《表扬与批评现象学》,教育科学出版社2020年版,第170页。)

3. 实例的表述

现象学是对生活世界的研究。生活世界是一个即时体验且尚未加以反思的世界,而不是我们可以为之下定义、分类或反映思考的世界。体验具有原初、现场、未经反思的特点,而我们的描述总是在体验之后。也就是说,我们总是通过语言或文本

"还原"生活过的体验,发掘生活的意义。而当我们想要用语言捕捉这些经验的时候,我们往往在其中掺杂很多不属于现场的东西。那么,我们该如何描述生活体验呢?

案例 5-7

下面通过两位母亲关于"握手"例子的比较,看看实例该如何表述。

1. 我的小儿子很难控制。如果我不抓住他的手,他就会跑掉,就像他爸爸一样。他爸爸一年前跑了,从没回来过。不过,走了也好。我爱我的儿子,所以当我们在拥挤的购物中心或其他人多的地方时,我总是急切地抓住他的手。有时他会对此发脾气。你知道,我不是一个很随便的妈妈。有时,我见到一些父母,他们让孩子随意乱跑,也不约束,我认为这也许是他们忽视了孩子或对孩子不负责任。所以,我们才会经常听到有人说事故是如何发生的,或孩子是怎么丢失的,等等。

2. 几天前,我带着我 23 岁的儿子在附近一家购物中心购物。正当我们边走边说话的时候,他抓住我的手,似乎很突然。顷刻间,一个记忆涌上心头,这是一个很具体的记忆。他握着我的手似乎就像他过去常常这么做那样。那时他还是一个小孩。也许直到现在我才意识到,当孩子握着我的手时,此刻是如此特别!就在这一瞬间,我重新体验了当儿子还很小的时候握着他的手的感觉。手中握着这样可爱的小手的感觉是很奇妙的。(现在)我不知道如何去描述这样的体验:我的手被呵护着、牵连着、信任着,在一起……因此不孤单!这种感觉与丈夫手拉着手走的感觉是不一样的。尽管那种感觉也很美好,但这是不一样的感觉。无论如何,我感到很惊奇,我成年的儿子如此自然地当众和他的妈妈手拉着手走路。他似乎没有感到任何不安。其实,说实话,当我们手拉着手走的时候,我自己都感到有点尴尬。但我没有告诉他。

(选自朱光明:《表扬与批评现象学》,教育科学出版社 2020 年出版,第 76—77 页。)

比较上面这两段描述可以看出,同样是"握手"这一主题,第一位母亲表达了太多的意见,并不断地为自己解释、说明,没有真正展示自己的真实体验。而这第二位母亲的这个实例让我们在阅读中"看"到了母亲的切身感受,具有情境感和现场感。这位母亲的描述让我们"看到"了人类的可能性体验。这样的描述能够帮助我们理解当事人的体验本身。现象学研究要求我们尽力以直截了当的语言来描述当时的体验，而不做任何原因解释或概括总结。因为概括往往会阻碍我们对人类经验独特性的理解。所以，在现象学的描述中，尽量不要表达意见、看法，而是尽可能把原初的体验描述出来，也就是将"实事"本身展示出来。因为"描述的语言而不是概括的语言，才是反映我们世界的语言"。

此外，在写作这些实例的时候，一般要直截了当、开门见山，还要注意人物语言的引用。有时为了帮助读者理解，研究者还需要点明主题或要点。

4. 实例的视角

在日常生活中，为了更多、更好地观察一个事物，我们还可以以变换视角的方式去观察。类似地，在现象学研究中，我们也可以提供不同视角的实例，从而丰富人们的理解。不同视角的实例可以通过不同身份的人提供，也可以通过改写的方式来实现。

同样的事情，通过转换视角或改写，我们就可能会关注到以前未曾注意到的方面，同时也为读者打开了新的世界。这样的写作能够让人们更好地理解孩子，提升教育者的教育意识。这样的改写所体现的不仅仅是一种视角的转换，同时也是一种看待现象的方法。例如，案例5-3中李树英教授回忆英语课的经历，我们可以通过改写的方式，将其作为教师观察学生所采取行动的案例，也可以变成学生体验教师和自我的案例。

变换角度进行描述所体现的现象学研究法原则是现象学所说的"自由变更"，或本质变更。"自由变更"是指在自由想象中创造出多种多样的例子，使它们展现在意识面前。这些例子既可以是经验到的事物的例子，也可以是没有经验到的或想象的事物的例子。胡塞尔认为完全可以通过任意的自由想象创造出在原则上可以开放无限的例子，从而使之成为本质直观的基础。在现象学研究中，通过这样的变更或改写能够很好地帮助我们对教育进行反思。

对情境故事的变换视角或改写是一项艺术，它和我们对现象的把握、主题的领会和展示的面相密切相关。变换视角或改写的目的是为了更好地揭示现象、展示主题。它能够更好地集中读者的注意力，帮助读者理解他人的体验。

5. 词源及分析

实际上，为了从多方面透视现象，现象学研究中经常使用很多展示现象意义的方法，如追溯词源，或通过概念史的方法来加深对现象或主题意义的理解。从某种意义上说，追溯词源、俗语等方法也是从另外一个角度给出现象的"实例"，即从"源初的视角"或者过程、经历的视角理解现象或现象的主要特征。因为这些都属于我们的生活世界。例如，海德格尔对"现象学"概念的解释就追溯到希腊语及其原初的意义。范梅南对"机智"词源分析,突出了"机智"(Tact)接触的本质。

案例 5-8

在表扬与批评体验研究中,我们发现孩子都渴望"优秀",渴望当各种"星",如劳动之星、希望之星等,那么"优秀"是什么意思呢?通过词源研究我们发现,"优,饶也"(《说文》),"优,多也"(《小尔雅》),均指富有、丰富的意思。"秀",会意字,石鼓文,上为"禾",下像禾穗摇曳,本义指"谷物抽穗扬花",意为"出"。"秀,出也"(《广雅》)。因此,"秀"和出众、美等意义联系在一起。"优秀"就是在某个方面好,比较"突出",超出了其他人。英文表示"优秀"的词"Outstanding"也比较形象地说明了这样的意思。"Outstanding"即"站出来"(Standing Out),这和汉语中的"突出""鹤立鸡群"具有相同的表意效果。"优秀""突出"意味着在群体中处于一个特殊的位置,或者更高、更好的地位。理解了"优秀"所具有的地位、身份意义,我们就能够理解为什么孩子喜欢被评为"优秀学生""优秀少先队员"等,这些荣誉称号代表了自己的特殊地位。

这种情况在孩子作业中体现得比较明显。孩子都喜欢老师给自己的学业或作业评价为"优"。因为"优"意味着"突出"。孩子都希望自己优秀。而表扬在很大程度上意味着孩子"做得好",表现"优秀"或者"突出"。倘若孩子看到其他同学的本子上也是"优",甚至所有的同学都是"优",那这种高兴很快就会消失。类似的情况在宿舍卫生评比中也很常见。孩子看到自己的宿舍门上贴着"清洁"是一件很高兴的事情。但是当他们看到其他宿舍门上贴的几乎都是"清洁",甚至有的贴的还是"最清洁",他们就不会为自己宿舍门上贴着的"清洁"而高兴了。

地位的意义在比较当中显得尤为突出。被评为"优秀"或者考试名列前茅,孩子当然欢喜。但自己的同伴若比自己好一点,位于自己的前面,那滋味也许就不一样了。例如,当某个孩子考试得了95分,他也许很高兴。如果这时他发现和自己学习差不多的同桌只考了70分,他更会有一种心理优势。但是倘若同桌也考了95分,那么他的这份欣喜会大打折扣。而同桌若考了97分或100分,则他这个95分就不再能够让他欣喜和骄傲了。他可能更多的是懊恼自己为什么失去了那几分不该失去的分数。

(选自朱光明:《表扬与批评现象学》,教育科学出版社2020年版,第122页。)

◆ **问答角**

问题一：关于发表的问题：我用现象学做的研究可以公开发表吗？

回答　做研究写论文一般都希望能够发表，而且最好是能够在专业期刊上发表。这样不仅能够与同行进行交流，而且还是获得官方认可的一种体现。但是，做现象学研究想要发表的前提是要能够写出高质量的现象学文本。

在学位论文和专著中，现象学研究确实能够让研究更加丰富饱满，资料充实，吸引读者的兴趣。然而，要想将现象学研究写成期刊论文去发表，并非易事。这里有很多原因，其中一个原因是期刊文章一般有字数的限制，而且在限定的字数内要有一定的信息量和深度。由于资料多样性和丰富性的原因，再加上解释性分析说明等，使得现象学研究文章一般篇幅都相对较长，所以，做现象学研究想要在期刊上发表，则需要在文字上下功夫。另外，在现代量化评价机制中，以及学术界对实证研究过于"追捧"的情况下，现象学研究都面临一个学术产出量的问题。

与量化研究比较起来，想要做出得到人们普遍认可的现象学研究，需要相当的时间和精力。这需要研究者有足够的耐心去思考。要耐得住寂寞，忍得住诱惑；要注重质量，而不是数量。高质量现象学文本写作是一个长期积累的过程。教师如果专注于某一现象，经过长期积累，是能够写出高质量的现象学文本的。

问题二：关于改写与重写的问题：如何写好文章？

回答　好文章是修改出来的。随着研究的深入和整体感的提升，对现象的理解也会逐渐深入，因此，必须要对原先的很多描述、分析进行重新审视。而这个过程就需要不断地重写和改写。

中国传统文人都非常注重语言表达的恰当性。唐朝诗人贾岛曾经为"僧敲月下门"还是"僧推月下门"进行"推敲"，杜甫写诗不仅仅让妇孺皆懂，而且还努力做到"语不惊人死不休"。人文科学的效度就是表述的精确性。所以，如何遣词造句就成了现象学研究的重要环节。

对于现象的意义或本质的把握，是一个逐渐深入的过程。它需要我们持续不断地思考。这就像我们有时候会在电影上看到一些办案高手常常反复研究现场或回放可能的记录,不断思考各种可能性,最终还原案情本身。在我们做研究的过程中,情况也是类似的。现象的意义或本质也需要我们不断地去追问和思考才能更好地把握。可以说,在现象学研究中,重写和改写是一种不断深入思考的方式。

计算机为我们的重写和改写提供了很大的便利。当我们阅读自己写下的语言时,它们把我们拉进了语言的世界、文本的世界。对着文本,我们又有着不同于先前写作时的思考方式。有时会为自己的洞察而感到欣慰和骄傲,有时又为自己的粗糙和浅薄而感到坐卧不安。面对这些,我们会不断地选择保留、重写或改写。正是在这一写作过程中,最后的研究文本得以呈现出来。有时候,我们可以将已经写下来的东西打印出来,利用片段时间或睡觉前或起床时阅读改写。这种写作方式能够帮助我们很多。

问题三:关于理论提升的问题:如何提升文章质量?

回答　　在做现象学研究过程中,研究者可能会遇到的问题是,发现自己写出的文章常常只是一些故事,或者只是资料的堆积,没有深度,或者说没有理论价值。那么教师该如何提升现象学研究文本的质量或理论深度呢?

现象学的方法被概括为"回到实事本身",而且强调要悬置已有知识及理论对研究的影响。因此,在现象学研究中,理论不是必需的,我们从很多生动的文学描述中可以看到那种纯粹描述的力量,我们也可以从一些富有启发性的教育故事中体会到故事的教育力量。

因此,在现象学研究中,一般都强调回避理论或悬置理论的影响。然而,在实际研究中,如果我们的理论知识不足,我们会面临落入肤浅的危险。因此,我们需要重新审视理论。这里所谓的理论也不是传统的宏大理论,或作为研究框架的理论基础,或关于社会研究某些系统的理论体系。威廉·詹姆斯(William James)说没有理论你就不会在地上捡起石头。捡起石头(而不是其他东西),你需要一个理论告诉你石头是什么以及它与其他事物有什么不同。理论是我们生活的工具,是我们思考和洞察的基础,包括足够的间接经验总结,不过它们需要融入我们的经验之中。

教师做研究如果在毫无理论基础或准备的情况下,就打算直接从经验中发现或提升理论,这不是不可以。问题是,如果没有足够的理论储备,就无法进行深入的分析,无法和学术界就某个方面进行更加深入的对话。

"吾尝终日而思矣,不如须臾之所学也。"理论的本质是帮助我们思考,而不是一个限制性的框架。理论是一种反思性生活,是与实践相对的。理论也会形成一定的语言表达方式、一定的对话方式。现象学研究是一种理论生活,目的是建立理论上的理解,洞察事物的本质结构和丰富意义。

理论并没有什么神秘的,理论是被把握的事物的本质。不过,人们常常将理论看作是脱离具体现象的实在,将本来属于要素的东西看成了实体。

理论是探照灯。它会帮助照亮你所看到的一切。它吸引你的注意力,让你注意到特定的事件或现象,并帮助你建立事物之间的关系,否则这些关系可能就被忽视或误解了。然而,同样的道理是:一个理论照亮了一个区域,它也会把其他区域留在黑暗中,没有哪个理论可以照亮一切。

现象学研究也是一种理论化的活动。不过,现象学寻求的是将理论融入我们的原初体验中,让我们重新找回理论的源头。

◆ 实践练习

1. 请试着分析中小学学生座位对于中小学生的意义是什么?或者学生如何体验他们的座位?

2. 请在课余时间访谈两位学生,了解学生如何体验批评?或者我们可以从哪些角度来描述分析批评体验。

✕ 资源拓展

1. [加]马克斯·范梅南著,宋广文等译,李树英校:《生活体验研究——人文视野中的教育学》,教育科学出版社 2003 年版。

该书是马克斯·范梅南的实践现象学方法论著作,是其现象学写作教学的经验总结。该书主要向读者展示了如何关注人的生活体验以及如何收集生活体验的原始材料,从而构成文本反思。该书通过一系列例子展示了现象学研究法在教育学研究中的具体实践,对人文科学研究和写作具有方法论的意义。同时还讨论了语言在人文科学研究中的作用,强调了生活中的小轶事、小故事在现象学写作方法上的运用。对于不同的研究问题,作者也提出了如何构建研究文本的方法。总之,该书既可以看作是一本方法论意义上的学术著作,也可以将其视为从事教育现象学研究和写作的方法论层面上的诸多建议指南。

2. [加]马克斯·范梅南、[荷]巴斯·莱维林著,陈慧黠、曹赛先译,李树英审校:《儿童的秘密:秘密、隐私和自我的重新认识(第2版)》,教育科学出版社2014年版。

该书是加拿大阿尔伯塔大学和荷兰育奇特大学之间的一项国际合作研究项目的成果,由马克思·范梅南和巴斯·莱维林共同完成。该书运用了现象学研究的实例。书中通过大量的儿童对秘密体验的描述,从不同维度探讨了诸如"秘密的体验""秘密的模式""小说中描写的秘密"以及"内心世界的形成和发展""秘密与谎言的关系"等内容。让我们意识到理解和尊重儿童的秘密关乎儿童的健康成长。因为秘密的存在,儿童可以去体验别的世界、寻找未知的意义、探索自我的形成,能够拥有和保守秘密是儿童走向成熟独立的标志。

第六章 用问卷调查法开展学校诊断

 本章导言

问卷调查法是依托于问卷工具来实施调查的研究方法,是教育研究的基本方法之一,也是目前教育研究中普遍使用的方法之一。开展学校诊断——了解学校发展现状,认识学校发展需求,以制定有针对性和有效性的措施;实施教学研究——把握学生心理和发展需求,改进教学思路与方法,促进学生健康成长;进行教师培训——了解教师的核心素养,助力教师专业发展;等等,都可以采用问卷调查法。

问卷调查法因易学、好操作被广泛接受,但在具体应用过程当中,由于使用的规范性和标准化不足常被诟病。例如,缺少对问卷测量依据的描述、问卷设计随意、将没有经过测试和修正的问卷直接用于正式调查、忽视抽样的过程与方法、使用的统计方法处于初级统计水平等。诸如此类的不足,造成了调研数据的失真,研究的不深入,直接影响研究质量的高低。那么,我们究竟该如何认识科学的问卷调查研究方法,并规范地使用它呢?

本章将主要以开展学校诊断为案例,尝试解答如何采用规范性的问卷调查法进行教育研究。

 学习目标

- 识记和理解问卷调查法的内涵,理解问卷调查法的方法基础以及优缺点。
- 结合学校诊断案例掌握问卷的构成,理解问卷调查法设计和实施的步骤,能够分析和评价具体教育研究中问卷调查法运用得当与否。
- 能够编制规范、合理、可行的调查问卷。
- 能够科学施测问卷,并分析数据,完成报告。

◆ 情境导入

某学校为一地产集团创办的民办学校,目前在宁波、固安、沈阳、大厂等地设有校址。该集团事业部欲对各地分校进行学校发展的诊断,了解学校教育教学,以及常规管理的成绩、问题和特色,评估各地分校对集团事业部关注的重点工作的落实,评估学校应对国家新形势及其要求的应变能力,以期为学校管理改进、提升提供专业的支持和指导。

在学校办学的过程中,我们不免需要对学校的教育质量和发展阶段进行科学、客观的判断,并提供新的改进方向。那么,诊断涉及学校发展的哪些方面?怎样收集数据?在学校诊断研究中,我们可以通过问卷调查法、参与式观察、访谈、考查学校相关文件和活动记录及总结等方法收集信息。在诸多方法中,问卷调查法的优势是什么?用问卷调查法收集数据后,怎么处理数据?也就是说问卷调查法如何展开?研究中问卷调查法与其他方法之间的关系又是什么?

第一节　什么是问卷调查法

问卷在我们的生活中随处可见,我们不仅能在科学研究中看见,在日常的工作和生活中也经常能看到。例如:我们给网店的好评,给新品使用体验的反馈,本质上都是一种"问卷"。同样是做问卷调查,实则有学术调查与普通调查的区分。那么在教育研究中,什么样的问卷调查才有研究价值,而不至于只是沦为一个调查报告?

一、问卷调查法的定义

问卷译自法文"Questionnaire"一词,本意为"一种为了统计或调查所使用的问题单"。问卷调查法是通过精心设计系列问题构成问卷,以自填问卷的形式从来自总体的样本中收集数据,并对数据进行统计分析,进而得出结论的一种研究方法。研究者通常以书面的形式给出与研究目的有关的问题,让被调查者做出回应。问卷调查法源于心理学的研究,19世纪末20世纪初,欧美心理学家就开始运用该方法进行心理、精神以及人格等方面的研究,后被逐步推广,在各专业领域都有着广泛的应用,其中就包括教育学研究领域。

通过问卷所获取的信息主要是关于研究参与者的想法、感受、态度、信仰、价值观、认知、人格和行为意向等方面的,收集的数据可以是定量的、质性的,还可以是混合型的数据。问卷的重要价值在于,它不仅可以为研制者自己所用,也能被其他的教育研究者所用或借鉴,大大降低了调查工具的研制成本,提高了学校,特别是一线教师进行教育研究的可行性,为改进学校发展和教育教学提供了可靠的证据。

如案例6-1中,刘电芝等人在《小学英语学习策略掌握现状与发展特点——以苏南地区为例》的研究中,采取整群随机抽样的方法,抽取苏南地区7所小学共701名学生进行调查。通过问卷调查小学英语学习策略掌握现状与发展特点,由于每个个体的英语学习策略不同,所以小学生是自变量,英语学习策略是因变量。通过根据问卷收集到的数据进行统计分析发现:策略掌握总体情况不够理想。策略从高到低的掌握次序是:学科认知策略—元认知策略—情感/社会策略。再通过方差分析和独立样本t检验,分析造成当前现状的影响因素,最后进行讨论和归纳总结。

案例6-1

《小学英语学习策略掌握现状与发展特点———以苏南地区为例》

了解学生学习策略运用的现状与发展特点,有利于针对性地对学生进行有效策略指导。本研究采用自编的有较高信度、效度的《小学生英语学习策略问卷》,对677名小学生英语学习策略进行了考察。结果发现:策略掌握总体情况不够理想。策略从高到低的掌握次序是:学科认知策略—元认知策略—情感/社会策略。学校、性别与年级交互作用显著,策略得分与学校教学水平密切相关。

……

二、问卷编制

(一)被试

本研究采取整群随机抽样的方法,抽取苏南地区7所小学学生,共施测701名小学生,回收有效问卷677份,有效率为96.6%。其中男生358人,女生319人;四年级182人,五年级275人,六年级220人。随机抽取其中的100名重测,发放问卷100份,有效问卷95份,其中男生46人,女生49人。

(二)研究工具

本研究自编《小学英语学习策略问卷》。该问卷的编制是基于威尔伯特·迈克卡(W. J. McKeachie)、奥马利(J. M. O'Malley)与查莫特(Chamot)提出的策略分类理论,借鉴奥克斯福(Oxford)、埃利斯(Ellis)、奥马利等人的相关问卷。该问卷共三个分问卷,测查三大类6种学习策略。其中:元认知策略14题;学科认知策略15题,包括学科操练策略、补偿策略与记忆策略;情感/社会策略13题,包括积极暗示策略、主动憧憬策略、社会支持策略。问卷采取克隆巴赫信度系数法和重测信度法进行信度检验,采取专家逻辑分析、效标效度分析法和验证性因素分析进行效度检验。问卷采用李克特式①的5点计分,即1为"我完全不这样",2为"我一般不这样",3为"我有时候是这样",4为"我一般是这样",5为"我完全是这样",得分越高表明策略发展越好。

三、调查结果

(一)小学生英语策略掌握状况

所调查小学生英语策略得分平均分为3.44,处于3分"我有时候是这样"与4分"我一般是这样"之间,情况尚不理想。其余各分问卷及其子维度平均分在2.63—3.66之间,具体得分见表1。

表1 小学英语策略各分问卷掌握状况(N=677)

	策略问卷总分	元认知策略	学科认知策略	情感/社会策略		
M	3.40	3.49	3.60	3.18		
SD	0.76	0.88	0.78	0.77		

	学科认知策略			情感/社会策略		
	学科操练	补偿	记忆	积极暗示	主动憧憬	社会支持
M	3.61	3.64	3.57	3.65	3.66	2.63
SD	0.86	0.94	0.86	0.96	0.95	0.89

表1中可见,三种策略中掌握情况由高至低依次为学科认知策略、元认知策略、情感/社会策略。经单因素方差分析,$F=49.34$,$p<0.001$,差异非常显著,事后检验显示学科认知策略显著高于元认知策略($p<0.05$),元认知策略显著高于情感/社会策略($p<0.001$)。从标准差上看,元认知策略高于学科认知策略与情感/社会策略,说明元认知策略掌握个体差异较大。

学科认知与情感/社会分量表各子维度策略,除社会支持策略外,均在3.5分—4分之间,社会支持策略为2.63分,属于偏下。这说明小学生在英语社会策略上尤其欠缺。在学科认知策略中,补偿策略掌握最好,其次依次

---

① 此处的李克特式指李克特量表,由李克特(Rensis Likert)所建立,是一种心理反应量表,常在问卷中使用,是目前调查研究中使用最广泛的量表。当受测者回答此类问卷的项目时,他们从"非常同意""同意""不一定""不同意""非常不同意"五种回答中选择一个代表自己对该问题的认同程度,分别记为5、4、3、2、1分,每个受测者对各道题的回答所得分数的加总构成了其总得分。

为学科操练策略、记忆策略。情感/社会策略中积极暗示与主动憧憬策略好于社会支持策略。

（二）影响小学生英语学习策略的变量分析

……

四、讨论

（一）小学英语策略现状尚不理想

……

（二）不同学校、性别与年级英语学习策略的差异

……

五、结论

1. 小学生英语策略掌握不理想，处于"我有时候是这样"与"我一般是这样"之间，甚至在"我一般不这样"与"我有时候是这样"之间。其中，学科认知策略掌握最好，元认知策略次之，情感/社会策略掌握最差，特别是社会支持策略亟待加强。

2. 性别、学校主效应显著。女生策略优于男生；策略得分与学校教学水平密切相关，但在情感/社会策略上均呈较低水平。

3. 性别、年级与学校三者交互作用显著。其中，好学校起点高但发展有波动，男生年级间无显著差异，女生在五年级出现策略低谷；中等学校策略发展较滞后，但发展潜力最大，男生五年级开始迅猛增长，女生年级间无显著差异；较差的学校策略掌握得相对较差，但起点并不低，有很大的发展空间，需要加强师生策略的意识与策略的教学。

（选自刘电芝、严慧一、樊枫、刘礼艳、牛智慧：《小学英语学习策略掌握现状与发展特点——以苏南地区为例》，《课程·教材·教法》2013 第 5 期，第 102—108 页。内容有少量改动。）

二、问卷调查何以成为学术研究

用问卷进行调查，不独科学研究者所为，普通工作者也可以为之。如某食品商家为了营销，以问卷形式调查客户喜欢什么口味，食品的生产、供应和销售应从什么方面改进。这就是普通的问卷调查。问卷调查要想成为学术的调查，有两点特别值得我们注意：一是应有研究假设；二是要基于问题调查。

首先，在问卷调查中应确定相关的研究假设，并对其进行检验，从而获得新的认识。如果问卷调查，如上所述的商家为营销所做的客户调查，仅仅进行绝对数调查或者百分比的调查，停留在事实层面的了解、意见与建议的征求上，没有去分析引起该现象的深层原因，就难以提出相关的假设，更谈不上验证假设，自然不属于研究调查。但如果在问卷设计中考虑时间、空间、层次以及范围等因素，将和这些因素相关的指标（也就是可以测量的关键构成要素）设置到问卷中，就意味着问卷调查在考察现象与该指标之间可能的相互关系。假定两者存在关系，并从指标的角度对现象进行分析，便是确定了研究假设，问卷调查因为遵循了"相关假设—检验"模式，而有别于普通的调查。

比如，在关于某学校诊断的问卷调查中，我们可以假设：学校在规范办学和科学管理上的举措整体对于学校在维护学生权益、促进学生和教师发展、提升教育教学质量、优化学校生态、健全学校制度、凸显办学特色等方面的影响是积极的。基于这一假设，我们编制问卷，通过问卷数据验证上面的假设是否正确。这就是"相关假设—检验"模式。基于这一假设，学校从学生权益、学生发展、教师发展、教育教学、学校生态、学校制度以及办学特色七个维度进行分析，分解出相应的指标（如表6-1所示，本书第145页），根据指标设置问卷题目。

其次，问卷调查基于问题展开。教育研究中的问题，是现有的"知识库存"不能解答，需要进一步探索的问题。案例6-2是针对高一学生化学学科焦虑问题的调查研究。研究者以化学学科为切入点，选取108名高一学生为研究对象，从化学学习焦虑、化学应用焦虑、化学教师焦虑和化学考试焦虑四个维度深入分析高一学生化学学科焦虑问题。

案例6-2

《高一学生化学学科焦虑调查研究》

一、问题提出

焦虑是指个人预料将会出现某种不良后果或模糊性威胁时产生的一种不愉快的情绪状态，往往会表现出紧张不安、忧虑、烦恼、害怕或恐惧，并可能伴随出汗、颤抖、心跳加快等生理症状。纳姆达尔（Namudar）认为焦虑会影响学习态度，进而影响学习行为。一个良好的学习情绪要能够极大地提升学生解决问题的动力，即使无法解决该问题，学生也能够拥有良好的忍耐度。学习焦虑是指学生在学习过程中，对自己自尊心和价值感可能构成威胁的特定学习结果担忧的情绪反应，属于状态焦虑的一种，一般比较短暂。但是，学生如果长期处于这种特定的学习焦虑之中,容易发展成为具有个体差异的相对稳定的特质焦虑,从而对今后的生活和学习造成更严重的影响。

化学学科焦虑又称为"化学恐惧症",是指学生对化学这个具体学科产生的一种焦虑情绪。在中国知网期刊网搜索文献后发现,数学学科焦虑是研究得最多的一个学科领域,文献非常丰富,有较多的研究成果。反观化学学科,研究化学学科焦虑的相关文献较少,较典型的是吴星课题组从焦虑对化学学习影响的视角出发,深入探讨了焦虑对化学学习记忆、化学信息理解、化学问题解决的影响。总体而言缺乏对化学学科焦虑现状调查的相关研究。

……

(选自曹彬彬、王祖浩、叶婉璐:《高一学生化学学科焦虑调查研究》,《化学教育(中英文)》2018年第3期,第38—42页。)

三、问卷调查法为何受青睐

问卷调查法之所以广受青睐,在于从方法本身而言它具有诸多优点。

首先,简单实用,有代表性。研究者可根据需要设计问题,通过含有多种量度指标的统一表格搜集、整理资料,并可对调查结果进行统计分析。由于问卷调查研究的被试是通过对研究总体进行概率抽样而获取的,调查结果经统计处理后,具有一定的代表性。

其次,多层普适。问卷调查法不仅可以开展宏观调研,描述一个现象总体的状况、性质和特征,也适合从微观视角切入,提升人们对于不同层次教育问题的理解。问卷调查法可以用于教育领域的各个方面,其中就包括学校诊断的研究。该方法普适性比较强。此外,还可以对调查问卷收集的数据进行二次开发,与其他的相关数据比对,从而深化研究。

再者,快捷高效。问卷调查法可以用较少的人力、较低的费用,在较短的时间内,以多数人为研究对象开展较大规模的调查,得益于邮政系统网络的邮寄问卷和基于互联网络平台的网络问卷,可以使得调查在很大的地域范围内实施。此外,问卷调查法可以同时测量多个变量,能比较广泛地了解研究对象而不用追加成本投入。

最后,能避免一定的偏见与误差。问卷调查法采用匿名的形式能保证研究对象少受他人干扰,自由地表达对问题的看法,从这一点上说,其结果较为可靠。研究对象在统一的指导语下填写相同的问卷,也可减少人为操作过程产生的偏差。对于敏感性问题的调查,问卷会因匿名形式而提升所得信息的可信程度。

当然，每一种研究方法都有其局限性，问卷调查法也不例外。

其一，问卷的回收率通常比较低。问卷过长、问题偏难、涉及隐私，都可能导致研究对象不愿完成问卷。

其二，虽然问卷调查法可以较为广泛地了解研究对象，但难以深入调查研究对象的观点和情感。研究者不能回应与调研目的有关的问题，也无法回应和修正研究对象所发生的任何误解。

其三，对于涉及个人隐私的问题，研究对象还是可能会做出虚假的回答。

其四，问卷调查法要求研究对象具有一定的文字阅读能力和理解能力。因此，面对年龄偏小，受教育程度不高的群体，如小学低段学生识字量有限，认读速度不快，对于某些词语和内容的理解都存在一定的困难，就不宜采用这种方法进行调研。

对于这些局限性，研究者在设计和具体实施问卷调查时都应该考虑到，并进一步思考采取相应的措施加以弥补。

在问卷调查中，为保证研究结论的准确性，研究者必须认真对待前期资料的收集、问卷的设计、预测试①、信效度检验②以及后期的发放、回收和分析等每一个环节，从而为结论提供科学的数据支撑。下面就一一介绍这些环节。

第二节 调查问卷的编制

调查问卷的设计是决定问卷调查成功与否的核心环节。编制一份优质的调查问卷，看似简单实则不易。问卷设计关涉的内容非常丰富，这一节将主要结合学校诊断问卷的编制简明扼要地介绍问卷设计的基本流程和原则。

一、调查问卷的基本结构

一份内容完备的调查问卷通常由标题、卷首语、指导语、问题与回答、编码、结束语等部分组成。

（一）标题

问卷的标题是对调查内容的高度概括，可以帮助被调查者（即研究对象）对所要参与的调查有一个快速和大致的了解。研究者可以根据调查的内容、目的、对象等明确而简洁地为问卷拟定一个题目。

---

① 预测试指问卷在正式定稿之前，先进行小范围的使用，获得的资料用以检测问卷的信效度是否符合要求。只有通过了预测试，才能正式发布问卷。

② 信效度检验包括信度检验和效度检验。信度检验指相同条件下问卷调查结果的一致性，效度检验指问卷调查的结果是否能达到研究目的。

标题可以只包含调查内容,也可以在调查内容的基础上加上对象,如学校满意度调查,以"中小学生家长学校满意度调查问卷"为标题,标题不仅概括调查的内容,还包含调查的对象——中小学学生家长。同理,对某教育集团学校诊断的调查问卷,其标题的确定也可以采取类似的方式。而且,研究者应针对学校内部的不同群体研制相应的问卷:"某教育集团现状调查——小学教师问卷""某教育集团现状调查——中学教师问卷""某教育集团现状调查——小学生问卷""某教育集团现状调查——中学生问卷"。在这种情况下,如何让被调查者迅速地判断自己是否为目标调查对象,标题中包含调查对象就显得非常必要。

(二) 卷首语

卷首语也称封面信,是致被调查者的短信。卷首语的目的是让被调查者清晰调查的来意,明确研究者身份的合法性和规范性,强调研究的重要性,以引起被调查者的重视和兴趣,并尽力消除其疑虑和压力,同时也保证研究的科学性和严谨性。

卷首语应准确达意,语气诚恳,避免冗长。具体而言,卷首语基本上包括以下几个方面的内容:第一,详细说明研究者的单位、身份与联系方式;第二,明确说明调查的内容、范围和时间;第三,恰当、合理地说明调查目的;第四,说明调查对象的选取方法以及对调查结果的保密措施;最后,真诚地感谢被调查者的合作与帮助。

以下是为中小学教师提供的撰写卷首语的模板。

工具包 6-1

问卷编码□□□□□□□□□

"_____研究"调查

尊敬的_____(老师/同学/家长):

您好!本问卷调查的目的是了解_____现状。调查以匿名方式进行,回答不涉及是非对错。请根据您所了解的情况,完成相应的回答。您的真实回答将有利于相关教育改革与政策的制定和完善。

特别声明:本调查问卷和学校考评无任何关联,仅限于学术研究范围内。对您所提供的信息,我们将严格遵守《中华人民共和国统计法》并予以保密。

衷心感谢您的支持与配合!如有任何疑问,请与我们联系。

联系方式:_____

"_____研究"课题组

××年××月××日

(三) 指导语

指导语是用来指导被调查者正确填写问卷的一组陈述,包括填写方式、注意事项、专业术语的解释限定等。在案例6-3"某教育集团现状调查——小学教师问卷(部分)"中,"请根据你的了解,选择最符合实际情况的选项,在相应栏内打'√'"即为指导语。

指导语可以在卷首,也可以居于卷中。在卷首的指导语,有两种处理方式:其一,因为填答方法简单,指导语不多,所以只在封面信中用一两句话加以说明,如工具包6-1的封面信中,"请根据您所了解的情况,完成相应的回答"就是在封面信中的指导语;其二,指导语集中在封面信之后,并标有"填表说明"的标题,对填表的方法、要求、注意事项等有一个总的说明。除此之外,还有卷中指导语,这是针对问卷中每一个有可能使被调查者不清楚或者难以理解的问题所给予的某种特殊指导性的说明或提示,如常见的"多选题"的提示。

案例6-3

某教育集团现状调查——小学教师问卷(部分)

(二)学校现状(请根据您的了解,选择最符合实际情况的选项,在相应栏内打"√")

题号	题目	选项			
		符合	比较符合	不太符合	不符合
101	我认为学校的编班状况非常合理				
102	我参与了编班的制度设计与具体实施				
103	学困生或特殊需要学生在我班受到特殊的关照				

408. 学校每周开展课外活动的次数为(　　)。
　　A. 1次　　B. 2次　　C. 3次　　D. 4次　　E. 5次
409. 学校每周开展课外活动的时长为(　　)。
　　A. 1小时　　B. 2小时　　C. 3小时　　D. 4小时　　E. 5小时

410. 在课堂教学中,您会放慢步伐,让学生进行充分的探索与交流。
( )
A. 从不这样　　　　B. 很少这样　　　　C. 有时这样
D. 经常这样　　　　E. 几乎每节新授课都这样

指导语不仅在一定程度上保证了调查的严谨性和规范性,而且还关系到后期问卷的数据处理与分析,不可小觑其作用。

(四) 问题和回答

问题和回答是问卷的主干,问卷编制主要是编制问题和回答。其中通常包括两部分,第一部分是被调查者的基本信息情况调查,主要针对被调查者的个人资料,包括性别、年龄/年级、学历、职业/专业等,其他则根据研究目的而定。这些可能是分析时影响研究问题的各项因素。第二部分是研究问题的调查。为了收集有关调查对象的行为、态度等方面数据所设计的问题及备选答案,这是问卷最重要的内容,也是问卷设计的重点所在。

根据问卷中问题与回答之间的关系,问题可以分为开放式问题和封闭式问题两大基本类型。研究者提出开放式问题时,不为被调查者提供具体答案,由被调查者根据自己的情况自由填答,如案例6-4"某教育集团现状调查——中学教师问卷(部分)"中编号为708至编号为713的问题。由于开放式问题允许被调查者畅所欲言,因此获得的信息更多;同时,这类问题需要被调查者具有较高的知识水平和文字表达能力,才能真正地充分发表意见,问题的回答也需要花费较多的时间和精力,大量使用会造成数据处理和分析的困难。

研究者提出封闭式问题时,需精心设计问题内容和备选答案,被调查者根据实际情况按规定在若干个答案选项中进行选择,如案例6-3"某教育集团现状调查——小学教师问卷(部分)"中编号为101至编号为103的问题,以及编号为408至编号为410的问题。封闭问题因为答案方式统一,信息收集省时省力,方便应用相关软件进行数据分析,在应用上更为普遍。但答案是研究者自己总结的,容易忽略被调查者认为重要的方面,因此收集到的信息受限,偏误也难以发现。

案例6-4

某教育集团现状调查——中学教师问卷(部分)

708. 我知道我校的办学理念是＿＿＿＿＿＿＿＿＿＿

709. 我知道我校的发展规划是＿＿＿＿＿＿＿＿＿＿＿＿＿＿＿＿＿＿＿＿

710. 我知道学校有自己的特色课程,例如＿＿＿＿＿＿＿＿＿＿＿＿＿＿＿

711. 我知道学校有一些特色活动,例如＿＿＿＿＿＿＿＿＿＿＿＿＿＿＿

712. 我知道学校的智慧校园,例如＿＿＿＿＿＿＿＿＿＿＿＿＿＿＿＿＿

713. 学校能够较好地利用校外资源,例如＿＿＿＿＿＿＿＿＿＿＿＿＿＿

(五) 编码

编码为调查问卷的附属内容之一。所谓编码,就是给每一份问卷、问卷中的每一个问题及其答案以数字或字母作为其唯一的代码,以便将通过问卷收集到的数据输入计算机,并用相关软件,如 EXCEL、SPSS、STATA 等进行数据处理和统计分析。案例 6-3"某教育集团现状调查——小学教师问卷(部分)"中,"408""409""410"等数字编号即为问卷中不同问题的代码;回答中的"A""B""C""D""E"等字母编号是答案的代码。

在问卷设计的同时就编制的代码为"预编码",完成调查资料的收集后再行编码的为"后编码"。

(六) 结束语

通常问卷的最后一部分是结束语。一般来说,在结束语中研究者可以表达下面两方面的内容。其一,对被调查者的合作再次表示感谢,也请求被调查者对完成的问卷进行复核,不要漏填。其二,就本次调查形式与内容感受等提出相关问题,征询被调查者的意见。下面是一个问卷结束语的示例,可供大家在问卷编制中使用。

工具包 6-2

为了保证资料的完整与详实,请您再花一分钟时间,翻看一下自己填过的问卷,检查是否有填错、填漏的地方。

衷心感谢您的配合!如您需要知悉本次调查的结果,我们乐意与您分享,请留下您的联系方式:＿＿＿＿＿＿＿＿＿＿

二、问卷设计的程序

遵循一定的程序设计问卷,才能最大限度地保证问卷的科学性。忽视问卷设计的基本程序,往往会导致问卷设置不合理,信度和效度不高,收集到的资料凌乱,研究结论缺乏说服力。下面将结合学校诊断的案例,简要介绍调查问卷设计的程序。

(一) 确定研究目标或者问卷调查的目标

编制问卷前,研究者必须明确为什么要开展研究。只有确定调查问卷要达到的目的,才能有效判断问卷应该询问哪些问题。目的不明确导致的不良后果是,"当数据收集已经完成的时候,你才意识到问卷中还应该追加一个问题或者添加一个变量"①;或者设计了与研究目标无关的问题,用处不大,造成施测中人力、物力和时间的浪费。

以某教育集团事业部对集团学校进行学校诊断为例,诊断是要了解学校教育教学,以及常规管理的成绩、问题和特色,评估各地分校对集团事业部关注的重点工作的落实,评估学校应对国家新形势及其要求的应变能力。在对学校进行诊断评价中,信息收集的方式是多样的。问卷调查法、参与式观察、课堂观察、访谈、查阅学校相关文件及活动记录与总结、查阅学生作业等都是可用的方法,所有的方法都应以研究目标为中心,问卷调查法也不例外。问卷调查目的是要了解集团学校教育教学,以及常规管理的成绩、问题和特色。

再如,刘电芝等人考查苏南地区小学英语学习策略掌握现状与发展特点的研究,确定问卷调查的目的就是"了解学生学习策略运用的现状与发展特点",即小学生在英语元认知策略、学科认知策略以及情感/社会策略上的掌握状况,以及性别、学校、年级等对策略掌握的影响。

(二) 根据研究目标形成问卷主题,确定重要概念,确定信息收集维度

研究者可以根据研究目标,在专家论证或某一理论基础上提出理论假设,或者根据文献综述分析理论框架与维度,进而形成问卷的主题,确定重要概念,确定信息收集的重要维度;也可以通过访谈调研确定主题、概念和信息维度,甚至可以将几个方面结合起来进行操作。

在学校诊断项目中,通过文献梳理,研究者发现学校诊断是学校的重要管理活动。那么,该从哪些维度收集数据呢?根据教育部关于印发《义务教育学校管理标准》的通知(教基〔2017〕9号)中对义务教育学校管理的基本要求,确定从保障学生平等权益、促进学生全面发展、引领教师专业进步、提升教育教学水平、营造和谐美

---

① [美]伯克·约翰逊,拉里·克里斯滕森.教育研究:定量、定性和混合方法(第4版)[M].马健生,等,译.重庆:重庆大学出版社,2015:152.

丽环境、建设现代学校制度六大管理职责对义务教育学校办学和管理对标研判。除了上述方面,学校在办学过程中逐渐形成的特色体现了学校工作在达到规范性标准基础上的独创性,对于学校的可持续发展具有重要的意义。基于此,对义务教育学校的诊断,可以从学生权益、学生发展、教师发展、教育教学、学校生态、学校制度以及办学特色七个维度收集信息。对学校诊断项目问卷调查的信息收集即是如此考虑的。

(三)确定问卷的样本和调查对象

研究的目标一旦确定,研究者就得确定目标人群,从中抽取调查样本。问卷的内容对调查对象而言是否重要,既影响反馈信息的准确性,又影响问卷的回收率。

(四)确定研究需要收集的信息,分析能够反映信息的指标

所谓指标是指可以测量的因素,也就是变量。怎样确定学校诊断项目问卷调查的指标体系呢?根据《义务教育学校管理标准》的基本内容以及研究组的讨论,问卷设计组完成了测量学生权益、学生发展、教师发展、教育教学、学校生态、学校制度以及办学特色的三级指标体系(如表 6-1 所示)。确定指标体系后,通常根据最后一级指标来编制问卷。只有确定指标体系,才能保证编制出来的问卷中每一个问题都有明确目的,且问题之间存在一定的逻辑连贯性。

学校现状下,"学生权益""学生发展""教师发展""教育教学""学校生态""学校制度"以及"办学特色"既是七个不同维度,同时也是七个一级指标。在每个一级指标下又有不同维度的二级指标和三级指标。以"学生权益"为例,"学生权益"一级指标被划分为三个维度的二级指标,问卷中关于学生权益方面就要从三个维度设计测量"学生权益"指标。"学生权益"指标中的第一个二级指标是"入学权利",这个指标又分为三个维度的三级指标:"入学方案""入学方式"和"编班方式"。那么"入学权利"这个指标就可以从"入学方案""入学方式"和"编班方式"三个维度来设计问题。至此,问卷设计就具体到问题的设定。事实上,可以发现有时候三级指标仍需要进一步细化,才能明确要调查什么,以及要通过哪些问题的设定才能测量要调查的内容。如关于编班方式,《义务教育学校管理标准》规定管理的内容为"实行均衡编班,不分重点班与非重点班。编班过程邀请相关人员参加,接受各方监督"。其中,要调查的内容有两点,一是是否实行均衡编班,编班合理;二是编班过程邀请相关人员参加。在教师问卷中,关于编班方式相应地设计了两个具体问题,如案例 6-3 中的问题 101 和问题 102。

表6-1　某学校诊断指标体系

一级指标	二级指标	三级指标
A1.学生权益	B1.入学权利	C1.入学方案
		C2.入学方式
		C3.编班方式
	B2.保学机制	C4.学困生情况
		C5.帮扶机制
	B3.学生需求	C6.被歧视状况
		C7.被欺凌状况
		C8.随班就读情况
		C9.特殊需要支持
		C10.情感关怀
		C11.为寄宿生服务情况
A2.学生发展	B4.道德品质	C12.课程育人
		C13.文化育人
		C14.活动育人
		C15.实践育人
		C16.管理育人
		C17.协同育人
	B5.学会学习	C18.兴趣信心
		C19.方法习惯
		C20.经历能力
	B6.身心健康	C21.心理健康教育
		C22.体育课程
		C23.体育师资
		C24.体育活动
		C25.体育评价
		C26.时间管理
	B7.艺术素养	C27.艺术课程
		C28.条件保障
		C29.艺术活动

一级指标	二级指标	三级指标
A2.学生发展	B8.生活能力	C30.劳动教育
		C31.综合实践活动课程
A3.教师发展	B9.教师管理	C32.岗位设置
		C33.职称评聘
		C34.考核评价
		C35.待遇保障
	B10.职业道德	C36.师德规范
		C37.教育情怀
	B11.教育教学	C38.知识整合
		C39.教学能力
		C40.技术融合
	B12.专业发展	C41.自主学习
		C42.反思研究
		C43.交流合作
		C44.国际视野
A4.教育教学	B13.课程体系	C45.课程管理与设置
		C46.课程实施
	B14.教学实施	C47.教学理念
		C48.教学方法
		C49.作业形式
		C50.保障机制
	B15.学生获得	C51.教学质量监测
		C52.综合素质评价
		C53.评价方式和依据
	B16.教学资源	C54.资源设施设备
		C55.图书馆
		C56.实验室

续表

一级指标	二级指标	三级指标
A5.学校生态	B17.安全与健康管理制度	C57.安全保障体系
		C58.安全预警机制
		C59.校园周边安全整治
		C60.安全教育宣传
	B18.安全卫生的学校基础设施建设	C61.专业人员配备
		C62.常规安全设施
		C63.消防设施和器材
		C64.警示标志或防护设施
	B19.生活技能为基础的安全健康教育	C65.社会安全
		C66.公共卫生
		C67.意外伤害
		C68.自然灾害
		C69.其他事件或事故
	B20.学校文化	C70.校园文化
		C71.校园环境
		C72.班级文化
A6.学校制度	B21.科学管理	C73.法规学习
		C74.管理制度
		C75.学校章程
	B22.民主管理	C76.教职工(代表)大会制度
		C77.问题协商机制
		C78.学生自我管理
	B23.家庭、学校、社会合作关系	C79.家校沟通
		C80.家庭教育指导
		C81.社会共育
A7.办学特色	B24.办学理念	C82.提出依据
		C83.提出方式
		C84.体现状况

续表

一级指标	二级指标	三级指标
A7.办学特色	B25.发展规划	C85.制定依据
		C86.制定方式
		C87.执行情况
	B26.特色建设	C88.特色课程
		C89.特色活动
		C90.智慧校园
		C91.校外资源

（五）明确可以通过问卷获取的信息

在这一环节，要注意的是并非所有数据都可以通过调查问卷获得，例如，"入学权利"指标下的"入学方案""入学方式"的信息获取是通过查阅学校所提供的相关资料和档案，从而确定学校有序依规制定学生的入学方案，对每年的招生计划及录取学生名单都会进行归档存储，学生的入学方式也是依照报名、录取等标准流程进行的。关于"编班方式"信息的收集，同时运用了对学生随机访问、发放教师调查问卷和进班在场观察三种方式。在具体调查中，研究者以随机询问在校生的方式了解学校是否有快慢班之分、分班的标准是否是按照成绩高低等情况，通过进班在场观察了解班级学生人数规模。

因此，根据指标设计问卷的具体问题，首先应罗列出需要收集的信息，区分可以通过问卷收集和不能通过问卷收集的信息，明确不能通过问卷收集的信息需要以什么方式获取（如表6-2所示）。提前的规划安排有助于提升调查的效率。通常来说，事实性的信息多能直接通过问卷获取，如"C5.帮扶机制""C6.被歧视状况""C7.被欺凌状况"。可以通过相关文件查阅就能获知的信息，就不必以问卷的形式进行调查，除非有特别的需要，如"C1.入学方案""C2.入学方式"。反映被调查者心理的信息较难以问卷的形式准确获取，建议配合访谈等方法，如"C9.特殊需要支持""C10.情感关怀"。关于研究对象在具体情境中真实行为信息，观察法更有效易行，如"C11.为寄宿生服务情况"。

表6-2 某学校诊断指标体系及信息收集方式(学生权益方面)

一级指标	二级指标	三级指标	信息搜集方式
A1.学生权益	B1.入学权利	C1.入学方案	1. 查阅文件资料 2. 实地考察(包括宿舍等) 3. 学校管理层访谈 4. 师生座谈 5. 随即访问 6. 课堂观察 7. 师生问卷调查
		C2.入学方式	
		C3.编班方式	
	B2.保学机制	C4.学困生情况	
		C5.帮扶机制	
	B3.学生需求	C6.被歧视状况	
		C7.被欺凌状况	
		C8.随班就读情况	
		C9.特殊需要支持	
		C10.情感关怀	
		C11.为寄宿生服务情况	

(六) 编写与编排问卷问题

问卷问题的编写与编排的任务就是确定好问卷中问题的内容、形式、表述以及相互间的顺序。

1. 问题的内容

围绕测量指标,即变量,对适合用问卷形式获取的信息确定问题内容,编写问卷项目。如,在为某教育集团学校诊断项目编写调查问卷时,针对"编班方式",被确定的问题内容是"学校的编班状况是否合理"以及"是否参与了编班的制度设计与具体实施"。

2. 问题的形式

问题的形式可采用开放式、封闭式,或者二者的结合(如案例6-5中的问题),具体需要根据问题的内容、被调查者的特点(即样本群体特征)以及不同形式的优缺点来确定问题的形式。开放式问题的回答在形式处理上是通过直接在问题后面留白的方式(如案例6-4中的710—713)。封闭式问题的回答形式多样,有填空式(如案例6-6中的1、3、4a、4b)、两项式(如案例6-6中的2)、多项选择式(如案例6-6中的4、5、7)、等级量表式(如案例6-6中的415)、矩阵式(如案例6-6中的101、102、103)、排序式(如案例6-7)等,相倚问题(如案例6-6中的6)也是封闭式问题。对于封闭式问题,以及两项式、多项选择式等题型,设计出的答案必须具有相同层次关系(如案例6-6中的4号题给出的"语文""数学""英语""道德与法治""音乐"等学科类别是相同层次关系,假设给出"健康""语言"等类似幼儿园教育的五大领域的答案,就违背了设计答案的相同层次关系的要求)。设计出的答案应满足穷尽性的要求,或者说给出的选项能覆盖所有的情况。为了避免出现问题答案不完整的情况,可多加一个选项"其他"(如案例6-6中的4、5)。问题所给答案相互排斥也很重要(如案例6-6中的419),一旦出现问题答案重叠的现象,被调查者在无所适从的情况下,往往会随便选择,或者不选。

案例6-5

从您的执教经历来看,课堂美术教学中师生更为看重的是(可多选):
□1 美术作品的最后展示效果
□2 美术作品的获奖情况
□3 学习过程中的愉悦性和体验性
□4 通过美术课缓解压力、释放情绪
□5 其他(请注明)_____

案例6-6

某教育集团现状调查——中学教师问卷(部分)

(一)基本资料(请在符合您情况的选项前面的"□"内打"√")

1. 您的学校_____
2. 您的性别:□(1) 男　□(2) 女
3. 您的年龄是:_____岁
4. 您所教的主要学科:
   □(1) 语文　　　□(4) 道德与法治　　□(7) 物理
   □(2) 数学　　　□(5) 音乐　　　　　□(8) 化学
   □(3) 英语　　　□(6) 美术　　　　　□(9) 体育
   □(10) 其他

4a. 您所教主要学科的年限是:_____年
4b. 您的教龄是:_____年

5. 您的专业技术职称:
   □(1) 三级   □(2) 二级   □(3) 一级
   □(4) 高级   □(5) 正高级   □(6) 其他

6. 您是否承担其他行政职务? □(1) 是 □(2) 否(跳答6a、6b)

6a. 您所承担的行政职务是:_____

6b. 您所承担的行政职务的年限是:_____年

7. 您现在的学历:
   □(1) 中师或高中毕业   □(3) 大学本科毕业
   □(2) 大学专科毕业   □(4) 硕士毕业及以上

(二)学校现状(请根据您的了解,选择最符合实际情况的选项,在相应栏内打"√")

题号	题　目	选项			
		符合	比较符合	不太符合	不符合
101	我认为学校的编班状况非常合理				
102	我参与了编班的制度设计与具体实施				
103	学困生或特殊需要学生在我班受到特殊的关照				

415. 有同事说:"学校对学生的考试管理规范、阅卷规范,试卷分析准确,对于教学很有帮助。"对此说法,您是否同意(　　)

　　A. 坚决反对   B. 不同意,有点反对

　　C. 不同意,也不反对   D. 比较同意

　　E. 非常赞同

419. 您估计您班学生每天大约需要多长时间完成老师布置的家庭作业(　　)。

　　A. 没有书面作业   B. 30分钟及以内

　　C. 31—60分钟   D. 61—90分钟

　　E. 超过90分钟

> **案例 6-7**
>
> 您认为(　　　　　　)是制约您未来进行小学跨学科教学顺利进行的主要因素(多选,并排序):
>
> A. 课程研发难度大
>
> B. 缺乏足够的教学硬件支持
>
> C. 不了解小学其他学科的基本知识、基本原理和技能,不具有良好的跨学科知识结构
>
> D. 良好的团队合作难以保证
>
> E. 自身的课程整合与综合性学习设计与实施能力不强
>
> F. 教学评价困难

3. 问题的表述

问题表述要考虑被调查者的年龄、文化水平、职业等特征,以下几个方面的要求关涉到问卷的质量。

(1) 问题表述应当表意清晰、易懂,少用或者不用调查对象有可能不理解的专业词汇,避免有双重含义、歧义。例如,"对于学校的图书馆、阅览室、实验室等,您认为能否满足教学需要?"这一问题中所问的事情不止一件,实际情况可能是学校的图书馆与阅览室不能满足教学需要,而实验室的设置与配备刚好能满足需要。如果这样,被调查者就难以从下列五个备选答案中做出选择:

A. 完全不能满足,离实际需要差距巨大

B. 不能满足,离实际需要有些差距

C. 基本能满足,但还要增加一些

D. 刚好合适,不用增加

E. 有多余,有浪费,可以少一些

事实上,对上述信息的收集,问卷采用两个问题"对于学校的图书馆、阅览室,您认为能否满足教学需要?""对于学校的实验室,您认为能否满足教学需要?"来编写,就能满足问卷设计每个问题只问一件事情的原则,表述上也更加清楚明了。

(2) 问题表述要避免倾向性和诱导性。如要了解学生作业量的信息,"你们的班主任说:'我们班的作业不多,同学们作业完成得又快又好。'对此说法,你是否同意?"的问题表述,将对学生具有特殊影响力的个人(即:班主任)对问题已表明的态

度隐含其中,对作为被调查者的学生造成一种诱导或暗示,收集到的信息无法体现学生客观、真实的态度。除去对班主任的涉及,或者换成一般性的成员的态度,即"你们班的同学说:'我们班的作业多,我们写作业很累。'对此说法,你是否同意?"则会避免诱导性引发的误差。另外,能引起强烈情绪的措辞也会影响被调查者对问题的回答。"难道你不觉得在学校很有安全感吗?"的反问的语气,与"我在学校觉得很有安全感。"的中立表述相比,后者更能让被调查者提供自然而真实的答案。

(3) 问题表述避免使用假设。比如,关于教师是否为家长提供家庭教育指导的信息收集,题目用"假如家长来找我寻求家庭教育的帮助,我会为家长提供相应的指导"的表述不如"我会为家长提供家庭教育的指导"(如案例6-8所示)可行。因为让被调查者以假想的方式回答问题,收集的数据往往不具备真实意义。

案例6-8

题 目	选 项			
	符合	比较符合	不太符合	不符合
我会为家长提供家庭教育的指导				

(4) 表述尽可能避免双重否定形式。例如,案例6-9中要求被调查者对学校美育的一项陈述进行赞同与否的表态。

案例6-9

下列陈述的观点,您是否认同?(请在每行相应选项处打"√")

	很赞同	赞同	一般	不赞同	很不赞同
学校普遍不太重视美育环境的建设和布置					

如果被调查者不赞同这一观点,那么就一定会用到双重否定。被调查者会说他不认为学校普遍不太重视美育环境的建设和布置。换句话说,被调查者认为学校普遍重视美育环境的建设和布置。类似的情况下,两次使用否定手段,加大了被调查者将对问题的应答与自身所持观点对应起来的难度,往往会造成被调查者在

选择决定上的犹豫和理解上的混乱。对于该案例,问题表述调整为"学校普遍太重视美育环境的建设和布置",则完全可以避免被调查者在理解上的困惑。

4. 问题的顺序

所有的问题设计好之后,遵循一定的逻辑顺序把问题整合成一份调查问卷。问卷问题常见的编排顺序如下。

(1) 被调查者熟悉的、简单易懂的问题放在前面,难回答的放在问卷末尾。

(2) 重要的问题放在前面,次要的问题放在后面。

(3) 开放式问题放在结尾处。

(4) 能引发被调查者兴趣的问题放在前面,更为敏感的问题放在后面。

(5) 内容相近的问题相对集中。在问卷不同部分使用标题或副标题(如案例6-10所示),或者不同部分的问题采用有区分性的编码方式(如案例6-6所示),当问卷较长或需要填较多信息时,不利于被调查者抓住问题的核心。

另外,问卷太长、题目过多,都容易导致被调查者放弃或者敷衍回答问卷。问卷的作答时间一般控制在20分钟以内为宜,最多不要超过30分钟。

总之,问卷的专业化、美观化程度高,有助于提升问卷对被调查者的吸引力。

案例 6-10

教师与教育管理者卷　　　　　问卷编码□□□□□□□□

"美育课程标准与学业质量标准研究"调查问卷

(略)

_____省(区、市)_____地(市、州)_____县(市、区)_____乡(镇)_____村

A 部分:基本信息

A1. 您所执教的年级是:
□1. 小学1—2年级　□2. 小学3—4年级　□3. 小学5—6年级
□4. 初中1—3年级　□5. 教研员　□6. 校长或教育管理者
□7. 其他_____

A2. 您的学历是:
□1. 初中及以下　□2. 高中　□3. 技校/职高/中专　□4. 大专　□5. 本科
□6. 硕士　　　　□7. 博士　□8. 其他(请注明)_____

A3. 您的教龄为:_____年

A4. 您的职称是:
☐1. 见习期　　☐2. 小教一级　☐3. 小教二级　☐4. 小教高级
☐5. 中教一级　☐6. 中教二级　☐7. 中教高级　☐8. 特级　☐5. 其他

B部分：关于中小学美育教学

B1. 以下关于中小学艺术素质评价的表述,您是否同意?

　　　　　　　　　　　　非常同意　同意　中立　不同意　非常不同意

B101. 学生的美育素质需要全面提升:
　　　　　　　　　　　☐1　　☐2　　☐3　　☐4　　☐5

B102. 按照课程标准能够很好地培养学生的综合性艺术素养:
　　　　　　　　　　　☐1　　☐2　　☐3　　☐4　　☐5

B103. 注重素养测评可能导致学生负担过重:
　　　　　　　　　　　☐1　　☐2　　☐3　　☐4　　☐5

B2. 您认为,学校美术教学的重点是(可多选):
☐1. 讲授美术知识和技能　　　☐2. 培养学生成为专业的艺术家
☐3. 为升学和就业服务　　　　☐4. 培养学生的创造力和想象力
☐5. 培养学生的艺术实践能力　☐6. 提升学生的综合审美修养
☐7. 培育学生丰厚的人文精神

B3. 从您的执教经历来看,课堂美术教学中师生更为看重的是(可多选):
☐1. 美术作品的最后展示效果　　☐2. 美术作品的获奖情况
☐3. 学习过程中的愉悦性和体验性　☐4. 通过美术课缓解压力、释放情绪
☐5. 其他(请注明)_____

(略)

C部分：关于学校美育建设

C1. 本校有几个美术兴趣小组(或美术相关的社团组织)?
☐1. 最少1个　　☐2. 2—3个　　☐3. 4—5个　　☐4. 5个以上

C2. 学校课外美术(限校内)活动整体程度如何?
☐1. 丰富　　☐2. 刚刚好　　☐3. 比较少　　☐4. 非常少

C3. 学校提供的艺术类课后活动有哪些亮点? (可多选)
☐1. 种类多,活动内容丰富　　　☐2. 有稳定的师资或指导队伍

☐3. 学生自发组织 ☐4. 管理的规范化
☐5. 在社会中有一定的社会影响力 ☐6. 其他(请注明)_____
(略)

(七) 试测、修正和定稿

正式发放问卷进行研究之前,要预先试测、修正问卷,对问卷做信度和效度检验。试测对问卷的成功实施有重要作用,具体操作步骤如下。

(1) 问卷设计好后,从问卷的结构,以及问题表述、问题形式、选项的穷尽性和互斥性、问题排序等方面进行检查。初步检查合格后,可以进行试测。

(2) 试测中,可以选择有编制问卷经验的相关专家或同行,请他们给出问卷设计的建议,作为修改问卷的参考;也可以从计划抽取调查对象的群体中选出一个样本进行试测,或者选择与样本特征相近的被调查者进行调查。问卷填完后,就以个体或者小组的方式与参与试测的被调查者进行关于问卷内容和形式的讨论,获取如下几个方面的反馈。

① 是否存在参与试测者认为重要但被遗漏的内容,具体内容是什么?为什么它们是重要的?

② 是否存在累赘无关的问题?是否存在多余而没有区分力的问题?

③ 语言表述是否清晰、易懂并且无歧义?筛选出容易被误解的问题。

④ 封闭式问题的选项是否合适?筛选出回答选项不完整、重叠的问题。

⑤ 是否存在诱导性问题?有的话,筛选出来。

⑥ 是否存在敏感性问题?敏感性问题是否过多?对敏感性问题的处理是否合适?

⑦ 问卷难易程度是否恰当?哪些问题过于简单?哪些问题难度太大或者太复杂?

⑧ 是否存在未回答的问题和填答错误的问题,筛选出来并了解原因。

⑨ 问卷排版是否清晰?是否存在一个页面上的问题太多的情况,有足够的空白写答案吗?

⑩ 完成问卷需要多长时间?问卷长短是否适宜?

(3) 完成测试后,对问卷中存在的问题进行修改,即修正问卷。修正后再次进行试测,确保上述所有问题的解决。

(4) 试测后,最好对问卷的信度和效度进行检验。信度和效度是评价问卷质量的指标。

信度是指问卷的可靠性、稳定性的程度,有信度的量表通常具有一致性、稳定性、可靠性及可预测性等。问卷的信度分析可以从内在信度和外在信度两方面分析。内在信度是指问卷中的一组题项是否测量同一个概念,这些题项之间是否具有较高的内在一致性。一致性程度越高,调查问题就越有意义,其测量结果的可信度就越强。常用的内在信度检视法有克隆巴赫信度系数法(Cronbach's alpha,即Cronbach's α)。

克隆巴赫系数公式为:

$$\alpha = (K/K-1)(1-\sum S_i^2/S_t^2)$$

其中,α 为信度系数,K 为量表中题项的总数,S_i^2 为第 i 题得分的题内方差,S_t^2 为全部题项总得分的方差。克隆巴赫系数低于 0.6 时就要考虑重新编制问卷。

在案例 6-11 的研究中,研究者设计了测量小学英语学习元认知策略的 14 个题目、测量小学英语学科认知策略的 15 个题目,以及测量小学英语学习情感/社会策略的 13 个题目,以期通过这些题目间接反映小学生英语学习策略掌握的真实情况。为了判断三组题目各组内部的一致性,研究者使用了克隆巴赫信度系数法分析,计算出了总问卷、元认知策略、学科认知策略和情感/社会策略分问卷的克隆巴赫 α 系数分别为 0.96、0.93、0.89、0.86,也就是说量表的信度可以接受。

外在信度是指在不同时间对同批被调查者实施重复调查,测量结果是否具有一致性。这种检视的方法也被称为重测信度法。通常,两次测量相距一般在两到四周之内。如果两次测量结果相关性较强,说明问卷中题项的概念和内容清晰,测量结果可信。在案例 6-11 的研究中,总问卷及各分问卷重测信度分别为 0.89、0.82、0.82、0.73,表明问卷具有良好的同质性与稳定性。

效度是指问卷能真正反映期望研究的概念的程度。效度分析,简言之就是检验问卷设计的有效性和准确度。效度可以分为内容效度、效标效度和结构效度三种类型。

内容效度是指问卷所设计的题项能否代表所要测量的内容或主题,可以采用逻辑分析与统计分析相结合的方法进行评价。所谓逻辑分析一般是请研究者或专家评判问卷的题项是否"看上去"符合测量的目的和要求。统计分析则一般是先计算每个题项得分与题项总分的相关系数,再根据相关是否显著来判断是否有效。通常,逻辑分析方法易于操作。案例 6-11 就使用了逻辑分析的方法来判断内容效度。研究者调查了小学英语高级教师 52 人,考察专家效度,专家赞同度大都在

60%—100%之间,其中60%以上的题目38项,占总题目数的90.48%,表明专家效度良好。

效标效度分析需要选择一种指标或者测量工具作为准则或效标,分析问卷题项与准则的联系,如果两者显著相关,则题项有效。在实际操作中,不太容易选择一个合适的准则,因此效标效度分析的应用受限。案例6-11中以英语成绩为校标,计算出其与策略问卷的相关系数为0.58,对照先行者研究,判断问卷校标效度良好。

结构效度指测量题项与测量维度之间的对应关系,即问卷能够准确呈现变量或者特征高阶结构的程度。结构效度的形成有赖于对变量的明确定义或者对特征有清晰的解释。整个问卷的结构效度可以通过探索性因素和验证性因素进行分析确定。例如,案例6-11测查小学英语学习策略掌握状况,是在确定小学英语学习策略由元认知策略、学科认知策略,以及情感/社会策略三大类策略构成的基础上,分三个维度设计题项。同时以验证性因素分析考察结构效度,确认小学英语学习策略问卷的结构效度良好。如何分析确定问卷的结构效度,需要学习更多的教育统计分析技术。

问卷在信效度检验合格后使用(如案例6-11所示),才能收集到合格的调查数据,产生的结论也才具有科学性。

案例6-11

《小学英语学习策略掌握现状与发展特点——以苏南地区为例》

一、初始问卷编制及预测

本研究自编《小学英语学习策略问卷》。该问卷的编制是基于威尔伯特·迈克卡(W. J. McKeachie)、奥马利(J. M. O'Malley)与查莫特(Chamot)提出的策略分类理论,借鉴奥克斯福(Oxford)、埃利斯(Ellis)、奥马利等人的相关问卷。在反复的专家讨论与对小学英语骨干教师两次调查的基础上,结合我国情况确定初测问卷,并对初测结果进行探索性因素分析确定问卷结构,之后进行复测,进行验证性因素分析与信效度检验。

二、信效度检验

该问卷共三个分问卷,测查三大类6种学习策略。其中,元认知策略14题;学科认知策略15题,包括学科操练策略、补偿策略与记忆策略;情感/社会策略13题,包括积极暗示策略、主动憧憬策略、社会支持策略。

1. 信度检验

经检验总问卷、元认知策略、学科认知策略和情感/社会策略分问卷的克隆巴赫α系数分别为0.96、0.93、0.89、0.86。

总问卷及各分问卷重测信度分别为0.89、0.82、0.82、0.73。表明问卷具有良好的同质性与稳定性。

2. 效度检验

调查小学英语高级教师52人,考察专家效度,专家赞同度大都在60%—100%之间,其中60%以上的题目38项,占总题目数的90.48%,表明专家效度良好。

以英语成绩为校标,与策略问卷的相关系数为0.58。米厄斯(Meeus)等人研究显示标准化成就测验与学校成绩的相关通常是中等水平的,约为0.5—0.6,表明该问卷校标效度也良好。

以验证性因素分析考察结构效度,问卷拟合指标X^2/df为2.13,各项拟合指数(GFI、NFI、IFI、CFI)在0.86—0.92之间,均接近1。RMSEA值为0.044,小于0.05。表明小学英语学习策略问卷的结构效度良好(结构效度之验证性因素分析法)。

(选自刘电芝、严慧一、樊枫、刘礼艳、牛智慧:《小学英语学习策略掌握现状与发展特点——以苏南地区为例》,《课程·教材·教法》2013年第5期,第102—108页。)

根据试调结果对问卷进行修改后就可以定稿,并安排印刷或者录入到网络问卷平台实施调查。

第三节 调查问卷的施测

问卷施测需要考虑调查方式的选择、样本的选取,并确定施测的方式。

一、调查方式的选择与样本的选取

通常,使用问卷收集信息旨在以样本数据为基础来理解总体的特征,这就需要从一个总体中抽取样本,即抽样。抽样可以节约时间和金钱。适当抽样策略的运用同问卷本身一样,决定研究质量的高低。抽样策略主要有两种:随机抽样和目的抽样。调查问卷多用随机抽样①,但有时可能因为调查范围受限而采用目的抽样②。一个好的样本代表其所来自的总体。代表性样本在除了规模之外的所有特征上都与其所来自的总体类似。样本规模又称为样本容量,是指样本中所含个案的多少。确定样本量的大小是一个较为复杂的问题。样本规模直接影响统计结果的稳定性,原则上样本越大统计结果越稳定,但是因此耗费的成本也越大。所以,我们需要在允许的误差范围内,科学确定样本量的大小,以平衡调查成本与调研准确度之间的关系。

本章开篇某教育集团学校诊断项目,通过问卷调查、进校考察、访谈、听课等方式,从学生权益、学生发展、教师发展、教育教学、学校生态、学校制度、办学特色七个方面对集团所属的三所学校进行评估。问卷调查的对象包括两类,分别是教师、学生。其中,教师是全体任课教师;学生包括小学四、五、六年级学生和全体初中生。本次问卷信息收集的方式并非抽样调查,而是对所有考察对象进行调查,采用了普查的方式。参加问卷调查的总量,即三所学校的小学生的人数分别是 102 人、288 人、404 人;三所学校的初中生的人数分别是 91 人、416 人、604 人;三所学校的教师的人数分别是 45 人、125 人、104 人。经实际操作后,问卷回复率为 100%,符合后期数据分析的精度要求。

二、问卷施测方式的采用

问卷的施测方式有很多种,依据问卷的填写方式,可以采用代填式和自填式两种方式进行。

(一)代填式

代填式是指在征询被调查者意见之后,由调查人员③代为填写问卷。意见的征询,可以通过面对面访谈调查和电话调查两种途径完成。用代填方式施测,应对调查人员进行事前培训,调查人员应熟悉调查项目的内容、目的、意义和重要性,熟悉按计划选择访谈对象,掌握调查询问的方法,访问态度友善,以被调查者感到舒服的态度和喜欢的谈话方式访谈,表达流畅,语气语调客观中立,谨遵问卷中的遣词造句,完整清楚记录被调查者的本意。访谈调查开始之前,调查人员需要向被调查

---

① 随机抽样是一种完全依照机会均等原则进行的抽样调查,可用概率计算样本统计值的误差范围或可靠性,因此又称自然取样,基本形式有简单随机抽样、等距抽样、类型抽样和整群抽样等。
② 目的取样一般由专家抽取某些有"代表性"或"典型性"单位为样本,因此各单位被抽样的可能性不一样,由样本获得的研究结果的可靠性由专家来判断、评价,而不能客观地评价。
③ 使用问卷调查进行研究的研究者有时又可以称为调查者,这时的研究者充当问卷调查的调查人员,当调查人员另有其人时,研究者和调查者则不可混用。

者说明调查的目的,有助于取得良好效果。比如,以留守儿童的父母为调查对象,施测就可适时采用代填式。

(二) 自填式

自填式是指将问卷直接交给被调查者填写。以自填式问卷来施测,还可以根据问卷发放途径的不同,分成送发、集中、报刊、邮寄和网络等方式。

(1) 送发问卷调查是指调查人员将问卷送给被选定的目标群体,数天后等待被调查者将问卷填写完毕,再派人前去回收的方式。这种方式费用较低,但会因为被调查对象过于集中,代表性不高,而且被调查者之间可以相互询问,互相影响,回答结果容易失真。"美育课程标准与学业质量标准研究"抽取了北京、广东、四川、湖南等地中小学进行调查,课题组联系调查人员将问卷送给了目标群体进行填写。

(2) 集中问卷调查是调查人员亲自到被调查者的单位,将被调查者集中起来,由调查者向被调查者说明调查的目的和填答问卷的方式,被调查者即时填答,然后由调查者把问卷收集起来。集中问卷调查费人、费时、费钱,只适合于特定的场合,调查者主观因素会影响到被调查者的填答。

(3) 报刊问卷调查是指问卷随报刊分发,报刊读者对问卷书面作答,并在规定时间内将问卷寄回报刊编辑部的方式。

(4) 邮寄问卷调查是指将调查问卷及相关资料投寄给选定的被调查者,由被调查者根据要求填写问卷并寄回的方式。

(5) 互联网的发达使得网络问卷调查得到普遍运用。网络问卷调查可以通过电子邮件进行,还可以利用网络平台发布问卷进行在线问卷调查,目前国内的问卷星、问卷网、调查派、腾讯问卷等都提供了这种方式。网络调查存在多种优势,成本低,问卷的回收数量较大,且速度快,统计结果可以实时查看,较之上述传统的方式更为高效。本章案例中某教育集团学校诊断项目采用的就是在线调查的方式,研究者迅速收集到资料,并结合统一结果进行现场观察、座谈和访谈。

研究者可以根据调查的具体目标、被调查者的特点以及不同施测方式的要求及其优势,确定采用哪种方式更为恰当。

三、问卷回收率的提高

问卷回收率(也称回复率)是参与调查的人数与样本总数之比(百分比的形式),是被调查者样本代表性的一项指标。"比起低回收率来,较高的问卷回收率的偏误也较小。"①一般而言,"要进行分析和撰写报告,问卷回复率至少要有50%才是足够的;要至少达到60%的回复率才算是好的;而达到70%就非常好"②。还有学者给出了不同问卷调查方式回复率经验比较值表③(如表6-3所示),可供参考。

可见,在问卷调查施测中,如何提高问卷回收率也是热点问题。影响回收率的因素有很多,与问题设计和问卷编排相关的因素,如问卷的篇幅、问卷排版的美观、问卷的难度、问卷过多涉及隐私问题等,前文已经论及,不再赘述。这里主要聚焦的是施测过程中提高调查回收率的方法。

表6-3 问卷调查方式回复率经验比较④

问卷调查方式	回复率
报刊调查	5%
邮寄调查	30%
电话调查	50%
访谈调查	80%
送发调查	80%
集中调查	可高达100%
网络调查	可高可低

首先,在条件许可的情况下,应尽量采用回收率较高的调查方式;不同的调查方式在提高回收率上面临的困难不一样,应有针对性地解决出现的问题。

表6-3显示,电话调查、访谈调查和送发调查的回收率较高。为提高问卷的回收率,电话调查和访谈调查中调查人员谨守其基本原则是非常必要的。施测一启动,需积极监控问卷的回收情况,如果前期调查问卷回收率不理想,有必要补发问卷,或者改换成回收率较高的调查方式。

在互联网日益发达的背景下,网络调查非常普及。尽管它可能排斥某些群体,但网络调查的回收率有时也可以接近100%。寻找对调查内容感兴趣的调查样本、基于网站的电子邮件邀请等被认为是有助于提高网络调查回复率的有效方法。

其次,争取权威性大、知名度高、专业性强的机构支持,来实施调查以提高回收

---

① [美]艾尔·巴比. 社会研究方法(第十一版)[M]. 邱泽奇,译. 北京:华夏出版社,2018:262.
② [美]艾尔·巴比. 社会研究方法(第十一版)[M]. 邱泽奇,译. 北京:华夏出版社,2018:262.
③ 在原有基础上添加了集中式、网络问卷及其回复率。
④ 水延凯,江立华. 社会调查教程(第六版)[M]. 北京:中国人民大学出版社,2014:211.

率在不同的调查方式中都适用。本章案例中某教育集团学校诊断项目中的问卷调查采用的是网络调查的方式,除了有目的地将小学一年级到三年级的学生排除在外,其他的学生和教师全体参与调查,回收率几近100%。基于专业性强的机构支持的考虑,如该教育集团学校诊断项目中的问卷调查实施主体是来自某师范大学的专业团队。

此外,尽管对于激励措施的作用,不同研究结论有所差异。但使用适度的激励措施,如金钱或者其他物质奖励,也是一种辅助的手段。学生们喜欢的贴画、学习小资料的发放、学校或者班级奖励币制度的奖励,对于学生们来说,都是可以考虑的激励措施。对于同事、家长的调查,赠送生活、娱乐、办公小礼品,或者购物优惠券、咖啡券,甚至直接发放小红包都是常用的激励方法。诸如此类的激励措施,只要得当,都能调动调查对象的积极情绪,使问卷调查获得更多的支持,提升问卷调查的回收质量和信度。

第四节　问卷统计分析与撰写研究报告

一、调查数据的检验与清洗

调查问卷回收后,在统计分析之前,应先对收到的信息进行数据清理。调查数据的检验与清洗是统计分析的基础,具体操作如下。

(1) 数据检验。自问卷回收开始,就要对问卷进行检查。剔除无效回答,即未作答或者没有按要求填答的问卷,还要看所填数据是否具有逻辑性错误等。

(2) 数据编码。数据编码有预编码和后编码。问卷调查回收之后才进行的编码为后编码,后编码包括个人的问卷编码、数据分析的再编码等。后者主要是针对开放式问题。将开放式问题的答案录入,用不同方法对录入的答案进行排序、归类,根据调查的目的对答案进一步归纳,形成类别数量适当的"编码表"。

(3) 数据录入。按照确定好的编码规则录入数据。一般采用双录入核对[①],以避免出现错误。

(4) 数据的清洗。数据清洗就是发现并纠正数据文件中可识别的错误,如检查数据的一致性、处理缺失值和无效值等。具体而言,数据录入后,检查数据格式,处

---

① 双录入核对指同一份数据由两名工作人员分别录入,生成两份结果,若结果不一致,则需要第三个人进行信息录入,三份结果中一致的为正确的信息,如果第三份结果仍然不一致,则引入第四人进行数据检验,依此类推。

理格式异常的数据,检查各变量有效范围、数据间的一致性以及变量间的逻辑性,给出数据可用性标识。比如,被调查者在填写问卷的过程中出现抵触心理,故意选择那种极端不符合事实的选项;或者因为能力问题没有理解题目,选择了反向选项;也可能漏填或者误填了某些题项。这些情况,数据清洗不仅要检查出来,还要进行处理。如果某组缺失值太多,或者全部都选一个选项的无效值,就可以清理掉了。如果是缺失值少,也可以用均值代替缺失值。最后还要撰写数据清洗报告和使用说明。

二、数理统计方法的合理运用

数据全部清洗后,可以使用数据统计软件,如 SPSS、STATA 或者 EXCEL 等进行下一步的统计分析。问卷调查中运用的数理统计分析方法主要有两个类别,分别是指描述性统计与推断性统计。

描述性统计分析方法是一种用数学方法来整理和概括一系列数字数据的统计方法,以描述调查样本的各种特征及其所代表的总体特征。描述性统计用平均数、众数、中位数等集中变量来反映一系列连续型变量或等级分数的集中趋势,用频次和百分比来辨别出类别变量(包括二分变量)最经常发生的一类事件,确定类别事件中每个人活动的次数占总次数的百分比,或每件事发生的频次占总频次的百分比(如表 6-4 所示)。描述性统计用离差和标准差等差异变量来反映一系列连续型变量或等级分数的变异程度。在案例 6-12 中,研究者从 11 个维度对班级环境进行了分析,考察了中小学生班级环境的总体表现。

表 6-4 "我每天约需要多长时间完成老师布置的家庭作业"(中学生)统计

选项	小计	比例
A. 1 小时及以内	25	6.01%
B. 1.1—1.5 小时	267	64.18%
C. 1.6—2 小时	58	13.94%
D. 超过 2 小时	66	15.87%
本题有效填写人次	416	

推断性统计分析方法是指用数学方法将从样本中获得的统计结果推广到样本所抽取的总体。推断性统计常用假设检验,如 t 检验、χ^2 检验、单因素方差分析及方差分析事后检验、回归分析等手段进一步发掘数据,为从样本推论总体提供依据。

在案例 6-12 中,研究者假设男生与女生从 11 个维度知觉到班级环境是一样的,但经过独立样本的 t 检验,除了学习氛围,在其他 10 个维度,女生报告的班级环境显著优于男生。另外,为探明班级环境对学生个体心理环境的影响,研究者以个体心理环境各维度为因变量,以班级环境类型为自变量,分析该自变量在三个水平(良好型、一般型和问题型)上对个体心理环境各维度(兴趣、态度、动机、自我效能、非注意状态和任务导向)影响的大小。研究从单因素方差分析中得到显著的结果之后,做事后平均数差异检验。

通常情况下,推断性统计分析方法对于研究者更有用,也更有说服力。学有余力的教师可以掌握不同的数理统计分析方法,并根据研究设计与所获数据的不同,合理选择数理统计方法分析数据,以最大化发挥数据的效用和提升研究的价值。这里更关注的是总体分析方法的介绍而非计算。进一步的学习,可以阅读本章"资源拓展"推荐的伯克·约翰逊和拉里·克里斯腾森所著的《教育研究定量、定性和混合方法(第 4 版)》中的第 17 章"描述统计"以及第 18 章"推论统计"。

案例 6-12

《中小学班级环境的现状及改善策略——基于北京市海淀区中小学的调查》

(略)

四、调查结果与分析

(一)中小学班级环境的总体情况

本研究从上述 11 个维度对不同性别、学习阶段和学校区位的班级环境进行比较分析,以此考察中小学生班级环境的总体水平和特点(见表 3)。

表 3 中小学班级环境的总体表现

维度	平均值(M)	标准差(SD)
师生关系	3.28	0.61
同学关系	3.40	0.58
纪律秩序	3.09	0.65
向心凝聚	3.31	0.59
学习氛围	3.57	0.64
课堂氛围	2.73	0.89

续表

维度	平均值(M)	标准差(SD)
内省体验(积极)	3.41	0.84
内省体验(消极)	2.04	1.14
摩擦冲突	2.19	1.10
心理支持	3.55	0.73
学习负担	2.53	1.05

表3数据表明,在班级环境的正面特征方面平均值相对较高,在班级环境的负面特征方面平均值相对较低。具体地说,在师生关系、同学关系、纪律秩序、向心凝聚、学习氛围、课堂氛围、内省体验(积极)和心理支持八个反应正面特征的维度上,班级环境的平均值分别为3.28、3.40、3.09、3.31、3.57、2.73、3.41和3.55。在内省体验(消极)、摩擦冲突和学习负担三个反应负面特征的维度上,班级环境的平均值分别为2.04、2.19和2.53。总体上看,中小学生在班级环境的正面特征维度上评分较高(均大于中间值2.5),在负面特征维度上评分较低(内省体验(消极)与摩擦冲突维度的均值小于中间值2.5,学习负担的均值比较接近中间值)。

……

(五) 中小学班级环境类型对学生个体心理环境的影响(推断性统计分析方法)

为进一步探明班级环境对学生个体心理环境的影响,以个体心理环境各维度为因变量,以班级环境的三种类型为自变量,进行方差分析。结果表明,不同班级环境类型在个体心理环境的六个维度上主效应均显著($p<0.001$)。事后平均数差异检验发现,学生在学习兴趣、学习态度、自我效能和学习动机四个维度上的得分,都是良好型班级显著高于其他两类,问题型班级显著低于其他两类;在非注意状态维度上的得分,良好型班级显著低于其他两类,问题型班级显著高于其他两类;在任务导向维度上,良好型班级显著高于其他两类班级,问题型班级则显著低于其他两类。不同班级环境类型中学生个体心理环境的得分如表7所示。

表7 不同类型班级环境中学生个体心理环境的差异

	良好型(a)(M/SD)	一般型(b)(M/SD)	问题型(c)(M/SD)	F	事后检验
学习兴趣	3.72/0.46	3.64/0.58	3.20/0.70	835.59***	a>b,a>c,b>c
学习态度	3.54/0.71	3.24/0.78	2.90/0.77	500.20***	a>b,a>c,b>c
学习动机	2.90/0.49	2.44/0.47	2.03/0.47	2 608.39***	a>b,a>c,b>c
自我效能	3.72/0.59	3.46/0.58	3.07/0.73	748.07***	a>b,a>c,b>c
非注意状态	1.43/0.52	2.12/1.25	2.76/0.82	2 271.83***	a>b,a>c,b>c
任务导向	3.48/0.60	3.41/0.90	2.82/0.80	996.40***	a>b,a>c,b>c

注：***$p<0.001$，表示差异极其显著。

不同类型班级环境中学生的个体心理状态存在显著差异。良好的班级环境有助于提升学生的学习兴趣、学习态度、学习动机及自我效能感；另外，良好的班级环境也有助于学生保持积极的心境状态（更多任务导向行为、更少非注意状态）。

三、结论与建议（略）

（选自刘强、王连龙、陈晓晨：《中小学班级环境的现状及改善策略——基于北京市海淀区中小学的调查》，《教育研究》2016年第7期，第66—73页。）

三、研究报告的撰写

一份优秀的问卷调查研究报告可以为教育政策的制定提供参考，为具体的教育教学实践以及教师专业发展提供学术支持，为其他的研究者所引用。完成数据分析后，需要认真撰写调查研究报告，呈现调研的新发现。

好的问卷调查研究报告应该具有完整性。我们发现一些教育调查研究报告只报告了资料和结论，而对其他方面，如对调查方式的选择、抽样方法的使用等则缺少清晰的叙述。这样，不免给读者以研究主观和随意的印象，从而降低调查研究的价值以及研究结果的影响力。研究报告有基本的格式，一般分为五部分，即引言、研究过程、结果、讨论和结论。

在引言中应该针对调查的主题进行文献综述，提出问题，说明研究的意义。在研究过程部分，应介绍问卷编制的依据和过程，如果是以现有问卷为基础制定问卷,则说明借用问卷的原因和调整情况;介绍问卷的内容、维度和题目等基本信息;说明抽样策略以及样本量的大小,说明施测的方式。结果部分应明确问卷回收率、使用的统计方法,并说明统计结果。在讨论部分,可以分析评价问卷调查设计、调查结果之间的关系,分析调查研究是否取得了预期的目的,并分析原因,同时就抽样误差和非抽样误差存在的原因与控制方法做探讨。结论中不仅要归纳结论,还可以说明结论的缺陷、成立的条件等。

此外,调查研究报告对研究对象、研究依据、研究方法、研究过程以及最终的研究结果的阐述应该有条理且合乎逻辑。

总之,一线教师运用问卷调查法进行教育研究,应掌握科学的问卷调查研究方法,并规范使用,才能获得有价值的研究成果。

◆ 问答角

问题1:教师正在使用问卷调查法针对学生收集资料,如果有几位学生因对问卷中的某些问题敏感而突然想中止作答,而教师则要求学生继续作答,您觉得合理吗?

回答 在这个情境中,作为被调查者的学生不仅是学生的角色,同时还是问卷调查的参与者。学生不是被动地提供资料,而是主动参与到问卷调查中来。问卷调查本身对被调查者的生活而言是一种入侵。虽然被调查者有可能受到强烈的鼓励去完成问卷,但是不可以强迫其完成一份问卷。被调查者可以在任何阶段退出问卷调查,中止问卷对自己生活的入侵,即使因此影响问卷的施测、资料的分析和报告。在刘易斯·科恩(Louis Cohen)、劳伦斯·马尼恩(Lawerence Manion)、基思·莫里森(Keith Morrison)合著的《教育研究方法》一书中,特别提到了"教育研究的伦理原则",其中就包括"保证参与者在离开研究时,不比他们开始研究时的处境更恶劣"、"保证参与者有权在任何时间退出"、"保证参与者和资助者有权提出异议或远离研究"。我们虽然在此提出了问题与建议,但具体的解决办法和结论将不得不由每个研究所依据的或其面对的具体情况而定。

问题2:作为中小学教师,在使用问卷调查法的整个流程中,对问卷数据的整理和分析感到困难,特别是推断性统计分析方法的运用,常常一头雾水。一定要运用这种方法吗?

回答 　　有些教师没有学过数理统计方法,要采用问卷调查法进行教育研究,确实有些难度。相对来说,描述性统计分析方法简单一些,不少采用问卷调查法研究使用的数据分析方法集中于描述性分析。但如果对问卷调查的数理统计只停留在描述性层面,局限于对数据表象的描述,往往难以挖掘数据间内在的联系,以至于模糊数据背后隐藏的意义,导致研究结论浅显。调查研究要想揭示一些深层次的关系,想要根据收集到的数据做出推断、预测和检验,则应该采用推断性统计方法,对数据进行深入分析。当然,如果用简单的频次呈现和描述性统计分析方法已经能说明问题,就不必盲目使用推断性统计方法。数理统计方法的选择和使用应满足研究目标达成的需要。

◆ **实践练习**

1. 请结合自己在教育教学中发现的现象,选择一个主题,编制一份15道题左右的问卷,请您的几位同事填写问卷,同时在小范围(抽取30—100人)预测问卷,收集数据,再根据本章所学知识修订您的问卷。

2. 请在第一个作业的基础上,确定样本量,采用适宜的问卷调查方式进行问卷施测,并分析数据,完成报告。

◆ **资源拓展**

1. [美]伯克·约翰逊,拉里·克里斯滕森著,马健生等译:《教育研究定量、定性和混合方法(第4版)》,重庆大学出版社2015年版。

　　整体上,该书公平且客观地阐述了不同类型教育研究方法的特点及其适用情况,每一种方法的介绍都很详尽。时事短文拉近了学习者与教育研究的距离,各章开篇的目标清单、文中的复习问题,以及结尾的小结、问题讨论、研究练习、练习题、行动研究日志等,都使得关于教育研究的学习不但目标明确,而且过程有序轻松。关于问卷调查法,该书详细介绍了问卷编制的基本原则,讨论了效度和信度的概念,说明了影响研究质量的主要因素,并提供了保证研究质量的具体方法。同时,用两章的篇幅讲解定量数据的分析,即描述性统计和推断性统计,清晰解释了两种统计的目的、区别及其具体的方法。这些内容能切实帮助中小学教师提升问卷设计及问卷数据分析的能力。所以,特别推荐阅读。

2. 吴明隆著:《问卷统计分析实务——SPSS 操作与应用》,重庆大学出版社 2010 年版。

运用问卷调查法进行研究,资料处理和统计应用分析是特别让人感到困扰的。该书完备地介绍了资料处理、数据表的整理和结果解释的统计套装应用软件操作。该书以实用导向为目标,只要依照书中介绍的步骤和数据统计、统计结果的表格范例进行操作就能够快速有效地进行预测问卷和正式问卷的资料分析处理。对于想运用问卷调查法进行教育研究,同时又担心误用统计方法,担心对表格数据的诠释有错的教师来说,这是一本非常实用和有帮助的书籍。

第七章 用叙事探究法进行班级管理

 本章导言

近些年来,人们意识到"叙事探究"对教育变革、教师成长具有突出的意义。在教育领域内很多中小学教师运用叙事探究方法展开了系列化的研究。那么,什么是叙事探究,叙事探究与其他研究方法相比有什么不同和特点,叙事探究仅仅就是讲一个故事吗,故事经验应该如何解读等,一定是老师们非常渴望深入了解的内容。

作为班主任,特别是年轻的班主任老师,在班级管理中经常会碰到各种各样的棘手问题。在这些挑战中,如何管理个别特殊学生一定是消耗班主任最多时间和精力的问题。在每一个班级中,都会有几个让班主任操碎了心的学生。他们有的不爱学习、成绩差;有的淘气捣乱,天天违反纪律。最让班主任头疼的是这些问题会反复发生。今天这个问题解决了,说不定过几天又会重现。或者是今天这个问题解决了,说不定过几天又会出现新问题。正是在这种"按下葫芦浮起瓢"的状态中,班主任老师每天奔波在处理各种班级管理的问题中。

为什么会这样?日常工作繁忙的班主任无暇思考。其实作为一个研究型的班主任老师应该静下心来认真分析是什么原因让班级管理工作陷入一团乱麻的状态。叙事探究就是这样一种让班主任从日常的工作生活中走进研究状态的方法。班主任老师通过讲述自己的故事,对过去发生的事件重新进行思考,可以更好地理解真实的教育和看清真实自己。班主任通过叙事探究讲述自己的故事,似曾相识的故事也会让其他阅读故事的老师产生共鸣,引发思考。

在本书的这一章,我们希望回答什么是叙事探究、叙事探究对教师发展的意义、叙事探究的基本流程,以及叙事探究分析模式等方面的问题。

 学习目标

● 理解叙事探究的概念、理论基础、特征和历史发展。

- 理解叙事探究的研究过程和内容。
- 能够结合叙事三维空间结构分析故事。

◆ **情境导入**

杨老师新接三年级一个班后,发现因为一二年级放学后不能留书面作业给学生,学生也没有练习册要做,不用写作文,所以到三年级开始留各项书面作业后,很多学生不适应。大概经过一个月时间,大部分学生适应后,还是有少部分学生写作业存在一定的困难,小郭同学是最突出的一位。小郭不仅作业质量很差,甚至有的时候根本不做作业。杨老师多次找她谈话,但情况改观不大。在中小学的教育场景中,学生不写作业是一个困扰很多老师的问题。那么老师们一般是怎么处理这个问题的呢?故事中的杨老师又是如何面对不爱写作业的小郭同学的呢?

第一节 什么是叙事探究法

一、叙事探究法的定义

讲故事是人类最古老的一种学习方法,人类通过讲故事来反映生活和了解经验。叙事是对故事的重构,通过意义串联,形成一个具有主题的意义整体。

建构主义和解释主义理论是叙事探究的认识论基础。建构主义和解释主义认为现实世界是可以被感知、构建和解释的。人类在具体环境和社会中构建或认识现实世界,并且通过不同的角度,将这些认识和构建赋予不同的解释意义。

杜威(J. Dewey)的实用主义思想是叙事探究的哲学基础。实用主义哲学突出经验对于认识及人生的意义。杜威认为经验"不仅包括人们做些什么和遭遇些什么,他们追求些什么,爱些什么,相信些什么,而且也包括人们是怎样活动和怎样受到影响的,他们怎样操作和遭遇,他们怎样渴望和享受,以及他们观看、信仰和想象的方式——简言之,能经验的过程"。康纳利(M. Connelly)指出,当下的经验来自其他经验,而且影响将来的经验。因此,无论一个人处在连续体的哪一个点上——无论是处在现在、过去或将来的某个时候——每一个点都有过去的经验基础,而且都通向经验性的未来。经验不仅是个体的,也是社会的。人都是个体的,而且也需要被当作个体来理解,但却不能仅仅被当作个体来理解。因此人总是处在关系中,总是处在社会情境中。叙事探究就是要努力揭示经验的这些方面,从而达到对经验的理解和解释。

二、叙事探究的兴起与推广

在教育领域,叙事探究作为一种方法论正式建立起来则主要以克兰迪宁(J. Clandinin)和康纳利的系列叙事探究工作为标志,他们强调研究者和参与者之间的互动关系,并开始考虑参与式教育叙事探究的伦理道德问题。

我国学者对于教育叙事探究的关注始于20世纪90年代,并引进了大量国外关于教育叙事探究的相关成果,近三十年来我国学者对于教育叙事探究进行了大量的理论探寻和实践探索,出现了一批颇有影响的探究成果。如以陈向明教授、丁钢教授、刘良华教授、王枬教授等为代表,教育叙事探究开始逐渐得到推广。21世纪以来,关于教育叙事探究的文献数量迅猛增长,不少学者对教育叙事探究方法做了阐释、拓展和深化,运用教育叙事探究方法研究教师生活体验的学位论文更是日渐增多,众多一线教师也纷纷开始进行教育叙事探究。

三、叙事探究法的特征

叙事探究作为质性研究大家庭中的一大支系,它除了具备质性研究的基本特征以外,还具有自己独特的一些特征。

(一)叙事探究不追求普遍性

叙事探究对个体经验的描述主要来自作者的主观判断,不一定是"客观现实",因此具有很强的主观性,这一点不同于传统的研究。因为我们深知人们在讲自己的故事时,为什么讲这个故事,而不讲那个故事,以及为什么这样讲故事,而不那样讲故事,在故事中讲述了什么,都受到个体、文化等方面的影响,所以叙事探究并不期望对于故事做出客观的解释等,故叙事探究不追求普遍性。

(二)叙事探究注重研究中的关系性

传统研究中常常是研究者—研究对象的主客体关系,而叙事探究主张改变这种关系,研究者与参与者分享"权力",共同进行研究。这种研究合作关系首先需要研究者与参与者建立亲密良好的关系,充分熟悉参与者的相关故事和生活经历。

(三)叙事探究具有很强的反身性

反身性是指研究者自我理解方面的参与程度,研究者带入研究中的研究背景、研究背景如何影响研究者的解释、研究对象如何体验研究、读者对研究可能会产生怎样的反应,这些都与自我理解有关。[①] 在叙事探究中,具有很强的反身性。研究

---

① [美]约翰·W.克雷斯威尔.质性研究技能三十项[M].王锡苓,译.上海:上海人民出版社,2018:262.

者不仅要描述发生了什么,自己做了什么,而且要介绍自己是如何在行动中反思的,自己的反思方式有何特点。因为只有通过这些反身性,读者才能理解他的经历如何塑造了故事。

在案例7-1中,研究者的反身性体现得非常明显。我们可以在多处看见研究者介绍自己在行动中是如何反思的。我们可以看到杨老师反思到自己潜意识中的教师观,在潜意识中她觉得学生就应该听老师的,老师说的都是对的,教师的责任就是抓住学生的缺点进行说教,等等。而正是通过这个事件,让她意识到这是一种错误的教育观。

案例 7-1

亮片儿——小郭作业消极对待的教育点反思

一、问题发现的背景

2017年我加入了班主任质性研究团队。我的研究问题是"为什么小郭同学对作业消极对待"。

"小郭对作业消极对待"是经过我新接班后一段时间观察发现的。我新接三年级一周后,发现班里有四五个学生做作业比较慢。大概经过一个月的时间,一二年级基础比较扎实的学生很快就适应了要做书面作业的学习生活,写作业最慢的是小郭。尤其是家庭作业,她经常要不就是做得质量差,要不就是根本不做。我和数学老师多次因作业问题找她谈话,和她讲道理,但她总是用上扬的嘴角撇我们,用很不屑的眼神瞟我们,作业完成情况改观并不大。不过,虽然小郭作业写得慢,但在班级事务上,如发本子、帮老师抱作业等,她却特别积极,与写作业形成鲜明的反差对比。于是,我开始了"为什么小郭对作业消极对待"的研究。

我开始写对小郭的观察记录,同时,对小郭的数学老师和小郭的妈妈分别进行了访谈。访谈中两个人都提到:她们已经多次抓住小郭的作业问题进行了批评教育,可是效果不大。

二、意外的《亮片儿》作文

2018年4月3日,我对小郭本人进行了一个半小时的访谈。访谈中,她提到自己写作文总也写不出来,是因为对写作内容不感兴趣。即便是我带着班里学生讲解过的作文题目,她完成起来也特别费劲。访谈中,我还意外知道了她对"亮片儿"感兴趣,曾偷偷带到学校来玩。现摘录部分访谈内容如下。

师：你上课老想着玩什么？比如说，笔？

小郭：老想玩我带的亮片儿，不过我就带了一小盒，来了就放在桌子的抽屉里，有的时候上课经常玩，每回都看一两眼。

……

师：你为什么喜欢看亮片儿？我想知道原因。

小郭：我很想做带亮片儿的东西，但是，有的时候粘不上去，可是我每次看到亮片儿就特别喜欢。

师：既然你喜欢这个，我能不能给你留一个作文，题目就是"亮片儿"。这是基于你的爱好出发的，你觉得呢？

小郭：可以，应该可以。我得回去看看亮片儿。

师：行，那你回去就写写这个，可以吗？

小郭：可以。

4月10日，我开始整理这段录音。这时我突然听到了我让她写一个关于"亮片儿"的作文任务的一段。当时，我心里突然异样地动了一下。我已经完全忘记了这个作文的事情，访谈后也一次都没催过让她写的这篇作文。现在整理到这里了，我才想起来。我觉得依着惯例她肯定没写。因为，我在课上精心讲过的作文、带着他们亲身实践的作文、在我的督促下要求完成并上交的作文她都没能按时完成。我认为，这个我没有讲过的，也没提醒过的作文，她一定没有写。

想到这里我还有些小兴奋，禁不住笑了笑。我快速地录入着访谈的最后部分，一边想：我的机会来了，这是教育她的好机会！明天就抓住她没写作文的这个事情教育一下她："不是她喜欢的就一定能主动写，基础不好、没有责任心，依然写不出来，甚至忘记写……"

我一边想着，一边仿佛已经看到了：第二天课间我跟她要这篇命题作文，正在玩的她突然眉头紧皱，嘴角无奈又无助地撇一下我，低头翻书包，翻了半天也没翻出来，然后嘟嘟囔囔地说"老师，我忘记写了"，或者说"老师，我写不出来"这样的话。而我则严肃且语重心长地对她说："看，就是因为你平时老不认真完成作业，所以即便自己喜欢的内容也写不出来……"而她则不屑地撇下嘴，好像在说："又这么说我，管什么用……"

一堆道理伴着我心中的小虚荣倾泻而出——我猜对了，一次教育她，甚至教育全班同学平时要认真听讲、认真完成作业的机会被我很好地抓住了……就这样想着，直到敲完最后一个访谈中的字，我莫名地没有感觉到四个多小时的转录工作很辛苦、很枯燥，而是满心期待明天的到来。

于是，第二天课间，我内心带着这个小兴奋，却表情严肃地匆忙跑到班里。小郭正在眉飞色舞地和她后面的同学聊着什么——只要不谈作业，她永远是健谈的，脸上永远是笑容灿烂的。我心想："马上你就会晴转阴，谁怪你自己平时不好好学习、不好好写作业呢！"我像风一样地飘到她面前，她正背对着我，我轻咳了一下，提高了点声音说："小郭，那次我找你访谈让你写的作文你写了吗？"

我正信心满满地等待她听到我的声音后略微一僵的身体，无奈又缓慢地转身，接下来是无声地一直翻书包……这时就听见小郭"哦"了一声之后，迅速转身，脸上的笑容依旧，低头熟练地在书包里拿出了张作文稿纸，灿烂地笑着说："老师，给您。"

这恐怕是她找东西最快的一次了。我一秒钟的错愕，瞥见了稿纸上300多字的作文。把想好了的、已经到嘴边的、要教育她的话，又硬生生地咽回了肚子里。我不知道该如何进行下一步，只简单说了一句："成，我先看看。"她略带羞涩地一笑，而我则匆忙转身，慌乱地离开了教室。当时心里还因为没有了这次教育她和班上同学的机会而感到一丝丝的小失落。

三、办公室里的沉思

我拿着这篇作文回到办公室，陷入了沉思。

冷静想想我的"小兴奋"包含两层心理。首先，我预设好了教育点。我想好了我跟她要作文时，她一定像往常一样半天找不出来（其实是没写，或者是没写完）。我要抓住这个教育点，用事实教育她——如果没有好的基础，即便是自己喜欢的内容你也写不出来。所以，认真写作业是必须的。我兴奋是以为自己又"抓住"了一个可以教育的学生"问题"。

再静心想想，我的"小兴奋"还有一种自我高大感和学生受窘时对比的骄傲。换句话说，在我的内心深处，我更希望用学生吃瘪（北京方言，意为受窘）的样子证明我的教育是正确的。所以，我内心潜藏着"小兴奋"。难道，作为老师不应该为学生的进步而兴奋吗？而我，却只想着通过她的问题教育她，所以，我兴奋着。教育完了没改，再抓住她的错误兴高采烈地教育，然后沉浸在我是多么会找教育点这样的自豪当中。可是，多次教育后，如果都不见进步，难道不是老师的教育方向有问题吗？这何尝不是一种教育的无效呢？

当预设的教育点没有出现，或预设失败时，我不知所措，仓皇而逃了。我在自己猜测失败的小失落中错过了一次有价值的生成教育点——小郭在无人催促和讲解的情况下自主完成了一篇作文。

这次"亮片儿"作文事件，还让我想到了小郭的数学老师和小郭的妈妈，在我访谈她们的时候，两人都提到了反复教育小郭的问题，但是就是没有多大成效。我们三个人的教育，都是基于小郭出现了作业问题，抓住这个问题批评她不该这样做，然后给她讲一堆道理。看着她垂头丧气，我们却越说越有理，越说越趾高气扬，但依然没有解决她消极对待作业的问题。

她在作业方面真的没有一次表现是好的吗？就像这次一样？而我们遇到她表现正常的时候，我们什么都没有对她做。是不是因为我们一贯的教育观是：解决问题的方法就是要抓住问题去解决问题。

关于对小郭的教育方式，我们三个人都选择了讲大道理的说服教育；小郭的妈妈还选择了报一堆补习班、留更多的课外习题的方法。但是，这都没能解决小郭消极对待作业的问题。甚至，她喜欢看的书永远都没有机会光明正大地看，而是背着妈妈偷偷看。这些看自己喜欢书的时间，她妈妈都计算到了写作业的时间里面。所以，在和她妈妈的一次交谈中，她说别人用十几分钟写完的生字作业，小郭用了三四个小时都写不完，她去孩子的屋里看了十多次，就是不写。我想，虱子多了不痒，债多了不愁，问题被说的多了，也就不想改了，因为孩子看不到希望。

在和小郭的访谈中，她说，她希望妈妈能陪在她身边写作业，而不是隔一段时间看她一眼，催她两句，嚷她两声就走了。小郭还提到，她不喜欢在旁边大嚷、只会催她又不教她的同学。看来无论是小郭的妈妈还是同学目前对她的陪伴都是无效的。

四、对小郭作业消极对待的理解

基于以上对小郭妈妈、小郭数学老师的访谈和我自己对小郭的观察与了解，再加上这次意外的"亮片儿"作文事件，我开始理解小郭为什么会对作业消极对待了。

(1) 基础较差：一些有难度的题确实不会做，所以乱写，或者干脆不写。

(2) 缺乏兴趣：由于对作业内容缺乏兴趣，小郭在做作业时，在没人监督的情况下，很多时间都是在偷着看自己喜欢的书，或者玩自己喜欢的玩具。

(3) 缺少陪伴：老师和家长督促作业的方式多数情况下是口头催促，催促完又去忙自己的事情，没有实质性的陪伴。

(4) 负担过重：针对小郭学习不好、做作业慢的问题，家长给她报了很多提高班（奥数班、语文提高班和英语班都报了）还额外留作业，加重了她的学习负担，反而起到了相反的作用。

(5) 教育点单一：针对小郭的作业问题，老师和家长选择的教育点基本上都是抓住问题，先大力批评，再讲一大堆"高大上"的道理，而这对解决小郭作业中不会做的题没有实际帮助。

总之，小郭不愿积极对待作业并不全是她个人的问题，家长、教师和学校实际上应该给予她恰当的帮助，可是有时我们的帮助不但没有改变现状，反而却加重了她的困难。这次意外的"亮片儿"作文事件也让我想到了我们的教育点可以更加多样，可以把问题作为教育点，也可以把进步作为教育点。甚至，学生补作业的时候态度诚恳、速度比以前快都可以作为教育点。

五、让教育点多起来、亮起来

基于以上理解，我采取了一些干预措施。首先，我从各方面扩大了自己对教育点的选择。例如，时刻提醒小郭抓紧时间，在她遇到不会的题时给她讲讲题，适时鼓励她的进步。为了她，我还改变了一些作业内容。我将学生记日记这项作业从我规定的主题变成了记自己感兴趣的事情，字数不限，培养像她这样的学生的观察生活和写作的能力。我发现日记中她对她家周围的树很感兴趣，都快写成系列了。我还时常通过观察，抓住她作业上的点滴进步进行鼓励教育。

与此同时，我给小郭安排了两个辅导她作业的同学，要求她们在督促小郭写作业的同时，对她遇到的作业困难要耐心辅导。我还多次与小郭的家长交流，建议他们减少她的一些课外提高班的学习（奥数和语文提高班），先努力完成学校留的各科作业。

这样做一段时间后，小郭的作业进步还挺大的。在校的语文作业几乎可以按照规定时间完成；家庭作业几乎没有出现不写的现象了；面对作业中的错误她也能抓紧时间改正,错题改完后,还主动追着我判改错。虽然小郭还偶有作业拖拉的现象,但是再找她谈话时她的态度变得诚恳很多。

对"小郭作业消极对待"问题的研究过程,也是我自身成长的过程。教师的预设教育点往往会体现教师的经验和常规思维判断。现在我明白了,任何教育性的意识思维都未必绝对正确。经过这个事情后,我的教育思维和视野发生了转变。首先,我的教育点的取向发生了变化,由开始的以抓问题为主的、批评教育的取向,渐渐转变成以抓"闪光点"为主的鼓励教育。其次,我的教育方法的运用发生了变化,由抓学生问题、讲道理的教育方法,渐渐转变成用学生的"兴趣"击破学生的问题的教育方法。第三,我对教育点的运用由单个向多个转变,正学着综合运用不同的教育点处理学生的问题。第四,面对没有发生的事情,我意识到要预设出不同情况下的教育点,这样才能在各种情况下都能积极地抓住教育机会,而不是无意中错过教育的机会。

小小的"亮片儿"不仅点亮了小郭写作文的兴趣,也点亮了我对教育点的理解!

(选自杨素芳:《亮片儿——小郭作业消极对待的教育点反思》,《新教育》2020年第1期,第23—27页。 内容有少量改动。)

四、教师为什么要进行叙事探究

叙事探究对于研究者的意义体现在很多方面。下面我们结合案例7-1来分析叙事探究对于教师发展的意义。

(一) 使用探究结果改进工作

中小学教师作为实践性的研究者,其参加研究可以解决现实中困境。这是实践研究与学者研究的区别。所以对于中小学教师来说,叙事探究不仅仅是为了认识事物的本质,而且也包括在认识事物本质的基础上进一步更好地改善现实,具有较强的行动性。教师通过解决实践中的问题,同时实现自我改变,知觉自己的思维和行为习惯后进行自我调整,解决自己的问题、困惑,实施一系列的干预措辞。

在案例7-1这个故事中,我们可以发现杨老师在弄清楚了问题的真相后,在实践中利用探究的结果采取了一系列干预措施来改进自己的工作。如时刻提醒小郭抓紧时间,在她遇到不会的题时给她讲解题,适时鼓励她的进步;杨老师改变了一些作业内容,如把学生写日记从教师规定的主题变成了写学生自己感兴趣的事情,字数不限,提高了学生写日记的兴趣;同时,还时常通过观察,抓住小郭同学作业上的点滴进步对其进行鼓励教育。

(二) 更好地认识自我和世界,了解和理解自我及与他人的关系

叙事并不仅仅说明过去发生了什么、认识了什么,更重要的是叙述者如何理解这些行动,如何为其赋予意义。教师了解世界和了解自我最重要的途径之一就是通过叙事。在杨老师的这个故事中,杨老师通过与小郭同学的故事,让她更深刻地看到了自己隐藏在内心深处的教师观和教育观,并进行自我反思,更好地认识了解教育的本质、规律。

同时,在这个故事中,我们可以在其中好几处看到杨老师对自己、学生、师生关系及教育的反思。例如她写道:"对'小郭作业消极对待'问题的研究过程,也是我自身成长的过程。教师的预设教育点往往会体现教师的经验和常规思维判断。现在我明白了,任何教育性的意识思维都未必绝对正确。经过这个事情后,我的教育思维和视野发生了转变。首先,我的教育点的取向发生了变化,由开始的以抓问题为主的、批评教育的取向,渐渐转变成以抓'闪光点'为主的鼓励教育。其次,我的教育方法的运用发生了变化,由抓学生问题、讲道理的教育方法,渐渐转变成用学生的'兴趣'击破学生的问题的教育方法。第三,我对教育点的运用由单个向多个转变,正学着综合运用不同的教育点处理学生的问题。第四,面对没有发生的事情,我意识到要预设出不同情况下的教育点,这样才能在各种情况下都能积极地抓住教育机会,而不是无意中错过教育的机会。"

(三) 自我表达和自我重构

叙事探究之所以深受一线教师的欢迎,其中一个非常重要的原因就是其能够让教师发声。每一位教师在叙事探究中都有表达自己、展示自己的机会。教师也正是通过叙事由研究的幕后走到了研究的前台,从而能够重新定位自己的自我认同和专业身份。正是因为重新定位自己的自我认同和专业身份,让教师改变了对自己的认识和社会对教师的认识。因为有了叙事探究,研究不再是专家学者的特权,研究走入了教师的生活世界。在研究中,教师可以倾听自己内心深处的声音,可以站在自己的角度反思和挖掘自我。

在案例7-1的这个故事中,我们可以看到杨老师由以往的被研究者而转变为一个研究者,从研究的幕后走到了研究的前台,正是在这样的一个转变过程中,她重新认识了自己的专业身份,感受到研究不再是研究者的特权,教师也可以进行研究,在研究中,她通过反身性思考,倾听到了自己内心深处的声音,从而更好地认识自己。

(四) 集体共识的形成和发展

教育叙事生动有趣,可读性很强,涉及的是教师经常遇到的问题,并能使教师

内心的主观感受凸显出来,因此深受一线教师的欢迎。它给教师提供了一种自然的渠道,让他们彼此倾听,在内心引发真正生命意义上的互动。一篇好的教育叙事,不仅是教师自身心路历程的真实反映,同时也是其他教师反思自身的基础和对照学习的镜子。教师通过阅读通俗的语言、似曾相识的事件和震撼心灵的主题,产生共鸣,引发思考。

相信老师们在阅读了案例7-1中的这个故事后,一定也会去思考隐藏在自己身上的教育观、学生观和教学观,会去反思自己在工作中的一些做法和问题。杨老师碰到的不爱写作业的学生,这是每一个中小学教师必然要遇到的真实的教育问题,那么我们自己又是如何处理的?杨老师的故事又能给我们什么样的启发呢?

正是因为叙事探究能够促进教师以上各个方面的改变,所以叙事探究在近年来成为教师专业水平提升和个人整体发展的基础。叙事探究所追寻的就是通过中小学教师自己的故事,来推动教师检视自己的教育教学行为,并且以此为契机,引导教师主动地去改变自己的教学行为。

第二节 叙事探究的基本流程

假如我们把进行一项叙事探究比喻成一段旅途,那么这段旅途应该从哪儿开始?在旅途的过程中,我们又要经历哪些站点呢?对于这段旅游我们会不会有一个明确的终点呢?为了回答这些问题,我们就一起来了解叙事探究的过程吧!

一、始于困惑

叙事探究始于对人类经验的困惑,围绕研究困惑而展开。因此找到和确定一个研究疑题是叙事探究的开端。叙事研究者们经常会采用"疑惑""困惑"等词来形容自己的研究问题。

研究者研究问题的形成,一般会有如下几个的理由:个人理由、实践理由和社会理由。个人理由就是研究者从他们自身的生活经历、所感受到的各种张力出发来阐述研究的理由和意义。也正是因为这个原因,叙事探究有很多研究者研究自身的经历和研究兴趣,具有很强的自传性研究根源。叙事探究的理由除了个人理由外,也会具有较强的实践理由,因为很多研究者希望通过研究改变现实中存在的困惑或问题。对于中小学教师来说,如改善教学方法、提高教育质量,有的还会促成某项政策的制定或改变。社会理由指的是宏观政策和改革影响下的研究。

关于如何去寻找这些困惑或问题,教师可以从寻找自己的失调经验开始。寻找这种失调经验,可以参考以下步骤。第一,可以从老师们发现自己预期的教育效果和实际行动之间的失调经验开始,例如案例7-1中杨老师发现自己苦口婆心,多次对小郭同学进行教育,觉得自己付出了很大的努力,可实际上为什么小郭同学却没有什么变化,其中失调的经验背后是什么原因在起作用呢,这就是一个困惑,就可以成为探究的起点。第二,可以从不同人对同一情境的不同看法的失调经验开始。比如,对于这个问题A老师是这样看待的,而B老师完全有着不一样的看法,这背后的原因是什么呢?在大家的经验中,一旦这样的失调经验被清楚地意识到的时候,其实也就开始拥有了思考的素材。老师们会有很多这样的困惑,正是对这些困惑的思考,慢慢会形成自己的研究问题。当然这些研究问题只是为研究提供了一个研究方向,随着研究的进行和深入,这个问题会被逐渐细化甚至发生改变。叙事探究没有一个非常清晰的路线,但它一定会沿着一个方向不断向前。

二、进入现场

研究者一旦明确了自己的困惑,找到了自己想要研究的问题后,也就意味着找到了研究对象。他将知道自己的方向,从而进入现场。现场是研究者的考察对象,是研究者感兴趣的事情及其发生场域。现场已经不同于没有研究者关注的日常生活,而是经过了研究者的注意、审视、筛选。例如,一位教师发现自己将要开启对于师生课堂中互动方式的研究后,他现在所看到的课堂与他在明确研究问题之前将是完全不同的一番景象了,因为他开始有了研究者的警觉和意识,而不像以前只是作为一位教师的意识。在案例7-1中,杨老师在决定研究不完成作业的同学的故事后,她的意识已经不同于她以前只是作为一位教师的意识了。她开始具有了研究问题的意识,在她身上,她既是一位教师、一位班主任,同时也是一位研究者。当她置身研究现场时,她的角色发生了变化,对平时习以为常的教育场景也就具有了较多的研究敏感性。

研究者在进入现场以后,需要在现场与合作参与者协商各种关系。因为研究者和参与者在研究中有不同的研究目的,有不同的任务,这种研究合作关系同样会带来一系列问题,如谁提出研究问题、谁来决定研究发现以及数据应怎样被收集和解释等。良好的工作关系在叙事探究中是不可缺少的,良好的关系需要彼此之间进行协商。叙事探究作为一种关系性探究,研究者和作为被研究者的教师或学生个体之间的关系等伦理问题是需要首先解决的中心问题。所以,研究者需要与合作者保持不断的协商关系,在协商中明确各自的责任及彼此之间的信任。

三、收集现场文本

在确定了研究问题,进入现场并协商好研究关系后,研究者就进入了研究旅途的第三站了——收集现场文本。现场文本就是研究者在研究现场记录的各种资料。在这里我们把这些称作现场文本而非资料,是因为我们认为这些文本并非客观记录,而是带有研究者的自身体验、选择和演绎,因此与通常意义上的资料还是有一些差异的。现场文本的主要内容是发生在现场的事件、相关的背景、研究者的现场体验与感受等。具体来说,现场文本的形式可以是多种多样的。

在诸多的现场文本形式中,访谈记录是最常见的。访谈是研究者通过与事件相关人员进行谈话的方式来收集资料,这种谈话可以是开放式或半开放式的,也可以是正式的或非正式的。在案例 7-1 中,我们看到了杨老师与小郭同学的访谈是其中收集现场文本的最主要的方式。除了访谈外,还可以通过观察、写观察记录的方式来收集现场文本。对于中小学教师来说,观察是经常使用的一种研究方式,因为教师研究的现场就是自己的工作场域,教师无时无刻不在观察自己的生活。通过收集实物来收集现场文本,也是中小学教师经常采用的一种研究方式,如学生的作业、作品、照片、档案资料等,以及教师的教案、日记、信件、自传等。在案例 7-1 中,我们可以看到杨老师采用了观察和实物的方式。除了上面提到的这些以外,研究者还可以采用现场的研究笔记、日志等方式来收集现场文本。

下面,请大家设想一下,如果你想从事一项叙事探究,可能设想哪些收集现场文本的方式呢,请填写下表。

工具包 7-1

收集现场文本的途径和方法

想要选择一个什么样的事件和故事	
需要收集什么资料	
从谁那里收集资料	
在什么地方收集,以及在什么时间收集	
用什么方法收集(观察、访谈、实物、研究日记等)	
用什么工具收集(观察表、访谈提纲)	
收集资料时应该注意什么问题	

四、揭示隐含意义，撰写研究文本

在收集完现场文本后，研究者就进入到了研究旅途的最后一站——揭示隐含意义，撰写研究文本。在这一阶段中，研究者需要根据自身的研究目的和研究需要，对已获取的现场文本进行梳理，然后在分析的基础上撰写研究文本，形成意义诠释，最终回答研究问题。研究者在分析的过程中要处理诸如人物、地点、场景、情节、冲突、终点、叙述者、环境和语气等问题。研究者分析的最终目的都是为了实现从现场文本到研究文本的转换。现场文本本身不会说话，研究者需要通过对现场文本的分析，让文本中所隐藏的意义彰显出来，让文本发出声音。在实现由现场文本到研究文本转换的过程中，研究者个人会在一定程度上影响研究结果，因此在实际的研究过程中研究者会努力拉开距离，重新审视现场和现场文本。

叙事探究的目的不在于单纯地叙述，而在于通过叙述揭示某个主题，探索其中的意义。这些主题是事件的焦点，是概念的内涵，是教育故事的意义逻辑，是叙述文本的意义所在。所以在叙事探究的过程中，叙事只是一种方法和手段，并不是终极的目的追求，最终的目的是揭示故事中所隐含的意义。这才是叙事探究的最终目的地所在。

我们通过案例 7-1 可以看到，当杨老师在研究的过程中通过各种方法收集现场文本，形成的是各种资料文本，然后在后期写作分析的过程中，形成我们所看到的研究文本，在研究文本中，杨老师深入分析了教育点的问题。在故事中我们发现，杨老师通过对教育点的梳理，也重新发现了隐藏在自己身上的教育观，并因此认识到正是这样的痼疾才最终导致自己工作中的困惑，找到了原因也就找到了自己解决问题的方法，最终到达了研究旅途的终点。

第三节　叙事探究的分析模式

叙事探究从现场文本到研究文本，需要研究者对现场文本进行归纳分析，那么研究者应该如何来归纳分析？叙事三维空间分析模式和四单元叙事分析模式是在进行叙事探究时采用的两种主要分析模式。这一节我们分别对这两种分析模式进行介绍。

一、叙事三维空间分析模式

叙事三维空间分析模式是由加拿大学者康纳利和克兰迪宁提出的。它将研究者所收集到的现场文本按时间维度、个人与社会维度和地点维度三个维度重新组合,最终建构出一个完整的叙事。叙事三维探究空间理论为教育叙事探究形成了一个更开阔和深入的可操作的研究路径。①

时间维度,关注故事中相关个人或事件的过去、现在和将来。因为个人经历是一个持续的统一体,研究个人的一段经历必须要追溯过去和展望未来,不能孤立看待。不管一个人将自己置于何处,每一个节点都有一段过去的经历,并且通向即将经历的未来。

个人与社会维度关注故事中相关个人的社会关系及互动性。人类是社会的产物,因此不可避免地会与他人产生互动。每一个人都是一个个体,但又不仅仅是个体,人永远处于一个社会环境中,与其他人相联系。

地点维度关注个人经历的情境性,即研究一个人的经历,一定要关注其所在的具体地点和环境。

叙事三维空间结构如下表所示。读者可借助下方的工具包对一则叙事做简要分析。

工具包 7-2

叙事三维空间结构表

时间维度	过去	过去的回忆和经历,与当前的故事相关联
	现在	当前发生的故事或经历
	将来	建立在过去和现在经历基础上的个人期望,或可能发生的故事
个人与社会维度	个人	个体内在的感觉、期望、反思和精神状态等
	社会	与个体发生联系的其他人和社会事件
地点维度	情境与背景	具体情境下的环境,与个体故事相关联的时代背景

就案例 7-1 来说,这个叙事探究的现场就是杨老师和小郭同学所处的学校的场所,这个场所是一个具有时间、个人与社会、地点的"三维空间"。

从时间维度来说,我们不能仅仅关注到当下,还必须关注到个人的过去以及将

---

① [加]D·瑾·克兰迪宁.进行叙事探究[M].徐泉,等,译.重庆:重庆大学出版社,2015:5.

来。要知道,现在一定是来源于过去的,而过去的经历则是未来经历的源泉。所以个人经历是一个持续的统一体,研究个人一段经历必须要追溯过去和展望未来,不能孤立看待。对于案例7-1中的杨老师来说,正是小郭同学在无人催促和讲解的情况下自主完成了《亮片儿》这篇作文,让她有机会去追溯自己曾经深藏在内心深处的教育观。在经历了小郭这件事件后,触动了她的内心,让她对自己的教育观进行了一系列的反思,这个经历也必将影响到未来她的变化,在故事中我们也看到了杨老师后来的变化。下面我们通过一个表格来展现案例7-1中的叙事三维空间结构中的时间维度。

表7-1 叙事三维空间中时间维度分析案例

时间维度	过去	别人用十几分钟写完的生字作业,小郭用了三四个小时都写不完 学生要听老师的 老师要抓着学生的缺点和错误进行批评教育
	现在	小郭在无人催促和讲解的情况下自主完成了《亮片儿》这篇作文 我更希望用学生吃瘪的样子证明我的教育是正确的
	将来	小郭的作业进步还挺大的,在校的语文作业几乎可以按照规定时间完成 对"小郭作业消极对待"问题的研究过程,也是我自身成长的过程 经过这个事情后,我的教育思维和视野发生了转变。教师要抓住学生的闪光点进行鼓励教育。教师要由以前抓问题、讲道理的教育方法,转变成用学生的"兴趣"击破学生的问题的教育方法

从个人与社会维度来说,更多地体现在人与人之间的互动上。这篇案例中的互动包括杨老师和小郭同学的互动,当然也包括杨老师和小郭的家长、杨老师和数学老师、小郭和家长、小郭和数学老师、小郭和同学们之间的互动,但在这些互动中小郭同学和杨老师的互动是最主要的。这些互动主要是通过行动,如语言、表情、动作等来进行的。

从地点维度来说,任何事件都是发生在特定的背景和环境中的。因此研究一个人的经历,一定要关注这个人所在的具体地点和环境。具体来说,杨老师和小郭同学所在的学校是一个具有文化背景的学校,杨老师所经营的这个三年级的班级又是一个具有班级氛围的班级,如果放更大来说,杨老师所处的是一个什么样的时代背景,这些都会在一定程度上影响事件的发展。

在案例7-1中,我们都可以看到由时间、个人与社会、地点所组成的三维空间。

同时研究者自身还要处在一个想象的"三维空间"中,"我"过去的经验,"我"的成长经历,"我"所认可的价值取向,以及"我"对所见教育事件的看法,都对事件本身有一定的影响,同时也是"我"对事件的真实反映。

下面,请读者根据对叙事三维空间的理解,就案例7-1这个叙事探究故事继续进行三维空间分析,完善表7-2中的个人与社会维度和地点维度的相关内容。

表7-2　叙事三维空间中个人与社会维度和地点维度分析练习

个人与社会维度	个人	
	社会	
地点维度	情(背)景	

二、四单元叙事分析模式

以色列的三位女性心理学研究者艾米娅(Amia Lieblich)、里弗卡(Rivka Tuval-Mashiach)和塔玛(Tamar Zilber)在她们合著的《叙事研究:阅读、分析和诠释》一书中,基于整体—类别、内容—形式两个维度,组合出了四种叙事分析模式。其中,整体—类别指的是分析单元。从"整体"来分析,就是从一个完整文本来分析,或者是从一个叙事中提炼出一个完整的片段,把这个片段作为一个完整的文本来分析。从"类别"来分析,是指把原始故事解剖开,把故事文本分门别类地来进行分析。内容—形式指的是对故事内容和故事形式的分析。从故事"内容"来分析,就是从发生了什么事情、为什么发生、谁参与了这些事件等角度来分析文本。从故事"形式"来分析,就是指从故事的布局结构,发生的顺序,故事所引发的情感,语言风格、隐喻或词语的选择等角度来分析文本。基于此,我们开发了四单元叙事分析工具,帮助大家对收集的教育叙事进行审视。

为了更好地阐述这四种不同的分析模式,在这里将结合《叙事研究:阅读、分析和诠释》书中的一项研究来进行分析。1991年艾米娅做了一个对接受过补偿性教学的毕业生的后续研究。一共有几十个人参与了这项研究,其中萨拉就是其中的一位。后面的四种分析模式都将结合萨拉的资料来进行探讨。如果读者想深入了解,可以查阅本章"资源拓展"部分的推荐书目。

工具包 7-3

分析方法	具体分析思路
整体—内容	• 把整个故事文本作为一个完整的独立的个案 • 从整个故事中提炼出问题或主题 • 从故事中提取出某个完整的片段进行深入分析
整体—形式	• 从整个故事中提取出属于某个特定主题的部分内容 • 从来自不同叙述者的故事文本中,收集属于某个特定主题的故事片段进行分析
类别—内容	• 发生了什么事情 • 为什么发生 • 谁参与了这些事件
类别—形式	• 故事的布局结构 • 发生的顺序 • 故事所引发的情感 • 语言风格、隐喻或词语的选择

(一) 整体—内容模式分析[①]

整体—内容模式分析是研究者利用个人完整的生活故事,聚焦于所叙述的内容。研究者需要反复不断地阅读原始材料,认真仔细地探察文本的意义,直到整个故事的主题凸显出来。接着写下对于故事的最初印象和完整的印象,并确定故事内容或主题的特殊焦点,用不同方式做标记划出故事的不同主题,然后分别重复阅读。最后,研究者要跟随整篇故事的每一个主题,记录自己的结论。这种模式常见于"个案研究"中。

案例 7-2

萨拉的整体印象

萨拉的生活故事很容易让人产生一个整体印象,因为它激起了一种强烈

---

① [以]艾米娅·利布里奇,里弗卡·图沃-玛沙奇,塔玛·奇尔波.叙事研究:阅读、分析和诠释[M].王红艳,等,译.重庆:重庆大学出版社,2008:56—76.

的连续感,从其儿童时代一直持续到成年时期。作为一个读者,我对萨拉生活中的任何变化发展从未感觉到很诧异。萨拉建构起生活故事的连贯性方式是以一个积极乐观的世界观为特征的,并在与他人互动过程中逐渐发展,而非局限在个体内部领域。……萨拉的生活故事显示了四个主题,他们在不同的阶段都重复出现,这些主题表明了她生活故事的独一无二性,可以被看作从整体上阅读生活故事的四种不同视角,然后研究者分别从四个不同的主题继续分析萨拉的生活故事。

(二) 整体—形式模式分析[①]

整体—形式模式分析则着眼于生活故事的剧情发展和完整结构。研究者要重点关注主题和情节的发展,理解故事发展的过程。其中确定情节发展的关键点是至关重要的,关键点可以从叙述者的言谈的特殊形式中推导出来,如叙述者对其生活中特定阶段的反思,以及表示叙事结构性成分的术语,如十字路口、转折点、生活轨迹等。

案例 7-3

萨拉的故事

萨拉的生活一直是稳定上升的,直到她进入中学才有了变化,被她视为"一种跳跃"。在中学时期,萨拉的人生轨迹开始急速上升,并于服役期间继续保持,只不过上升得更平稳了一些。

(三) 类别—内容模式分析[②]

类别—内容模式常被称为内容分析法。它把所收集的叙述资料分为几个相对小的内容单元,然后对这些内容单元做描述式或统计式处理,而不考虑完整的故事情境。一般来说研究者需要遵循四个步骤:(1)选择子文本;(2)定义内容类别;(3)把资料归入各类别;(4)得出结论。具体地说,研究者在一个研究问题的基础上

---

① [以]艾米娅·利布里奇,里弗卡·图沃-玛沙奇,塔玛·奇尔波.叙事研究:阅读、分析和诠释[M].王红艳,等,译.重庆:重庆大学出版社,2008:77—94.
② [以]艾米娅·利布里奇,里弗卡·图沃-玛沙奇,塔玛·奇尔波.叙事研究:阅读、分析和诠释[M].王红艳,等,译.重庆:重庆大学出版社,2008:96—105.

给所获得所有文本的相关部分做上标记,把它们集合成一个个子文本,并且尽可能开放地阅读子文本。然后定义出从阅读中浮现的主要内容类别。之后把以独立的句子或言论为单元的资料编入各个类别,尽管这些言论可能来自同一故事,但却归属于不同的类别,而同一个类别也可能包含不同故事的不同个体的言论。最后研究者可以对汇总到每一个类别下的内容进行分析描述,形成关于某个特定人物或群体的总体画面,最终得出结论。这些步骤看起来简单清晰,但实施起来并不容易。研究者要做多次重复的阅读和精确的分析,才能准确清楚地分辨出庞杂的原始现场文本的材料。

例如,在艾米娅进行的一项关于成年人眼里的中学经历的研究中,研究者采用内容分析法把 60 名研究参与者分成几组,收集了相关的资料。研究者在原始资料的逐字稿上标出所有和中学经历有关的句子,然后在这些资料中再挑选出主要句子。接着依其内容对每一个主要句子做出积极、消极或中立的判断,也就是按照它所透露出的对中学或中学里自己的态度做出判断。之后在进一步阅读的基础上,为每一个人的序列总体提出与其内容有关的几个类别。最后把她的主要句子归入不同的类别。下面以萨拉的例子来进行说明。

表 7-3 主要句子及其类别的实例:萨拉

主要句子	类别	评论
1. 中学经历对我确实有利	对学校的总体积极评价	她的正面陈述强调了对"我"有利
2. 我们班非常团结融洽	班级里好的人际关系	提到她的班级,而非学校
3. 我们在实力最好的学校组成了一个班	为学校感到自豪	她省略了"特殊"或"实验"二字
4. 他们把我们视为观察对象……好像我们是动物园里的猴子	歧视和孤立	一个感情色彩强烈的比喻,但是可以作为一种幽默表达被接受
……	……	……

(四)类别—形式模式分析[①]

类别—形式模式分析聚焦于某一叙事单元的语言学特征。如叙述者使用何种隐喻等。塔玛在分析访谈资料时,编辑了一个体现情感或精神障碍的形式特点清

---

① [以]艾米娅·利布里奇,里弗卡·图沃-玛沙奇,塔玛·奇尔波. 叙事研究:阅读、分析和诠释[M]. 王红艳,等,译. 重庆:重庆大学出版社,2008:116—131.

单,并分析了叙事文本暗含的情感特征,如访谈对象使用一些心理动词"我想、我注意到",可能预示着一个经历被意识到的程度和正在进行心理加工的过程;叙述者如果指明时间和地点,可能预示着他正努力与一个事件拉开距离或者把它拉得更近;部分谈话(音节、词语、句子、思想)的重复,可能表示谈论的主题引发了说话者的一次比较强烈的情绪反应。因此,研究者应该在阅读分析现场文本时,注意到这些指示情感的形式要素。类别—形式模式分析更多的是一种话语分析模式,下面我们也以一段例子来说明。

案例7-4

萨拉:我想还是我在幼儿园时,是的,那时我一个妹妹刚出生。我不记得了,或许她只有1岁,就夭折了。我不记得当时的情境,但是我记得她给我带来很长一段时间非常不愉快的记忆,我能记起的是……不安,那是一间移民安居项目下的小房子,在我们搬入另一所公寓前,一直住在那里。……据我从母亲那里得知的情况看,她是生病死的,一种儿童病,也许后来发展成一种别的什么病——不太清楚是什么,如果我没弄错的话,是肝炎,如果我记得准确的话……

【分析】在这段访谈中,萨拉有很多词和短语的重复,显示出萨拉的记忆里饱含了情感。她重复了很多次和记忆有关的短语如:"我记得""我不记得了""我能记起的是""如果我记得准确的话",这一点是特别意味深长的。不断重复的无知感、不确定感也许表明了她作为一个孩子确实对所发生的事件一无所知,于是表述了她迷失的感觉。……

事实上,在实际进行叙事探究和诠释时,对这四种分析模式的运用并不总是那么清晰、绝对,因为教育叙事探究本身就需要多样性的理解与诠释,研究者应该全盘考虑叙事的内容、形式,叙述者的个体情况与其社会生活背景。

第四节 叙事探究的成果写作

教育叙事探究的成文写作可以从内容、主题和结构三个方面来实现。

一、内容

关于教育叙事探究的内容,国内一些学者已从不同的角度进行过介绍和总结,其中王枬主要从"教师作为研究者"的角度出发,颇具代表性。她认为教育叙事探究已经非常鲜明地划定了事件范围,即这些"事"是教师之事,这些"故事"是教师的生活故事,具体来说教育叙事探究包括研究教师的教育思想、研究教师的教育活动、研究教师的研究对象。教育生活是教育叙事探究的源泉。具体来说,教育生活可以从以下几个方面来分析。[1]

(一) 课堂生活

课堂生活是很多教师故事的主要来源,教师的生命体现也确实更多的是在课堂中。课堂上的每一个小小的片段甚至课堂生活的延伸——课外作业、教学日记、学生日记等都会被研究者捕捉、记录,极大地丰富了教育叙事探究的内容。课堂生活叙事使经验更真实地逼近教育生活本身,而课堂教学场景为课堂生活叙事提供了资源,成为我们研究课堂的重要的现实源泉。

(二) 日常教学生活

除课堂生活之外,教师本人对课堂教学之外所发生的"生活事件"的叙述,如"德育叙事""管理叙事",一起构成了"生活叙事"。教师也可以将班级管理中发生的某些学生生活事件叙述出来,使之成为一份有教育意义的"班级管理叙事"(或称之为"班级管理个案")。案例7-1中杨老师的《亮片儿——小郭作业消极对待的教育点反思》故事来源于她的日常教学生活,也是中小学教师经常遇到的一个棘手的问题——学生不写作业。在中小学的教育叙事探究中,很大一部分都来源于这一方面,在一些学校,常把这种类型的故事称为德育叙事。

(三) 课程生活

在当前的教育改革的背景下,每一位教师都或主动或被动地融入了课程改革中,因此也就有了较多的课程生活方面的故事。教师可以去叙述与课程教学相关的众多的问题:从课程的编制和设计、课程实施、课程的进展、课程的评价等诸多环节入手,通过捕捉处在新课程环境下的自己和学生们的感受与变化,来帮助自己更好地驾驭新课程。如一位教师在工作中开发了一门校本课程,她在叙事探究中描述了她是如何开发校本课程的,以及在开发校本课程过程中自己对于课程等的认识,这就是对于课程的叙事探究。

(四) 个人生活史

个人生活史是一种个人自传式的叙述。个人生活史的叙事探究,可以提供教师与同事分享专业的感受、经验与体悟,或是在对话交往中产生的冲突与矛盾,从

---

[1] 王枬,唐荣德.论教师的教育叙事研究[J].中国教师,2009(17):5.

而共同合作，一起探寻专业发展的途径与努力目标。一些教师通过撰写自己的成长故事来探究自己专业发展的问题，这就是个人生活史的叙事探究。

二、主题

虽然关于教育叙事探究的内容主要都包括在以上几个方面中，但叙事探究不能仅仅只是停留在对于故事内容的叙述上，更多的时候是通过对这些故事的叙述，来揭示故事背后的真实问题，因此在大部分叙事探究中，都会通过叙事来探究对于教育不同方面的思考和认识，这就是叙事探究中的主题。

工具包 7-4

一线教师如何从稀疏平常的教育叙事中提炼出研究主题呢？一般来说，中小学教育叙事探究的主题大多集中在以下几个方面。我们通过工具包的形式帮助大家做了梳理。

教育信念	分析故事中所隐含的教育观、学生观、教师观是什么？什么是好的教育？教育的价值是什么
身份认同	分析故事中教师对于教师职业、所教学科、自我，以及对于所属学校的态度、观念
实践性知识	分析教师的意象、隐喻、原则、教学规则等。如一位教师常说"课堂就像家"，那么就可以对教师的这个隐喻进行分析
声音	分析故事中个人话语的风格，如权威人物的话语等
关系	分析故事中教师与家长、学生、同行、学校的关系

比如在案例 7-1 中，杨老师主要就探讨了自己对于教育点的认识，教育点主要体现了教师的教育观、学生观和教师观。

三、结构

叙事探究的基本形式结构一般包括以下几个要素：事件的背景（人物、时间、地点）；事件的开始；事件的发展，各类人等的反应，矛盾冲突是各方人员的意图和行动；事件的结果（高潮），故事的结尾。

通过案例 7-1，我们可以很清晰地看到故事的结构。大家可以借助下面这个分析工具对叙事进行提炼。

工具包 7-5

对教育叙事的结构进行分析，我们提出了"五步法"，即"事件的背景—事件的开始—事件的发展—事件的结果—故事的价值"。下面，我们以案例 7-1 中杨老师的故事为例运用叙事结构五步法进行简单的分析。

事件的背景	交代事件中的人物、时间、地点。如：杨老师班级管理中的日常活动
事件的开始	简述事件的起因。如：小郭是班上写作业最慢的同学，尤其是不完成家庭作业
事件的发展	详述故事线。如：一次对小郭的访谈中，她说因为对写作内容不感兴趣所以不喜欢写作文。杨老师意外知道了她对"亮片儿"感兴趣，于是布置她写一篇关于"亮片儿"的作文
事件的结果	找到故事的结局。如：小郭同学竟然很快地完成了这篇作文，小郭出乎杨老师的意料，让杨老师吃了一惊
故事的价值	提炼故事的教育意义。如：杨老师重新认识了自己，自己的教育观等有了新的转变，特别是对于教育点有了很多新的认识

当然，中小学教师在具体的写作中，关于叙事探究的行文格式可能会有不同，但无论如何变化，都应该包含叙事探究的这些要素。这些要素正是对于叙事三维空间的具体展开和体现。

问答角

问题 1：在叙事探究中收集资料的类型有哪些？

 回答　叙事探究收集资料的类型可以是教师故事、自传写作、研究日志、口头历史叙事、家族故事、现场记录、谈话、信件、家庭故事和文献资料等。

问题 2：在进行叙事探究时，如何选择分析模式？

回答 在叙事探究中,研究者在选择分析模式进行资料分析时,应灵活选择,可以根据研究的问题、研究资料的特点及研究者本身的优势喜好等来判断。

◆ 实践练习

1. 请分析案例 7-1 的研究价值体现在哪里?

2. 请选择与你的教育生活密切相关的内容,按照叙事探究的基本程序进行研究设计并展开叙事探究,形成一份比较完整规范的研究报告。

※※ 资源拓展

1. [加]D·简·克兰迪宁,F·迈克尔·康纳利著,张园译,陈向明审校:《叙事探究:质的研究中的经验和故事》,北京大学出版社 2008 年版。

该书是一本系统介绍叙事探究的书,旨在引导读者对叙事探究方法达到一定程度上的理解——什么是叙事探究,叙事探究是怎样进行的。书中很多内容来自作者的亲身经历,通过这些亲身经历来介绍如何进行叙事探究。通过这些真实的叙事探究过程,我们可以感受到叙事探究的完整过程。该书不仅仅是一本方法指导书,而是一本读起来非常有趣、能让读者对如何思考纷繁复杂的人文社会现象有所启迪的方法书。

2. [以]艾米娅·利布里奇,里弗卡·图沃-玛沙奇,塔玛·奇尔波著,王红艳译:《叙事研究:阅读、分析和诠释》,重庆大学出版社 2008 年版。

该书以生活故事为素材,通过分析和诠释一些生活故事,向我们展示如何进行叙事探究。书中详细介绍了整体—内容视角、整体—形式分析、类别—内容视角、类别—形式分析四种不同的叙事分析模式。作者在介绍这四种分析模式时,完全结合书中所提供的生活故事进行分析,这些读起来有趣的故事,非常有利于读者理解。建议读者在阅读这本书之前一定要认真阅读这些故事素材,这样能够更好地理解四种分析模式。在读完这本书后,可以再对这四种分析模式进行比较分析,这会有助于我们理解这些分析模式。

第八章　用行动研究法构建实践共同体

 本章导言

在我国,为促进教师群体的专业发展,教育部门通过"国培计划""省培计划""教师研修制度"等方式为一线教师提供了大量有计划的、系统性的理论培训和教育教学技能提升的课程。不可否认,教师培训助力了教师专业能力的发展。但同时,这种"自上而下"统一安排、统一步调的教师培训活动,也使教师专业发展处于一种"被动"的地位,甚至出现了很多教师在培训中"很感动""很激动",但回去就是"不行动""行动难"的尴尬场面。究其原因,是对一线教师而言,很多培训活动是游离于日常教育教学工作之外的繁重"任务"。大家迫于教育部门或学校的要求参加培训,但培训内容对于他们所面临的问题困境并没有起到针对性的帮助作用,因此很多培训活动就会流于形式,难以收到实效。

苏联教育学家苏霍姆林斯基说:"如果您想让教师的劳动能够给教师带来乐趣,使天天上课不至于变成一种单调乏味的义务,那您就应当引导每一位教师走上从事研究这条幸福的道路上来。"行动研究正是一种实践性很强的研究取向。开展行动研究的人,本身置身于教育实践中,面临着教育实践中的种种问题,想要在认知和能力方面得到提升,解决问题,并改进自己的工作和生存环境。因此,行动研究被越来越多的专家学者视为教师专业发展的重要途径。

那么,行动研究该如何开展?一线教师怎样才能做好行动研究?在本章中,我们将借由问题情境的导入,首先介绍行动研究的理念和价值,其次呈现教师开展行动研究的过程和方法,然后厘清依托行动研究构建教师实践共同体的脉络,并结合生动的案例和操作工具的呈现,助力教师掌握行动研究这一方法的理论知识和实践操作技能。

 学习目标

- 能够理解行动研究的理念与价值。

- 能够理解和运用行动研究的程序与方法。
- 了解"实践共同体"的概念,理解其内涵和特征。
- 结合案例能够分析构建教师实践共同体的要素。
- 能够寻找志同道合的同事组建实践共同体,共同开展行动研究。

◆ **情境导入**

张新是初二(4)班的一名学生,他近来总是上课迟到,在课上睡觉,课后也不能按时完成作业,不仅自己的学习越来越差,还影响到了班级的学习氛围。班主任岳老师发现,原来他最近迷恋上了打游戏,每天夜里都到网吧玩游戏到凌晨,甚至到天亮。即使有天晚上不去,第二天凌晨5点也要先到网吧玩两个小时游戏再来上学。岳老师十分担心张新的情况,计划采取一些措施来帮助他戒掉网瘾,让他好好学习。但采取何种措施,如何对张新进行干预,是个大难题。

与此同时,岳老师发现仅靠她一己之力,难以从根本上帮助张新发生彻底的变化。由此,岳老师决定联合其他任课教师共同帮助张新戒掉网瘾,重回课堂。但是,如何在不同的任课教师之间协商一致,这又在考验着岳老师的沟通能力。

亲爱的老师,您的班级中是否也有这样的学生?如果这样的学生在您的课堂上捣乱,您会怎么做?如果您是岳老师,您会采取哪些行动?

第一节 什么是行动研究

行动研究是当今教育科学研究的重要类型,它关注教育活动实践中教师日常遇到并急需解决的实际问题,旨在帮助教师认识问题、分析问题和解决问题,具有极强的实践指导性。正如"行动研究"的名字一样,行动研究就是"行动"+"研究",甚至可以说,"行动"是走在"研究"前面的,体现出了这种研究方法对实践的尊重。

一、行动研究的兴起与发展

马克思曾经说过这样一句话:以往的哲学家只是解释世界,而问题在于改造世界。与传统的"求真"取向的学术研究相比,行动研究是一种实践性很强的研究取向。在行动研究中,行动者本人就是研究者,研究的目的是让行动者更好地了解自己的工作、生活,提高反思能力,解决问题,进而改进自己的工作与生活。

一般来说,德裔美国社会心理学家库尔特·勒温(Kurt Lewin)是行动研究的鼻祖。20世纪30年代,犹太人在德国屡遭迫害,德裔犹太人勒温不得不移居美国。有感于当时美国也有排犹倾向,勒温立志于改造社会、提倡民主、克服偏见。1945

年，勒温在麻省理工学院创建群体动力学研究中心，试图用群体动力学的理论来解决社会实际问题。他与犹太人和黑人合作进行研究，这些实践者以研究者的姿态参与到研究之中，积极地对自己的境遇进行反思，力图改变自己的现状。1946年，勒温在其《行动研究与少数民族问题》一文中，将这种结合了实践者智慧和能力，以解决某一实际问题的研究称为"行动研究"。在论文中，他提出"没有无行动的研究，也没有无研究的行动"，强调行动与研究间的密切关系，正式提出了"行动研究"的概念、功能和操作模式。勒温将行动研究视为通向民主的途径，他认为行动研究的核心关注点是改善实践，尤其重视改善人际关系，如不平等、偏见等问题。行动研究被引入教育领域之后便用于改进学校的课程和教学实践。对勒温而言，行动研究还意味着一种科学研究方法，他将行动研究的过程描述为"计划—行动—观察—评价—再计划"，这被认为具有实证主义①的痕迹，他本人也被称为实验主义者。也就是说，由勒温开始的早期行动研究既追求民主发展又重视科学方法，早期的行动研究也因此被称为"科学的行动研究"。

受勒温行动研究思想的影响，20世纪50年代，经由前哥伦比亚大学师范学院院长斯蒂芬·科里（Stephen Corey）的倡导，行动研究逐渐进入到美国教育研究领域。科里在1953年出版的《改进学校实践的行动研究》一书中，第一次系统地将行动研究介绍到教育中来，使行动研究很快影响到教育实践，从而确立了行动研究在教育研究中的合法地位。在科里看来，所有教育上的研究工作，应由应用研究成果的人来担任，其研究结果才不致白费。同时，只有教师、学生、辅导人员、行政人员及家长、教育支持者都参与到对学校教育的研究之中并能不断地自我检讨，学校才能在适应社会发展的过程中得到更好的发展。

20世纪60年代末至70年代初，在斯腾豪斯及其领导的"人文课程研究"项目（The Humanities Curriculum Project）的影响下，行动研究在英国逐渐兴起。斯腾豪斯针对某些不规范的行动研究提出批评，提出了"教师成为研究者"和"研究成为教学的基础"等著名口号，进一步充实了行动研究的内涵。在斯腾豪斯看来，行动研究首先必须是一种"研究"，而"研究就是公开而系统的、持续的、有计划的和自我批判的探究"。在斯腾豪斯的影响下，埃利奥特（J. Elliott）在英国成立的福特教学研

---

① 实证主义（Positivism）是指要求任何科学必须以可感觉到的事实作为出发点，并限于描述这些可感觉的事实及其规律的哲学观点，又称实证哲学。实证主义产生于19世纪30—40年代的法国和英国，创始人为法国哲学家、社会学始祖孔德（Auguste Comte，1798—1857），其形成标志为1830年开始陆续出版的孔德的6卷本《实证哲学教程》。孔德称自己的哲学为"实证哲学"，其目的在于表示他的哲学是依据近代实证科学为基础的一种"科学的"哲学。

究项目(Ford Teaching Project)一直继续发展行动研究的理论与实践,并在剑桥大学教育学院成立了课堂行动研究网(Classroom Action Research Network)。之后,在澳大利亚的凯米斯(S. Kemmis)、美国学者舍恩等学者进一步支持、充实、修正和完善的基础上,行动研究的主张和方法更加受到人们的重视。致力于行动研究的教育专家们更是想尽各种办法来发展教育行动研究的应用领域和技术。他们认为,教育行动研究追求理论与实践、研究与行动有机结合的旨归,促使行动研究在中小学焕发出强烈的吸引力和强大的生命力。

在我国,行动研究的概念最早是由台湾学者王文科于1982年引入的。1992年,《华东师范大学学报(教育科学版)》发表了张民选《对"行动研究"的研究》一文,对行动研究是什么、有何特点、从哪里来、为何兴起、如何操作等问题,尤其是对行动研究的特征及操作程序做了比较周全的评介。之后,研究者对行动研究的译介和理论上的探讨日趋增多,并逐渐深入实践领域,鼓励教师与研究者进行"协同研究"。进入21世纪,尤其是随着2001年基础教育课程改革的不断深入,教育行动研究在我国取得了突飞猛进的发展,发表的研究成果呈几何倍数增长,对教育行动研究的探索、应用与实践呈现出多元化的发展格局,行动研究真正走进了中小学教师的教学生活,掀起了我国教育研究领域"行动研究运动"的浪潮。越来越多的中小学教师开始有意识地开展行动研究,用来解决教育教学中遇到的各种问题,改善教育教学实践活动。

案例 8-1

行动研究的类型

有人把行动研究的源头追溯到19世纪晚期的"教育科学化运动",也有人认为,早在20世纪30年代美国印第安人事务局局长科利尔(J. Collier)在自己的研究中就已经采用了"行动研究"这一术语。这两种说法可以视为行动研究的两个源头,这两个源头预示了后来的行动研究的三种类型。

(一) 科学的行动研究

第一代教育行动研究的倡导者勒温本人所做的行动研究,实际上是一种准实验研究。后来人们将其称为"科学的行动研究"(或"技术的行动研究")。与一般意义上的实验研究一样,科学的行动研究也有研究假设、控制以及对结果的检验。在研究报告的撰写上,科学的行动研究报告也接近实验研究报告。

(二) 实践的行动研究

由于科学的行动研究往往过于强调研究的技术规范而不关注课堂教学中的实际问题，这使得行动研究一直遭受批评。第二代教育行动研究的倡导者斯腾豪斯领导了"实践的行动研究"，提出了"教师成为研究者"和"研究成为教学的基础"口号。斯腾豪斯的思路与后来的英国学者埃利奥特提倡的"改进学校实践的行动研究"、美国学者舍恩提倡的"反思性实践者"(Reflective Practitioner)是一致的。因此，实践的行动研究也可以理解为"反思性教学"(Reflective Teaching)。

(三) 批判的行动研究

斯腾豪斯领导的"人文课程研究"指导小组影响了他身边的同事凯米斯。凯米斯认为实践的行动研究过于关注课堂教学中的具体的、细节的教学问题而无法从整体的学科教学的高度或整体的教育原理的高度来解决问题，为此他倡导"批判的行动研究"(或称"解放的行动研究")。

严格来说，批判的行动研究与科学的行动研究、实践的行动研究并非并列的关系。批判的行动研究只是为科学的行动研究提供批判，使科学的行动研究更关注真实的、日常的教育实践。同时，批判的行动研究也为实践的行动研究提供批判，使实践的行动研究从学科教学新观念或教育原理的高度来超越具体的细节问题而进入整体的教育变革。

(选自陈向明主编：《教育研究方法》，教育科学出版社 2013 年版，第 362—364 页。)

综上，我们从纵向上对行动研究的缘起、历史发展及其分类进行了简单的追溯和梳理，这将为我们接下来全方位认识行动研究提供一个新的视角，同时也有助于我们今后在教育教学实践中开展适切的行动研究。

二、行动研究的内涵与价值

对于行动研究的定义，不同的研究者从不同的角度给出了自己的定义。

勒温认为，行动研究是将科学研究者与实际工作者的智慧与能力结合起来以解决某一事实的一种方法，其核心是改善实践。

凯米斯认为，行动研究是在社会情境中(包括教育情境)，自我反省探究的一种形式。参与者包括教师、学生、校长等人，其目的在促发社会的或教育实践的合理性及正义性,帮助研究者对实践工作的了解,使情境(或组织内)之实践工作能够付诸实施而有成效。行动研究的宗旨是：共同讨论,改进实践。

杰夫·米尔斯(Geoffrey E. Mills)认为,行动研究是由教师、校长、学校咨询者或处在教育情境中的利益相关者所执行的任何系统性探究。这个过程需要收集他们所关注现象的运作方式、效果达成程度等信息,从而达到研究者获得洞察力、发展反思性能力、影响学校环境的正向变革,以及改进学生的学习成果、改善相关人员生活和生命质量的目标。

综合上述专家学者及已有文献对于行动研究的表述,我们可以从性质、主体、目的、评价等多个方面来理解行动研究。在性质方面,行动研究是一种实践性很强的研究取向,与传统的学术研究有较大区别。在研究主体方面,行动者即为研究者。行动者可与外来研究者进行合作,但行动者是主体身份,而非边缘的参与者或协助者。在研究目的方面,行动研究是为了改善实践,研究者能发现问题,解决问题,在研究过程中提高反思能力,从而改进工作。检验行动研究效果的标准有三方面,一是行动者的意识和能力是否有所提高,二是问题是否得到解决,三是生存环境是否得到改善。

图 8-1　学术研究与行动研究对照

作为一名教师,当我们产生诸如"怎样提高我的教学质量""怎样帮助我的学生养成良好的学习习惯"等问题,并有意识地在教学过程中系统地观察和收集资料、与其他人一起分析和讨论这些问题时,实际上我们已经开始进行反思性教学,而这一反思行动的过程实际上就具有了"行动研究"的意味。因为我们正在用专业视角观察自己的教学实践活动,我们正在解决教学实践过程中面临的问题,我们正在和同事、学生家长、校外专家,甚至与学生分享自己的困惑和成果……正是在反思和改进自己的实践活动时所应用的探究性的、有目的的、系统性的、批判性的、合作性的方法使行动研究成为一种研究的形式。

有人说教育永远是一门充满遗憾的艺术。在现实的情境中，教师的教育教学总是无法达到理想的状态，但他们永远奔赴在为之奋斗的路上。行动研究为一线教师提供了专业方式，帮助他们主动地去审视自身的教育教学动态，分析学生的行为和认知情况，验证和挑战现有的实践惯例，探索和尝试新的教育教学方法。国外研究者发现，当教师通过行动研究对自己和学生的行为有了新的了解时，他们便能够：

- 决定哪些需要改变，哪些不需要改变；
- 将先前的知识与新信息衔接起来；
- 从经验中学习，哪怕是失败的经历；
- 提出问题，并系统地找出答案。

教师专业发展，实质上是一个教师通过不断解决教育教学问题实现自我提升的实践活动和过程。从这一角度来看，要从根本上促进教师的专业发展，教师应该是"行动研究者"，能从自己的教学实践中发现问题、寻找策略、实施方案、进行评价。在这一过程中，教师化被动为主动，通过参与、行动、反思，不断地生成实践性知识，从而实现自身的专业发展，提高教育教学实效。

教师怀着促进学生发展的强烈愿望，却总是在教育教学实践中遭遇各种专业问题，这正是促使他们开展行动研究的强大动力，也是使行动研究葆有持续生命力的根源。米尔斯在《教师行动研究指南》中指出，行动研究不是一阵终将过时的流行风，因为"好教师总会去系统地观察自身教学对学生学习的影响"，"他们可能不称其为行动研究，也可能没有意识到自己这种系统的反思行为已经可以称为研究，而且这种研究不偏不倚，就是我们所说的行动研究"。

然而，作为教育科学研究的一种，行动研究在许多中小学教师眼中始终蒙着一层神秘的面纱。而要揭开这层神秘的面纱，初期需要教师们花费一定的时间学习和掌握行动研究的具体程序与方法。然而一旦掌握，行动研究其实就会成为一种程序化、日常性的工作。行动研究要求教师在日常工作中多一点反思，多一点问题意识，多一点有目的的理论学习，多一点观察与调查，多一点与专家、同行、学生和家长的沟通，这其实也是教师日常要做的事情，只不过在行动研究的框架下，这些工作变得更加系统，更加有意识、有规范[①]。正所谓"磨刀不误砍柴工"，行动研究重在日常的资料积累，重在解决自身的教学管理问题，重在通过研究提高自身的工作效能。案例 8-2 是温州市水心第三小学对于行动研究的思考，它说明了行动研究

---

① 张晓辉.教师如何开展行动研究[M].长春：东北师范大学出版社，2010：49.

对于提升教师工作效能、促进教师专业发展的重要作用。

案例8-2

在开展本课题研究之初,许多教师的认识还停留在:教师的任务是"以教学为中心"的,繁重的教学负担几乎没有为研究留下多余的时间。参加项目的试点工作之后,我们根据研究分析了解到,教师所进行的行动研究实质上是一种特殊的"教学研究",是教师对自己的教学进行的思考和探究,这种研究的目的不是为教学增加另外的负担,而是力图使教学以更有效的方式展开。因此,尽管在研究之初教师可能需要投入较多的时间和精力,显得比过去费时费力,但一旦进入研究的正常状态,当教师从自己的研究中找到了有效的教学策略和教学管理策略时,就有可能熟练地解决种种"教学困惑",减少无效的重复劳动,在不一定增加工作时间的前提下提高教学效率。我们参与本项目试点工作的经验事实上也证明了这一点。

（选自肖进:《建立行动研究机制,促进教师专业发展》,温州市水心第三小学报告,未发表。）

可见,行动研究不是脱离现实教学生活的学术研究,而是教学问题解决式的探究。尽管它仍需遵循一定的程序和特定方法,但其本身并没有固定不变、千篇一律的参照模式,不存在难以跨越的技术壁垒。它不是少数骨干教师的特权,更不是专家学者的专利。相反,一线教师扎根于教学实践,在实践中积累了大量经验,知道实践中最需要什么以及缺乏什么,有着一般专家学者不具有的实践优势,这种优势将在行动研究中发挥极大的作用。从这一角度来说,行动研究为作为"实践者"的教师成为"研究者"提供了现实途径。

面对前文情境中岳老师遇到的学生张新的问题,就可以采用行动研究的方法来解决。同时,依托行动研究,岳老师能够联结其他学科的任课教师形成合力,基于研究建立教师共同体,共同帮助张新同学进行改进。

第二节　行动研究的主要流程

本节主要介绍教师开展行动研究的主要流程和计划制定。通过介绍行动研究的基本模式,借助案例解析具体的操作步骤并提供实用工具,帮助教师了解和掌握"如何做行动研究"。

一、行动研究的主要流程

一般来说行动研究是一个包括计划、行动、反思、评价等多个环节的一个循环往复的过程。西方学者华莱士（Wallace）认为，行动研究主要包括以下几个步骤：

（1）教师发现教学中存在的问题。

（2）教师针对发现的问题提出解决方法。

（3）教师通过制定教学计划去解决问题。

（4）教师对这一轮的教学成效进行分析与评价，以便进行下一轮的研究。

工具包 8-1

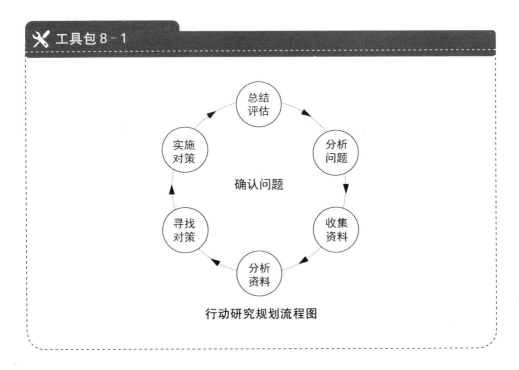

行动研究规划流程图

目前学术界形成了许多原则和模式，用于指导教师开展行动研究。从研究文献来看，国内大多数学者所采用的操作程序一般是凯米斯于1988年所绘制的"螺旋表图"，其基本操作模式是：行动研究的过程是一个螺旋上升的过程，每一个螺旋圈都包括"计划—实施—监测—评价—反思"五个相互联系、相互依赖的基本环节。其中"监测"不是一个独立的环节，而是贯穿在行动研究全过程中的资料收集和监察工作，而每一个环节都需要行动研究者保持反思的意识。"反思"是对行动效果的思考，并在反思的基础上计划下一步行动，它是第一个循环圈的终结，又是过渡到另一个螺旋圈的中介。

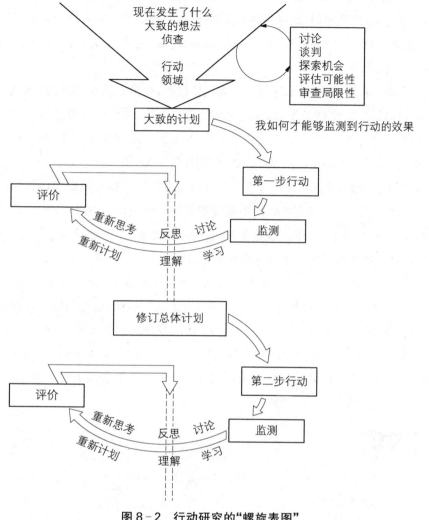

图 8-2 行动研究的"螺旋表图"

在此基础上,我们可以提炼出一个教师行动研究的基本框架①。

(1) 发现问题。行动研究开始于教师对自身学科教学和班级管理工作的一些想法、问题和困惑。任何教师在实际工作中总会遇到一些问题和困惑,只不过在许多情况下没有及时收集和整理,或还没养成这方面的习惯。教师可以通过多种途径发现和积累问题,包括自述与回忆、他人的参与性观察、角色扮演、轶事记录、各种检查表、问卷、访谈等,也可以借助于录音、录像档案资料等。

---

① 周耀威.教育行动研究与教师专业发展[J].全球教育展望,2002(04):53—55,58.

（2）分析问题。教师通过分析所收集到的资料，审视自己的思想和行为，对问题予以界定，诊断其原因，确定问题的范围，以期对问题的本质有较为清晰的认识。这里，教师可以利用自我提问来帮助对问题的理解，也可以通过合作的方式（相互观察和分析）来进行。

（3）确立假设，制定行动计划。明确问题以后，教师开始在已有的知识结构中（或通过请教同事、理论工作者，或通过阅读专业书籍、文献资料等途径）搜寻与当前问题相似或相关的信息，以建立解决问题的方案。这种寻找信息的活动是自我定向式的，其结果有助于教师形成新的、创造性的解决办法。

（4）实施计划，验证假设。考虑了每种行动方案的可能效果后，教师就着手试行某一个解决方案，在试行之后要不断地搜集各种资料或证据，以验证假设，改进现状。在检验过程中，教师会遇到新的问题、新的经验，当这种行动过程再次被观察和分析时，就开始了新一轮的行动研究的循环。

案例8-3是一位小学校长所记录其为改善学生阅读风气所开展的行动研究的全过程。这项行动研究开始于校长对"学生阅读风气不佳"这一问题的发现，经历了分析问题原因、制定行动计划、实施行动计划、反思与再尝试的过程。在这个循环往复的研究过程中，行动策略在实践检验中得以被修正、更新，从而在解决"学生阅读风气不佳"这一问题上发挥了实际的作用。从中我们能够更深入地体会行动研究循环往复、螺旋上升的特征。

案例8-3

用"心"来阅读

一、发现问题

在教学中我发现学生不喜欢到图书室借书看，而是买有图画的书看，于是我采访了学生，得到的答案如下：

A：因为我喜欢看这些书呀！

B：是我自己挑的，我比较有兴趣看。

结合这个情况，我产生了疑惑：学生买的书图书室都有，为什么学生还要买？书商说大多数学生喜欢买图画式的书，很少买纯文字的。有些高年级的学生买中低年级学生看的书籍，这是为什么？学生的自我阅读能力尚未形成，那么应该如何推广良好的阅读风气？

二、分析问题

(一) 老师的观点

某次研会时,我把学生阅读风气不佳的问题提出来,让老师们省思,并请大家对此问题做一个解答。

老师们陈述了想法:

- 家长重视孩子的课业,希望孩子能先把学校的功课学好,而不重视学生的阅读。
- 学校没有任何奖励机制,无法提高学生阅读的兴趣。
- 学生的阅读习惯需要成人带动,只有这样,久而久之,学生才会养成每天阅读的习惯。

(二) 家长的观点

为了了解家长的看法,我利用各种机会与家长聊天,了解到家长的想法:

- 我鼓励孩子多看一些有益的课外读物,但他就是坐不住!我也给他买书,但我精挑细选的书,孩子只翻了翻,就再也不看了!
- 孩子回到家就看电视,要他阅读,门都没有……
- 我还是希望孩子多看看书,将来用得着(一脸尴尬地笑)。
- 孩子喜欢看漫画书,什么《游戏王》《棋灵王》……但对文字较多的书就不能集中注意力看进去。

(三) 我的看法

教师指导学生阅读时,往往让学生自己阅读,很少指出其中存在的问题。家长方面:第一,父母陪孩子读书时间太少,没有培养孩子从小阅读的习惯,孩子缺乏阅读的氛围;第二,慎选好书的问题。孩子读错一本书比不读书后果还要严重,父母要对给孩子买的书进行初步的筛选,觉得适合孩子,再给孩子阅读。

三、计划

与同事们讨论之后,我们参照其他学校的做法,制定了如下推动策略。

(一) 策略一:重新规划图书室

在空间方面,以"明亮、宽敞、舒适"为主,减少"凸角"的部分。

在书籍整理方面,按图书内容分低、中、高三个阶段,再按图书分类法将书重新排列在书架上,使学生容易"看"到,也方便"找"到。

在"软件"方面,提高图书管理人员的服务质量,甄选热爱图书(由四、五、八年级教师推荐)的图书管理人员,利用课间十分钟及中午午休时间为学生服务。班级里放置两大箱书框,图书管理人员每两个月更替一次。每班设置"阅读角",为学生打造一个温馨、明亮、安全的阅读环境。

(二)策略二:颁布"小学士、小硕士、小博士"阅读分阶办法

制定"无尾熊小学士""国王企鹅小硕士""猫头鹰小博士"和"超级小博士"阅读分阶办法,要求学生记录阅读各阶段所需书籍数量和阅读心得,颁发证书,请家长表扬、鼓励学生。

(三)策略三:阅读指导教学

1. 落实"深究课文"的指导

为了减轻教师的教学负担,分析文献后,经学校讨论认为,语文课"内容探究"的过程就是培养儿童阅读理解能力的过程。

略读时,指导儿童如何提取文章大意;精读时,指导儿童记取细节,归纳重点,设法提纲挈领,掌握文章的结构。探究内容时,要用心去做,这样可以让儿童掌握正确的阅读方法,提升他们的阅读理解能力。

2. 开展教师进修活动

通过教师进修学习,让他们了解指导学生练习阅读理解的技巧,运用实例让教师正确认识各种阅读策略,并自我练习。然后再根据各班的实际情况进行阅读教学。

(四)策略四:分享阅读心得

每周二的学生展会,学生分享彼此的阅读心得,教师让学生上台发言,以配合语文老师的教学,营造学生"彼此激励,相互分享"的学习氛围。

(五)策略五:订阅《小百科》报并开展有奖问答活动

每班订阅《小百科》报,为了鼓助学生阅读刊物,每个星期都设有奖问答,题目就从当周的刊物内容中提取。

四、我们的希望、困惑与挫折

实施一系列"提高阅读风气"的策略后,我满怀欣喜地希望这样做能带动学生的阅读风气。

孩子喜欢看书,只是现在要以外在的方式来让学生养成阅读习惯,但愿学校采取的引导学生阅读的措施能够帮助学生学会阅读、爱上阅读。

不只是我,几位老师也期盼这次的阅读推广活动。

梅老师:我带来好多儿童读物,同时也重新布置了阅读角,希望孩子们能养成阅读的习惯……

荷老师:我设计了一个单元的阅读理解练习,让我们班的小朋友试试看……

虽然进出图书室的学生较多,但总是那几个。只有一个学生得到"小学士"的奖励。我在学期末的校务会议上把推动阅读成效不佳的问题提出来后,老师们也颇感压抑。我说了一段鼓励老师的话:"推动的过程中,老师们非常认真,这点值得肯定。当然,成果的展现还要一段时间,有可能是我们没有注意到某些环节,这些可以再讨论。有一句谚语:当人生送来的是酸涩的柠檬时,不妨想办法把它榨成一杯甜美的柠檬汁!我们要再接再厉,不气馁……"

松主任第二天向我提出了他的看法。

松主任:我觉得我们在设计小学士、小硕士、小博士分阶办法时,可能过于"理想化"或过于"教育化"了。

我:可以说明一下"理想化"或"教育化"的具体意思吗?

松主任:"理想化"方面,我觉得看一本书就写一篇心得报告,想法很好,结果是学生可能会读书,但不愿写读书心得;而"教育化"则是学校在推动一些做法时,学生有可能把它当成一门"功课",如果把"阅读"与"功课"或"写作文"画上等号,那么学生会很排斥。

我:你说得有道理,太多的规定、评量或比赛,会让阅读成为一种负担。谢谢你的提醒。

当天晚上,我记录下了我的反思情况:我犯了两个错误——自上而下的命令与复制。

第一,自上而下:推动阅读没有从"学生的角度"考虑,就像是辅导了却不了解学生的心一样,只会达到事倍功半的效果。换言之,在学生阅读时,有一些规定附加在他们身上,会让他们觉得"不快乐"。

第二,复制:小学士、小硕士、小博士分阶计划直接是复制其他学校的做法,没有考虑学校的特性、家长的背景以及学生的喜好,这真是一大缺失,值得自己警惕!

亡羊补牢为时未晚,我想我应该从访谈学生开始。过了几天,有的老师也提出了他们的看法。

竹老师：家长方面，我们也没有着力点，如果学校和家长双管齐下，效果会比较好。

蓝主任：我还是觉得学生的动力不足，我们可以再修正一些鼓励办法。

老师们有信心解决这个问题，让我有"德不孤，必有邻"之感，虽然修正的具体做法仍很模糊，但已经有了一个方向。

五、澄清与再尝试

(一) 学生心目中的阅读世界

三月初，我请了五组学生(每组5—6人)到校长室访谈，向他们说明了我只是想了解事情的真相，了解阅读在他们心目中的地位。通过访谈，我发现：

(1) 阅读应该是快乐的，没有压力的。

(2) 阅读书籍的喜好随年龄的变化而有所不同。

(二) 学生希望有人陪伴阅读

(1) 我希望爸爸妈妈陪我一起看书，不是每次只叫我看书，他们都聊天、看电视。

(2) 如果只有一个人在看书，看一下就不想看了。

(3) 如果妈妈陪我看书，我会很高兴。

(4) 小时候，我喜欢妈妈说故事给我听，还有校长讲的故事也很好听。

(5) 有时候，和同学一起静静地看书，比较有看书的样子。

(6) 我喜欢跟好朋友和家人一起看书，有时候还可以分享，很有趣。

(三) 学生不会或不喜欢写阅读心得、感想

(1) 我觉得心得很难写。

(2) 在阅读心得记录表里，我最不喜欢写心得或感想这部分。

(3) 我不会写心得。

(4) 我会看书，但我不会写心得。

(5) 看到要写心得，我就不想写。

(6) 如果可以不写心得，用打"√"的方式，我会认真看的。

(7) 我觉得语言交流也很好啊。

我的访谈省思：我很喜欢看书，当看到一本引人入胜的书时，我会从心底里会心一笑。但我们的推广策略，会让孩子们觉得快乐吗？我现在心里在打问号。每个年龄段的孩子都有适合他们阅读的书籍,但学校是否做到让学生读适合他们的书?孩子需要有人陪伴阅读,父母就是最佳人选。如果父母没有时间,有谁能够代替?是老师还是校长?写心得很难吗?扪心自问,有时还真的"榨"不出来。阅读心得一定要写出来吗?要不要全写?可以用其他形式来代替吗?当初,让学生写心得的用意是为了保证学生真的看书了,同时检查他们的读书程度。其实,我该让他们为自己负责,让他们自在地阅读。

从访谈资料了解到,快乐阅读很重要,学生的阅读兴趣随着年龄的变化而有所不同。访谈信息是我们修改做法的依据,于是我们开始修正和创新研究策略。

六、再尝试:修正行动策略

老师们共同讨论存在的问题,我们修改"小学士、小硕士、小博士"阅读分阶办法,增加"师生共读时间""争取经费购买书籍""与家长进行沟通"等措施,其余与第一阶段相同。在讨论过程中,对于修改"小学士、小硕士、小博士"阅读分阶办法,老师们有不同的看法。

蓝老师:心得可以不只用写的,可以用画的。

竹老师:心得的形式可以修改,例如对话改编、画图、写信等形式都是可以采纳的。

松主任:如果学生是为了"写心得而去看书",阅读就不快乐,也不好养成习惯。

柏老师:写心得是学生吸收转化知识的一种方法,我觉得对于中高年级学生写心得还是必要的。

我:就推广的目的来说,学生要先接触书,才会喜欢书,所以我觉得可以信任学生,可以用阅读记录的方式。

经过讨论,我们觉得以阅读记录为主,但阅读记录三十本书的心得,需撰写十张不同形式的阅读报告。

(一)策略一:修正"小学士、小硕士、小博士"阅读分阶办法

维持"小学士、小硕士、小博士"阅读分阶办法,改用阅读记录的形式,登记书名、作者、页数,并请家长或教师签字。每三十本书的阅读记录表中,要书写十张心得分享,形式多种多样,可以是心得、感想、绘画、一封信、改编对

(二) 策略二：师生共读时间

每周三早上八点至八点四十分为师生共读时间。教师和学生一起在教室阅读自己喜欢的课外读物。

(三) 策略三：与家长沟通

校长每月书写"给家长的一封信"，利用各种集会与家长面对面地沟通，希望家长给孩子讲述自己当年渴望阅读课外读物的经历，以支持学生的阅读。

(四) 策略四：争取经费购买书籍

除了向上级申请补助外，竹老师和柏老师建议可以向学有所成的校友募捐。在第一站我们就遇到了十分支持这项工作的校友，他答应捐助十万元的图书经费，学校立即以其父亲的名义成立"纪念文库"，还设专柜摆放。根据学生的访谈结果，我们有针对性地挑选了一些优秀书籍，这些新书成为后来借阅率最高的书籍。

（张德锐等著：《教学行动研究实务手册与理论介绍》，高等教育文化事业有限公司2007年版，第173—208页。）

二、行动研究的计划制定

通过前面的学习，我们了解了行动研究的基本流程。面对实践中的问题、困境，在分析问题并查阅已有研究资料后，就需要教师在已有研究的基础上制定行动研究的计划。制定行动计划能够帮助教师明确接下来该做什么、怎么做、由谁来做。为使制定计划的过程变得简单明了，我们为大家提供了"行动步骤表"这一工具来辅助计划的制定。当教师制定行动计划时，可以用"行动步骤表"来向自己和团队提问，进一步明确行动的过程。"行动步骤表"包括以下内容：

- 研究目的是什么。
- 为了达到这些目标应采取哪些行动。
- 谁负责这些具体的行动（责任）。
- 应该和谁就这些问题进行商讨，在整个过程中还有谁应有知情权。
- 谁负责监控和采集这些行动带来的影响。
- 实施行动与监控的时间。

- 实施行动所需的所有资源支持。

当教师采用行动研究的方法开展实践研究时,可以用下面这张表来向自己和教师团队提问,进一步明确自己的研究过程。

工具包 8-2

行动步骤表

研究问题与研究结果	为达到研究目的拟定采取的行动	谁负责该行动	应该与谁共同商讨/应该告知谁	谁负责监测/资料收集	时间安排	资源
1.0 研究问题 1.1 研究结果 1.2 研究结果 1.3 ……		• 教师 • 团队	• 教师 • 团队		什么时候采取行动/监测	要想实施行动必须有哪些资源支持
2.0 研究问题 2.1 研究结果 2.2 研究结果 2.3 ……		• 部门领导 • 学校负责人 • 家长 • 学生	• 部门领导 • 学校负责人 • 家长 • 学生			

针对前文提到的班主任岳老师遭遇的"难题",为了帮助张新同学进行改进,岳老师用上述工具做出了具体的研究规划。

首先,岳老师在帮助张新同学进行改进之前,需要了解张新同学的问题现状,以便有针对性地对问题进行分析。岳老师与张新以及张新的家长进行了访谈,了解到张新沉迷网络游戏的原因主要有:学习学不懂,不想学;喜欢游戏升级/胜利带来的成就感;自律性不强,家长监督较少。在了解到张新的问题之后,岳老师决定先从以下两个方面着手研究:

(1)如何提升张新的学习兴趣?

(2)如何增强张新的自律性?

其次,岳老师针对上述研究问题继续与张新及其家长、各任课教师进行交流,并查阅已有文献资料,初步确定了解决问题的行动策略。接下来岳老师就借助"行动步骤表"对行动进行进一步的规划。表 8-1 是岳老师为帮助张新同学进行改进所填写的行动步骤表。

表8-1 岳老师的行动计划表

研究问题与研究结果	为达到研究目的拟定采取的行动	谁负责该行动	应该与谁共同商讨/应该告知谁	谁负责监测/资料收集	时间安排	资源
1.0 对学习无兴趣的原因 1.1 听不懂,不会做 1.2 老师不关注 1.3 没有学习目标	1.1—1.3 学科教师与学生共同制定合适的学习目标;教师在学习上给予支持指导	袁老师为主,团队其他老师辅助	班主任、学生、家长	监督人:学科教师、班主任 收集资料方式:测验、观察、作业实物分析	贯穿整个学期	目标制定的方法和工具 家校合作
2.0 自律性差的原因 2.1 没有计划意识 2.2 自我约束力弱,无监督 2.3 缺乏激励与反馈	2.1—2.3 学科教师与学生共同制定学习计划,及时跟进与反馈 2.2 家长与学生共同制定作息时间,进行监督	学科教师、家长	班主任、学生、家长	监督人:学科教师、班主任、家长 收集资料方式:观察、实物分析、访谈	贯穿整个学期	计划制定的方法和工具 家校合作
3.0 如何帮助张新改善学习状态 3.1 正面引导,发掘他的长处,将其注意力从网络游戏转移到学习上	3.1 (1) 召集班级其他任课教师,组建网瘾生转化课题组 (2) 召开研讨会,发现张新的特点,挖掘其长处 (3) 采取策略引导张新将注意力转移到学习电脑技术上 (4) 采取策略帮助张新建立自信,感受学习的收获和喜悦	(1) 班主任 (2) 团队 (3) 袁老师为主,团队其他老师辅助 (4) 袁老师为主,团队其他老师辅助	班主任、学生、家长	监督人:学科教师、班主任、家长 收集资料方式:观察、实物分析、访谈	贯穿一学期	1. 学习电脑绘图软件相关资源 2. 课外活动小组
4.0 ……						

第三节　用行动研究构建教师实践共同体

行动研究是一种"以行促思"的研究,注重立足实践、理解实践、解决实践中的迫切问题,从而在实践中获得新知、实现个人成长。于教师而言,行动研究是以问题解决为中心的探究式学习,这是一种高级的学习形态。罗杰斯认为,个人知识的建构是人与社会环境交往而逐渐形成的社会产物。建构主义、社会学习理论和社会文化心理学均揭示学习的本质是合作,是人与人之间的交往,是他人思想与自我见解之间的对话。越是高级形态的学习,越需要不同学习主体之间的互动与合作。

开展行动研究要求教师在研究规范、研究技能等方面有一定的训练和理论准备。一般而言,教师刚开始接触行动研究,会对教育科学理论的语言不是很熟悉(对某些术语甚至会有理解上的偏差),这就会给教师深入分析问题、准确表述观点等造成一定的困难,从而妨碍了研究的深入和研究结果的交流。另外,教师个体受认识水平与价值观念等的局限,对教育实践的理解水平也较为有限,加上时间、精力限制,仅依靠教师个体的行动研究往往较难取得成功。因此,合作是教师开展行动研究的内在价值诉求。建立教师"实践共同体",促使教师与专业研究者合作(或至少教师之间合作)进行研究,将为教师开展行动研究提供有利的条件。

一、什么是实践共同体

"实践共同体"最初是莱芙(J. Lave)和温格(E. Wenger)在《情境认知:合法的边缘性参与》中提出的,温格在《实践共同体:学习、意义和身份》中对其进行了深入的探讨,认为"一个实践共同体包括了一系列个体共享的、相互理解的实践和信念以及长时间追求共同利益的理解"[1],即所有成员拥有一个共同的关注点,共同致力于解决一组问题,或者为了一个主题共同投入热情;他们在这一共同追求的领域中通过持续不断的相互作用而发展自己的知识和专长。

"实践共同体"是一个整体,不是所有的"共同体"都有"实践",同时也不是所有的"实践"都可以定义为"共同体"。那么具有什么样"实践"的"共同体",才是"实践的共同体"? 为了回答这个问题,温格提出实践共同体的三要素,分别是:相互的参与(Mutual Engagement)、共同的事业(Joint Enterprise)、共享的知识库(Shared Repertoire)。相互的参与意味着成员彼此之间的互动,通过这种互动产生了对某一事物或问题的共享的意义;共同的事业即是指所有的参与者一起朝着共同的目标

---

[1] [美]J·莱夫,等.情境学习:合法的边缘性参与[M].王文静,译.上海:华东师范大学出版社,2004:1.

迈进，努力工作，分享自己的经验和故事；共享的知识库则是指固化了的、共同的资源以及共同体中成员之间用于协商意义和便于学习的行话、术语。那么，所谓教师实践共同体，即是指教师基于教学实践活动或问题解决的需要（并不是外部的指令）而聚集在一起，以期通过相互介入、合作、协商和对实践活动的积极参与，并在不断的反思、对话和再实践中实现自身专业水平的提升[①]。

实践共同体勾勒了一种理想的合作形态。这种合作不局限于现有的组织体系，也不依赖于外在行政压迫，而是源自解决实际问题的需要，是合作主体共同价值观念的必然产物。在合作中，每一个个体都有一个合法的角色（即活动中具有真实意义的身份），个体的自我经验、个性倾向和文化背景在不断互动中融洽吸收，形成共同的愿景并为之全身心投入，其合作是真诚的、深入的、内在的，是参与共同体实践的个体自我选择的结果[②]。

案例8-4是一位小学数学教师在参加了一系列实践共同体活动后所撰写的感悟，体现了教师实践共同体对于教师成长和教师专业发展的促进作用。

案例8-4

我们感到，教师和教师之间的共同体活动，在教师的心灵之间架起了一座沟通的桥梁，使得教师在面对教学上的困难和问题时，能够第一时间和同伴沟通，说出自己的理解和困惑，引发大家对相应问题的关注和思考。共同体活动不仅有助于解决教师教学的实际问题，还形成了良好的相互沟通、相互协作的风气。有的教师笑言："如果不是这次的实践共同体活动，或许我们之间不可能像现在这样一起讨论、设计教学，增进彼此之间的了解。"在实践共同体中，每位教师的意见都是宝贵的，每位教师遇到的问题都是整个小组需要解决的共同问题，每个人的提高和发展都直接或间接地建立在其他人工作的基础上，没有孰轻孰重之别，即使是专家教师也是如此。这次研究让我们大家走出"各自为政"的封闭教学的圈子，走向彼此，学会与他人合作，在教师间真正建立起合作、互助的伙伴关系。

(选自文静敏：《从"一头雾水"到"恍然大悟"——一位小学数学教师在实践共同体活动中的成长与收获》，《全球教育展望》2009年第1期，第91—93页。)

---

① 傅钦志.构建实践共同体　促进教师专业成长[J].教育科学论坛，2011(02)：59—60.
② 张平，朱鹏.教师实践共同体：教师专业发展的新视角[J].教师教育研究，2009，21(02)：56—60.

二、行动研究与实践共同体

行动研究与实践共同体二者之间存在着本质的联系,即"共同讨论,改进实践",二者均以反思为其重要特征,注重在教育教学实践中寻求教师专业发展的重要推动力量。

同时,行动研究与实践共同体之间也存在着相辅相成的关系。一方面,实践共同体为教师顺利开展行动研究提供了保障。在实践共同体中,一线教师之间、一线教师与专业研究者之间统一于实践需求,通过对话与交流合作解决问题,在此过程中实现经验共享、促进彼此专业知识结构的优化,从而完成新知识、新理念的产生与创造。另一方面,行动研究是构建实践共同体的依托。在教师实践共同体的运行当中,教师专业学习的自发性与自主性至关重要,为此,必须找到共同体内的共同愿景。而行动研究促使教师为解决特定的实际问题聚集在一起,从各自不同的角度参与到研究的实践中,齐心协力地为实现研究目标而奋斗。在行动研究中,他们是彼此认同的同伴,有共同的价值取向和努力目标,共同营造着凝聚共同体运行的核心文化。可以说,行动研究是教师走向专业成长的重要路径,而实践共同体则为其提供了起到有力支撑作用的"支持性环境"和"促进性环境"。

西方学者华莱士认为教师组成合作团队是最有效的行动研究方式之一。合作式行动研究不仅能促进基础教育工作者的专业发展,而且能促进高校教师教育研究者的专业发展,更重要的是有利于高校与基础教育之间形成更紧密的合作关系,共同为教育事业做出贡献。教师的反思性研究不应该是站在孤岛上的,来自同伴的支持、鼓励、反馈往往是最好的激励。行动研究的合作对象可以是学生,本校的教师或者外校的教师(可以是同学科的,也可以是跨学科的,国内国外都可行),教科研部门的教研员、研修员或高校课程与教学论专家团队,等等。

案例 8-5 是一位中学英语教师作为教师实践共同体中的一员在开展教学改进的行动研究后所撰写的感悟。该共同体是由北京师范大学外国语言文学学院的王蔷教授团队联合北京地区多所中学的英语教师所组建的,致力于改善英语课堂教学,促进英语教师的专业成长。

案例 8-5

行动研究提升了我的专业成长

从 2009 年 11 月 7 日第一次参加课题的集中培训,到 11 月 22 日第一次快乐语法教学的尝试,再到2011年4月14日最后一次快乐语法教学的公开课。17个月的时间里我针对高中英语6个模块中17项语法专题做了17次尝试。

那天完成1万多字的研究报告的初稿时已是凌晨2点,我却毫无困意,心中充满了感动,想起了海子的两句诗"那幸福的闪电告诉我的,我将告诉每一个人"。我觉得自己很幸福,一是因为我终于找到了适合自己的教学研究方式——行动研究。行动研究是以自己为研究对象的研究,是改变自己的行为和理解。由于改变了自己对语法教学的理解,我在课堂上采取的语法教学实验的行为也改变了学生对语法学习的看法,改变了学生对语法的认识和理解。我总是拿出学生的作品来欣赏,我感慨,学生的创造力是无穷的,创设好了活动,他们能带给我很多意外的惊喜。二是因为我崇拜和敬佩王蔷教授和她的团队里的每一名成员。每月一次的集中培训与分享,每次我都能获得不同的启迪,每次都感慨时间不够用,没听够,所以今年4月底我又参加了王教授和她的团队创办的"创建英语教师行动研究专业学习共同体——英语教师行动研究高级研修班"。研修班上我重温了以前的培训内容,又有了新的感悟,于是开始动笔写研究报告。梳理的过程由于有了陈则航老师和穆宏佳老师的邮件、电话的指导,思路日渐清晰。我想和大家分享我的行动研究之旅的快乐和感悟,我想告诉大家,行动研究提升了我的专业成长。

(王蔷、张虹主编:《高校与中学英语教师合作行动研究的实践探索——在行动中研究 在研究中发展》,上海教育出版社2012年版,第53—54页。)

三、以行动研究为依托构建教师实践共同体

那么如何以行动研究为依托,构建教师实践共同体呢?让我们回到最初的情境案例。岳老师因为张新同学网瘾的问题而苦恼,但是岳老师又担心仅凭一己之力,张新同学很可能只在自己的课上表现好,在其他老师的课上又打瞌睡。这样一来,岳老师就不能再"单打独斗"了,她必须通过联合各学科教师的力量,共同帮助张新同学发生改变。

下面,我们按照行动研究的步骤,从"发现问题"这一起点出发,沿着分析问题、制定行动计划、实施行动计划、总结反思与再尝试这一循环路径,看看岳老师是如

何组建起班级教师实践共同体的,这个班级教师实践共同体又是如何有效运作,从而通过行动研究解决张新同学沉迷网络游戏这一难题的。

首先,班主任岳老师发现了张新同学的问题,在对其问题进行分析后,决定联合各学科教师组建行动研究小组。其次,研究小组经过讨论,确定改进策略和行动计划,并由信息技术学科的袁老师作为行动研究中的直接干预者与张新同学进行接触;当袁老师在实施行动计划的过程中遇到多种问题时,行动研究小组便共同商讨,提供策略、建议。之后,行动初见成效,行动研究小组对行动进行反思,抓紧契机,改进行动计划,为张新同学提供参赛的机会。最终,通过行动研究小组的共同努力,张新同学的网瘾问题得到了解决,并积极投入到学习中。

案例 8-6

"网瘾生"是如何转化的

一、发现问题

初二(4)班的班主任岳老师发现,班上的学生张新近来总是上课迟到,在课上睡觉,课后也不能按时完成作业,不仅自己的学习越来越差,还影响到了班级的学习氛围。所有的任课教师对他的行为都十分不满。

二、解剖问题

通过观察张新的动态、询问张新的家长及班上同学,岳老师发现原来是因为他迷恋上了游戏。他每天夜里都到网吧玩游戏到凌晨,甚至到天亮。即使有天晚上不去,第二天凌晨5点也要先到网吧玩两个小时,7点再去上学。因此,要改善张新当前的不良状态,必须要帮其戒掉网瘾。

岳老师意识到,仅凭她一人之力很难对张新进行有效的干预。于是她将班级的其他任课教师召集在一起,向大家说明了张新的情况,希望他们能参与进来,共同研究如何帮助张新戒除网瘾。张新的课堂表现早已引起各科教师的关注,大家一拍即合,成立了一个网瘾生转化的课题组。

三、提出假设,制定行动研究计划

为了使研究取得较大的成效,课题组成员着手制定研究方案。

在班主任岳老师的主持下,各个学科教师多次召开研讨会,讨论张新同学的特点,其最突出的特点就是网瘾比较厉害,但是他的长处是电脑技术比较好。

因此,课题组决定从张新的长处入手,让信息技术学科的袁老师打头阵,将张新同学的注意力由电脑游戏转移到电脑绘画方面。

四、实施计划,验证假设

确定了研究方案后,信息技术学科的袁老师开始有意识地与张新多接触。这对袁老师来说也是一个挑战。因为,对于年轻的袁老师来说,他以往主要将注意力放在了学科内容的教学上,至于学生的特点、爱好、不足等则关注不多,尤其是对学习有特殊需要的学生,他们的发展是班主任工作职责范围的事情,学科教师尤其是任课教师关注较少。袁老师缺少这方面的经验。

在其他学科教师的帮助下,袁老师通过多种方式与张新进行了交流,进一步了解了张新的电脑基本功及其所拥有的相关知识,同时给他看了很多袁老师自己做的电脑美术作品,展示了他在电脑美术方面的专长。

袁老师的心血没有白费,张新对袁老师的作品大加赞赏,并对其能力由衷地佩服,很快,袁老师成了张新心中的偶像。没事的时候,他会与袁老师交流关于绘图软件方面的话题。

五、反思与再尝试

当袁老师了解到张新希望学一些电脑方面的技术时,袁老师向他提出了学习电脑绘图软件的建议,并提供了相关的学习网址。张新兴趣很浓,为了督促他学习,袁老师每天都跟他交流相关知识,二人之间的话题越来越多,关系也越来越密切。

看到张新同学的进步,课题组的老师们经过慎重讨论,决定让他参加学校的课外美术小组,尽管他不是很擅长美术,但是,在袁老师和其他学科教师的鼓励下,张新欣然同意参加课外活动小组,并按时完成了课外小组的学习任务。

六、实践成效

通过老师们的一系列行动,张新去网吧的次数和时间明显减少,他把越来越多的时间用到电脑学习中;上课再也没有迟到,认真遵守学校纪律,得到了各学科教师的称赞;学校推荐张新参加了县少年宫举办的电脑美术作品大赛,他从学校和老师那里感受到了成功的喜悦,正朝着老师们为他预定的目标发展。

张新的电脑美术作品

（改编自梁威，卢立涛，温水孳著：《基于班级——校本研究的新路径》，北京教育出版社2012年版，第134—150页。）

从这个案例中，我们可以总结出依托行动研究构建教师实践共同体的几大要素。

（一）共同的愿景

在以行动研究为依托的教师实践共同体中，成员教师所从事的共同的行动研究是他们共同的事业，对这一事业愿景的认同感和归属感使得他们彼此乐意合作，从而形成了教师实践共同体坚实的社会心理基础。在案例8-6中，帮助张新戒除网瘾是教师们一致的目标。他们意识到，要改善张新的学习状态，维持班级良好的学习秩序，仅依靠各自的批评教育是难以实现的，他们必须联合起来，发挥集体的智慧，找到行之有效的突破口并付诸行动。

共同的行动研究主题为成员教师提供了共同的交流基础。对于以行动研究为依托的教师实践共同体而言，教师的有意义学习产生于教师个体实践、集体实践以及在合作对话基础上进行的教师个体反思与集体反思中。在这个教师实践共同体中，教师们通过集体讨论来研究如何制定行动计划并改进，在交流与反思中共同进步。

（二）实践参与中的身份认同

在实践共同体中，共同体成员的"合法边缘性参与"是一个重要概念，它区别于"不合法的""中心性""不参与""充分参与"等概念，"合法"意味着活动是在共同体工作的情境中进行的，是主动的参与者，而不是被动的观察者。"边缘性参与"意味着多元化、多样性,或多或少地参与其中。总之,这种"合法边缘性"的身份不是外界赋予的,而是根据共同愿景的不同、具体情境和具体问题所生成的。不同的成员在共同体中所扮演的角色或有不同,但都在其中具有真实的意义,发挥真正的作用。在案例8-6中,班主任岳老师是课题组的主持人,负责组织会议,将大家凝聚在一起;信息技术学科的袁老师是主要的行动者,承担着用行动转化张新的重任;但该行动研究的顺利推进也离不开其他学科教师的积极参与,他们一同研讨,为制定行动计划贡献智慧,也为年轻的袁老师提供与学生打交道的经验。在这样一个共同体中,教师之间的关系是平等的,每个人既是学习者,又是教师,同时也是研究者,通过观摩和讨论,大家互相可以学到很多实践智慧。

(三) 交流的机制

在教师实践共同体中,知识的产生和创造来源于交流的机制,在这一机制保障下,成员教师之间就共同的行动研究主题进行充分地交流沟通,彼此分享知识。在合作开展行动研究的过程中,教师在共同体内部就同一行动主题分享各自的研究资料和心得。在这里,他们一起经历了行动研究的整个过程:计划—行动—观察—反思,并且就整个过程的各个环节写下了详细的日志和报告。参与行动研究的教师们一致认为,在基于行动研究的教师实践共同体中,由于他们针对各自教学实践中存在的共同问题,制定、实施行动方案并在之后对这一方案进行深层次的反思与评价,在共同的行动目标的驱动下,大家更容易打破相互之间的隔绝状态,乐意交流教学实践中的想法,在心理上互相给予有力的支持,由此汲取更多的力量,激发了更多关于共同行动研究主题的研究设想,这些逐步积累成为教师实践共同体赖以存在和不断发展的坚实基石,有助于创建"支持性环境"和"促进性环境",促进教师个体的专业发展与实践共同体的整体发展,并有助于两者之间的互相促进①。

在案例8-6中,不同学科的教师通过在共同体内部相互交流,传递不同的知识、经验,尤其是作为年轻教师的袁老师,在与其他教师之间的相互交流、观点碰撞中学会了如何与学生相处,促进了新的实践性知识的生成,从而提高了专业发展水平。

教师共同体在开展行动研究时,需要就共同的愿景进行有效的沟通、交流,不可避免地会开展团队会议。会议的方法对于团队共同工作的影响是非常高的,怎么把一个会开好,就涉及会议工作的方法和技能。罗伯特议事规则对于提升教师

---

① 周迎,刘育东.以行动研究为依托的教师实践共同体与高校外语教师发展[J].河北师范大学学报(教育科学版),2014,16(03):114—119.

实践共同体的沟通效果具有较大参考价值。

罗伯特议事规则是美国著名将军罗伯特根据美国草根社团的合作实践,以及英国四百多年的议会程序,用系统工程的方法编纂而成的,目前已被广泛接纳为各类会议的议事准则。罗伯特议事规则为议事制定了明确的规范和程序,读者可以其为工具,促使共同体的研讨能真正集思广益、拓宽言路、凝聚共识,从而化为行动,产生实效。

工具包 8-3

罗伯特议事规则的 12 条基本原则

第 1 条　动议中心原则:动议是开会议事的基本单元。"动议者,行动的提议也。"会议讨论的内容应当是一系列明确的动议,它们必须是具体的、明确的、可操作的行动建议。先动议后讨论,无动议不讨论。

第 2 条　主持中立原则:会议"主持人"的基本职责是遵照规则来裁判并执行程序,尽可能不发表自己的意见,也不能对别人的发言表示倾向(主持人若要发言,必须先授权他人临时代行主持之责,直到当前动议表决结束)。

第 3 条　机会均等原则:任何人发言前须示意主持人,在得到其允许后方可发言。先举手者优先,但尚未对当前动议发过言者,优先于已发过言者。同时,主持人应尽量让意见相反的双方轮流得到发言机会,以保持平衡。

第 4 条　立场明确原则:发言人应首先表明对当前待决动议的立场是赞成还是反对,然后说明理由。

第 5 条　发言完整原则:不能打断别人的发言。

第 6 条　面对主持原则:发言要面对主持人,参会者之间不得直接辩论。

第 7 条　限时限次原则:每人每次发言的时间有限制(比如约定不得超过 2 分钟);每人对同一动议的发言次数也有限制(比如约定不得超过 2 次)。

第 8 条　一时一件原则:发言不得偏离当前待决的问题。只有在一个动议处理完毕后,才能引入或讨论另外一个动议(主持人对跑题行为应予以制止)。

第 9 条　遵守裁判原则:主持人应制止违反议事规则的行为,这类行为者应立即接受主持人的裁判。

第10条　文明表达原则：不得进行人身攻击，不得质疑他人动机、习惯或偏好，辩论应就事论事，以当前待决问题为限。

第11条　充分辩论原则：表决须在讨论充分展开之后方可进行。

第12条　多数裁决原则：（在简单多数通过的情况下）动议的通过要求"赞成方"的票数严格多于"反对方"的票数（平局即没通过）。弃权者不计入有效票。

按其需要，议事程序的规定可以或繁或简，但议事规则的基本精神却是非常简约清晰的，大致来说有5项：权利公正、充分讨论、一时一件、一事一议、多数裁决。

第1项和第5项是现代文明所长期追求并正在努力贯彻的，已经形成了广泛的共识。第2—4项则提供了议事规范落实的技术保障，能够有效地纠正或避免在会议常遇到的如发散跑题、一言堂、打断他人发言，甚至恶意揣度、粗言相激、肢体相争等不文明的现象。

◆ 问答角

问题1：行动研究强调参与实践，在实践中获得成长，是不是就意味着做行动研究无需学习和使用教育理论了呢？

回答　进行科学研究，离不开理论和概念。既然是研究就要进行理性思维，而要理性思维则必须运用概念、范畴这一工具，那么进行抽象和概括也就成为必然。不需要理论基础，不用任何理论、概念的研究就称不上是研究，甚或那些非借助语言进行的思维，也仍存在着抽象和概括。因此，所谓行动研究超脱了理论、概念，无非是一种误读，或是对其某一方面特质的过分夸大。行动研究不可能不需要概念、理论。首先，"教育行动"中的问题选择是受一定概念、理论支配的；其次，"教育行动"的实施过程也需要理论指导；再次，若要对"教育行动"进行分析、总结等，也是离不开概念和理论的。

问题2：作为一名普通教师，撰写行动研究论文对我来说是一个大难题。想到撰写学术论文我就觉得头疼，经常坐在电脑前迟迟无法"下笔"，然后就被其他事分走了精力，导致论文总是完不成。怎样才能高效地完成论文写作呢？

米尔斯在《教师行动研究指南》中提出教师应建立写作常规,并提供了一些实际的指导,可供参考。

- 每天在一个固定的时间里写作,在这段时间里你能确定自己不会被打扰。
- 写作的时候假想你在给一位朋友写邮件,而你的朋友需要你以简单的术语解释。
- 在写作的时候讲故事。大多数教师都是优秀的讲故事者,能够紧紧抓住学生们的想象力。这些技巧也可以用到我们分享行动研究的故事中。
- 如果你觉得不容易开始的话,可以先"以说话的方式写作",之后再编辑加工。讲故事的时候假想你的听众是自己的教师同事,词语就会自然流出。如果你假设的听众很"学术",那么你就会刻意使用一些晦涩的、学术化的话语,写作起来就不那么容易了。
- 用一个提纲来组织你的思维,并使你讲述的故事符合你所研究的事实。让你的故事紧凑而流畅。
- 在写作的早期不要太担心文章写得好不好、是不是有语法错误,只要专注地将故事讲出来。关注过程,而不是其完善程度。
- 把脑子里想到的都记录下来,然后返回去寻找你真正想说的东西——它就在那里。
- 写作,然后修改,再写作,然后再修改,这样会让你的思维更加凝练完整。就像宝石那样,要经历最初的采掘、无情的切割以及抛光处理才能光彩熠熠。

实践练习

请与您身边的几位同事聊一聊,了解彼此工作中的困惑与问题,确定一个共同感兴趣又必须众人一起解决的研究问题,制定一份行动研究计划,完成下面的行动研究方案设计表。然后,按照计划行动起来吧!

行动研究方案设计表	
面临的困难/困惑	1. 说明面临的困难/困惑是什么?有什么具体表现 2. 为什么这对你们而言是一个困难/困惑
根据以往的经验对问题进行初步分析	分析原因;对原因进行归类: 1. 哪些是个人可以解决的?哪些是需要大家一起努力可以解决的 2. 哪些是技术操作问题?哪些是思想观念问题 3. 哪些是主要问题,哪些是次要问题

续表

文献述评	1. 前人对这个问题有什么研究？结果和方法是否恰当 2. 本研究希望有什么创新之处
确定研究问题	1. 陈述研究问题：包括主问题和子问题 2. 定义重要概念
研究的目的和意义	1. 研究的目的是什么 2. 做这个研究有什么意义
抽样的标准	1. 选择什么人、事件、地点、资料等作为研究对象 2. 为什么选择这些对象 3. 这些对象与你们是什么关系？将会如何影响你们的研究
研究队伍	1. 如果需要组成团队开展研究，你们打算找什么人 2. 为什么找这些人
收集资料的方法	访谈法、观察法、实物分析法、问卷调查法…… <table><tr><td>研究的子问题</td><td>收集资料的方法</td></tr><tr><td>1.</td><td></td></tr><tr><td>2.</td><td></td></tr><tr><td>3.</td><td></td></tr></table>
分析资料的方法	1. 归类分析 2. 情境分析
设计和实施干预措施	1. 如何根据研究结果，设计干预措施 2. 如何实施干预措施
评估干预的效果	1. 干预措施的效果如何 2. 如何知道这个效果是真实可信的
撰写研究报告	1. 行动研究报告应该包括什么内容 2. 行动研究报告的基本结构和行文有什么要求

资源拓展

1. ［美］杰夫·米尔斯著，王本陆、潘新民等译.《教师行动研究指南（第3版）》，重庆大学出版社2010年版。

该书主要回答了"什么是行动研究""如何做行动研究"两个基本问题，为教师开展行动研究提供了全方位的指导。针对行动研究各个环节的难点、重点问题，作者提供了非常明确的行动建议，具有极强的实践指导性。此外，该书文字简洁通俗，每章的基本架构包括简要提要、行动研究案例、主要概念、方法和建议、思考题，编排体例符合读者阅读心理,可读性强。

2. 张丰著:《从问题到建议——中小学教育研究行动指南》,教育科学出版社2013年版。

该书区别于一般学术味甚浓的教育科研方法类著作,更贴近中小学教师的实际需求。通过具体课题案例来揭示在实践中研究的意义与方法。强调研修结合的思想,倡导教师研究返璞归真。

第九章 用自我研究法促进专业发展

 本章导言

教师可以把自己作为研究对象吗？我们的回答是肯定的，这种研究自我的全新方法被称作"自我研究"，它肇始于教师教育者组成的一个特别兴趣小组，这群志同道合的教师教育者隶属于美国教育研究会（American Education Research Association，简称 AERA），主要由教师发展和教师教育改革的研究与实践人员组成。他们认为，自我研究的宗旨是以明确的方式聚焦并解决教师教育者以及教师在实践中的困境。

教师教育者之所以率先提出"自我研究"，是由于他们在实践中所遭遇的困境。很多时候，教师教育者进校开展教育教学合作研究，但往往发现项目临近尾声时，教师们明显地如释重负并且表示还是希望依照自己的设计思路来开展教学。很多教师教育研究项目在中小学进行，虽然研究者反复斟酌伦理问题，期望不打扰学校和教师的正常教学秩序，甚至自认为尽心尽力地提供了各种帮助，但撇开官方合作的压力，常常有校长私下抱怨并不欢迎这样的合作研究，因为学校的感觉是研究者基本只是来索取资料，并没有让学校直接受益。显而易见，他们对所谓的合作并不满意。

正是基于这样的两难境地，教师教育者正式提出教师的"自我研究"。作为一种全新的研究方法，它不同于行动研究或叙事探究。行动研究是一种以改进实践为目的的研究，叙事探究以重塑当事人的生命故事为旨趣；而自我研究主要体现为研究者深刻的反思性，但又不同于简单的撰写反思日志。在本章中，我们将深入解析什么是教师的自我研究，并探讨自我研究与行动研究和反思性实践的关系，通过案例和工具包给希望尝试自我研究的教师们提供研究的抓手。

 学习目标

- 了解自我研究的缘起和发展脉络，并能够比较熟悉地研究类型之间的

- 掌握自我研究法的实施流程。
- 在专业工作中运用自我研究法,建立支持性的诤友团队。

◆ 情境导入

李老师是一名从教十余年的初中语文教师。今天下课以后她心里有点嘀咕,为什么两个班、两堂课总是不一样?第二个班总是更让人舒服,也感觉更有亮点?李老师在课后教研活动中表达了自己的困惑:"同样的内容呈献给两个平行班,效果完全不同。我觉得可能还是我的预设不够,虽然我知道我要教的是什么东西,但我脑子里还是非常模糊的。到底什么是我特别想要学生知道的?或者还有其他什么原因影响了我的教学效果?"

陈老师是一名新手语文教师,为了帮助陈老师尽快适应课堂教学,学校还专门安排了一位师傅指导她。今天,陈老师亲自上阵讲了一节作文课。她查阅了大量的资料,整理了一套写作理论和实操框架,信心满满地在课上展示了自己精心准备的课件。上课的时候陈老师全神贯注地在自己的教学思路和知识点上,几乎没有注意到班上的同学早就兴味索然,好多学生在做小动作。练习环节,大多数人几乎没有写出什么像样的句子来。下课铃响了,陈老师站在台上,怅然若失。

像李老师和陈老师这样的教师在学校处处可见,不仅是他们,每位教师每天都在面对类似的场景,他们在心中跟自己对话,也尝试寻找同事或前辈疏解心里的郁闷。显而易见,教师对自我的认知、教师共同体的自我研究与教学工作和教师自身专业发展如影随形。

第一节 什么是教师的自我研究

在传统的教育研究观念中,研究者与研究对象是相互分离的,只有这样才能做到客观中立。而自我研究的"大胆"之处就在于,它彻底颠覆了我们所坚信的"客观中立",让研究者去研究自己。那么,教师自己的个性化经历能登得上学术殿堂吗?教师能够不偏不倚地剖析自己吗?这样的自我研究能够对同行带来启发吗?带着这些质疑和困惑,我们首先通过一个案例来走近"自我研究"。

一、自我研究的内涵要义

从 20 世纪 70 年代开始,教师不再被认为是课程大纲的执行者,许多人开始尝试研究教师的决策过程和教师思维。教师的专业知识结构大致上包括理论知识、实践性知识以及反思性知识。理论知识属于陈述性知识的范畴,也就是显性的、事实性的知识;而实践性知识在某种程度上与正式的理论知识相对立,指的是教师个人化的"知道如何"的程序性知识,常常是默会的、难以言明的;第三个组成部分即监控和评价自我行为的元认知和反思的能力。通过梳理关于教师知识的研究,我们看到了从理论知识到实践性知识的转向、从客观中立的研究立场向行动中反思的实践认识论的转向。而研究者与实践者的现实对立状态却仍然难以消弭,教师教育者和研究者在现实面前深感无力,甚至产生自我身份认同危机,自我研究在这一脉络下从20世纪90年代由教师教育者提出并践行,近三十年来已经建立起一种新的范式,有了专业期刊和系列专著。

在这样的学术背景下,"自我研究"在教育领域异军突起。我们首先可以给"自我研究"下一个定义——自我研究始于教师本人在教育教学实践中的困惑或困境,通过公开检视以及讨论,寻找诤友(Critical Friends)形成探究共同体,以严格的方法论标准实施透明、系统化的研究过程,从而带来个人与教师专业群体的发展。

以上的描述虽然颇为新颖,但是对于大多数教师而言恐怕仍然难以抓住自我研究的真实样态。回到本章最开始的两个情境,我们将从李老师和陈老师的困惑出发,通过案例9-1来进一步了解与学习自我研究的缘起、生发和推进,以及如何最终完成一个自我研究所能呈现的面貌。

案例9-1

自我研究案例

一、缘起——个人真诚的困惑

自我研究是自我发起和自我关注,以改进自我为初衷,首先是来自个人的疑惑和反思,为了提高个人在课堂中的效能感,进而关照到整个教育教学领域。

下面的两位教师在同一所中学教同样的班级,一个教语文,一个教英语,以下是他们最近的一个突出感受。

(1)

我是一名有着十余年教龄的初中语文老师,今天在讲《百草园》这一篇课文的时候,我使用了一组图片,在1班的时候,好多同学都只关注到了图片,而忽略了文字。当时我还想把他们拉回来,可最终的结果是我在解释文字。后来第二节课在2班上,于是我做了改动,因为我知道学生肯定会被图片吸引,我就先让大家看看图片,然后收起来,再请大家看看书,并提问图片和书中的描述有哪些共同点。这样就很好地用几幅图练习了语言概括,然后分析课文中是怎么写的,从而把语言赏析带出来。上完两个班的课,我有很深的感触:同样的课程,在2班,效果就比较好,教学目标也基本能够落实,学生的听课效果要好得多。这种情况经常发生,这可能与我开始没有考虑那么细致有关,还与班不一样也有关系,所以教师的教学效果就不一样。

(2)

我教初中英语整整十年了,最近我的感觉就是时间总是不够用。在1班我把整个句型都列在黑板上了,我是想看看学生是不是都会了。在2班我就没有这么做,我觉得他们都掌握得非常好了,所以没有必要浪费这个时间。反而有好多拓展内容要他们做。为了达到这个拓展的目的,我在课上会经常看表,就像有强迫症一样。这样一来,我会让学生有一种感觉——我这个没讲完是由于你的原因,你耽误了我的工作。原来我对时间比较模糊,但现在我也不知道,我很怀疑,同时很好奇,可能我觉得学生在学习上有问题,但实质上学生可能并没有问题。

二、研究话题及其意义

预设与生成是一个永恒的热门话题,预设是指教师的课前准备,也就是通常所谓的备课和备学生;生成是指教师在课堂上临时所做的诸多调整,虽然每位教师都会在课堂上临场发挥,但其主导思想和行为取向显然是有差异的。这是教师们通常都有的"第一个班"的迷思,由于大多数教师都同时教几个平行班,当他们在第一个班的这节课中发现学生的反应有超出教案预设的地方时,往往会在第二个班上做相应的调整。这似乎是一个共性的问题,但是如果仔细看两位教师的陈述,你会发现这其中有很多不同的维度,比如两个班本身的差异,比如教师的"时间焦虑"。

这一研究话题既对教师个人有意义,也是在教育界具有共性的一个研究课题,表面看似寻常,深究下去会有层层的发现,可以帮助教师自己解开疑惑,继而揭示教师行动背后的逻辑。

三、自我研究的设计

(一) 研究问题及其陈述

主要的研究问题是——教师在日常教学活动中如何处理预设与生成的

关系,在这个大问题下可进一步根据自己的学科、学生、学校环境等提出一步一步的小问题。如:

- 对于初中语文阅读课,教师在备课时的预设通常如何展开?有没有教师的不同风格?其背后的教育信念分别是什么?
- 对于初中英语课,教师备课围绕的中心是什么?在语法、词汇、学生学习差异等主题上,教师分别会有什么预设?不同教师有什么不同的取舍?
- 在对比平行班授课情况时,教师对于预设与生成有什么发现?课堂上如何进行调整?为什么?

……

(二) 诤友与探究共同体

自我研究作为一个独特的范式最具颠覆性之处在于诤友的意义和探究共同体的建立。诤友团队不同于传统的教研组或其他官方的教研共同体,而是由教师在特定情境中自由选择的探究共同体,而且研究主题和设计也由教师自主生发,属于实践者研究。教师在其中提出教学中习以为常的问题,以自我为核心解答自己的困惑,他们不再是被观察者或被试,也不是像旁观者一样的研究者,他们自身就是探究的主体和探究的中心。

初中语文孔老师和英语王老师以及来学校听课的硕士生张同学三个人组成了一个特别的探究共同体,特别之处在于,三个人各自有自己的出发点,但面对共同的课例实现了对话的可能;再则,这样的诤友团队是自愿建立的,并且具有充分的相互信赖的基础,同时又关注着共同的话题和群体。他们三个人一起互相听课,互相提问,组成了诤友团队,并最终一起制定了一个研究设计,他们决定挑选几个相对完整的课文或专题,专门研究第一个班和第二个班的变化,孔老师和王老师教授同样的班级,他们对学生都很熟悉,张同学一起听课,课后三人一起及时互相提问和访谈。

(三) 研究方法

自我研究既是个体行为,也是公共行为,其核心是与诤友合作开展研究并进行多层面的对话,相互质疑,相互帮助,彼此成就。自我研究通常采用质性研究方法,具体的研究策略其实是大家比较熟悉的(例如:访谈、观察、收集实物)。当然,如果研究需要,自我研究也会融合量化研究方法,进行抽样和统计及相关数据的分析。本案例中三位诤友采取了大约以下几种具体的研究方法。

1. 课堂观察

孔老师、王老师和张同学约定一起做一个"研究课",孔老师讲同一课内容,先后在两个平行班讲授,由王老师和张同学进行观察,详细记录两节课的异同;同样,王老师上课时,孔老师和张同学进行观察。

2. 课后访谈

孔老师、王老师和张同学约定在课后及时进行小组焦点访谈,就课堂的整体异同以及一些细节进行提问,任课教师解释行为背后的逻辑,特别是预设和生成之间的张力。

3. 文献阅读

孔老师、王老师和张同学一起大致梳理了教师作为研究者理念提出以来,关于教育理念、教师知识等的研究,两位任课教师更多地分别就初中语文和英语学科参照教研员、学校的教研组长等的指导意见,对照自己的实践进行反思。张同学更多地就自己作为教育学硕士研究生的课题聚焦自己的研究主题,进行相关的文献阅读和反思笔记整理。

4. 资料分析

孔老师、王老师、张同学各自寻找自己的兴趣点和主题进行资料分析,生成自己独特的研究视角和问题,三个人互相帮助,彼此完成相关的资料分析。这是整个研究最艰难的过程,孔老师和王老师由于缺乏理论知识,更多的是记录课例和形成自己的教育叙事,张同学帮助他们从理论的光照中获取一些概念和术语,从而更有架构地分析自己的研究资料。

(四)研究成果试行与教学改进

进行完一轮研究课和访谈以后,孔老师和王老师将自己的反思应用到下一次的研究课中,调整自己的预设,对教学过程中的生成保持更加开放的态度。通过自己的观察和诤友的观察对学生的课堂反应进行评估,调整下一次的教学方案和布置相关的作业练习。张同学继续进行观察并主持课后访谈,撰写自己的研究日志,进一步提炼研究成果。

(五)研究发现与局限

孔老师、王老师、张同学互为诤友团队,分别有自己的研究发现,他们互相提供批判性视角,按照自己的研究志趣提出自己的研究发现和研究意义。

由于诤友团队的支持,他们都提高了自己的效率,并对各自关注的主题有了进一步的认识。研究的局限性主要是需要更长的研究周期,通过一个学期甚至一个学年的完整观察和研究进一步探索。

(六)成文与发表

有了扎实的研究基础,成文仿佛水到渠成,当然,形成一个前后贯通的规范论文是需要反复打磨的,自我研究本身可以是一个循环的过程,通过制定下一步的研究计划进一步完整和充实研究过程与发现,不断推进。自我研究直面教学中的困惑与困境,对于提高教学的认识和学生的学识直观而高效;进一步将之放到教师的职业生涯和专业发展阶段性上考量,可以帮助教师反思并形成自己的教学风格,通过成文和发表,与更大的教育学领域相关研究进行对话。

事实上,孔老师说非常享受这个探究的过程,后期也做出了一些研究反思和研究论文。

(详细内容请阅读李莉春:《教师在行动中的识知与反思》,教育科学出版社2021年版。)

二、自我研究的核心特点

通过以上案例,我们可以看到自我研究的总体框架与我们所熟悉的教育研究有基本的相似之处,但是也有其需要专门探讨的独特之处。我们可以从以下四个维度及其相连的关键词进一步认识自我研究的独特之处。

(一)自我研究是个人的情境化探究

所谓"个人的"是指自我研究来自实践者自己的经历,扎根于鲜活的教学实践中。自我研究并非把教师置于中立、客观的位置,反而强调教师应该勇敢地把"主体我"清晰地站到读者面前。所谓"情境化"是指自我研究直接来自教师课堂上的个人体验和课下的实际困境,受到教师所在的情境中的问题的驱使,从而成为探究的直接动力。"探究"一词在自我研究中的独特之处在于研究者目光向内又向外,个人经验是宝贵的知识来源,但从事自我研究就是对教学提出疑问,挑战自我、挑战同事、挑战约定俗成的各种关于教育的假定,识破认知误区与盲区。

(二)自我研究是批判性合作探究

众所周知,教育教学工作是复杂的,充满了不确定性,教师的教学决策难以形成完美共识,因此要用新的方式去理解教师教育教学工作的本质。而对教育教学工作的深刻理解,需要教师之间的合作探究。社会心理学告诉我们,人的学习不是孤立地发生的,它依赖于社会情境,特别是学习共同体成员之间的互动,个体的见解需要与他人分享和对话,以此来验证研究者诠释的有效性。这样的合作对话不是简单地做判断或评价,而是指接纳和提供坦诚的意见。因此,自我研究并非闭门造车,而是寻找诤友,建立批判协同的探究共同体。例如,我们最为熟悉的教研组活动,是颇具中国特色的教师专业发展共同体。在常态化的教研活动中,教师共同备课、磨课,是极好的批判合作探究团体。

(三) 自我研究的目的是提高教师的专业素养

自我研究的首要目的是为了帮助学生学习,而教师与学科专家最大的区别也就在于,教师能够"看到"学生的学习过程,并给予专业的学习支持,这是教师独特的专业素养。其次,自我研究能够优化教师自己的教学信念,同时,通过研究学习新的教育理论,扩宽知识结构。最后,自我研究也有助于提高教师的师德以及教师对专业的认同感,通过不断地反思寻找教育的初心使命。上述三个目的在教师的自我研究中完全可以整合,例如:教师通过反思自己多年教学工作中的坎坷,撰写专业成长故事,可以逐渐形成自己个性化的教育理念,并不断把学生放到心中,看到学生的需要与表达,并且最终提高对教师职业的认同感。

(四) 自我研究是透明的、系统化的研究过程

之所以说自我研究是"透明的",因为自我研究是在和诤友建立的探究共同体中实现的,教师们公开、坦诚而清晰地描述如何提出问题并架构研究,然后进行文献检索和问题重构以及研究者诠释重构等,以期对教育教学中问题的认识达到螺旋式的上升。自我研究带来的成果首先是促进教师理解并改进自己的实践,促进学生的学习和发展;研究的公开化有利于和问题研究相关知识的积累,通过共同体分享可直接对周围的教育教学与教研环境带来有力的改进;公开发表后成为公共知识,会影响决策制定和教育改革。

三、自我研究与行动研究的异同

相比于教师们已经耳熟能详的行动研究和其他实践探究,自我研究在研究对象、研究关系、研究目的等方面呈现出不同。

第一,在研究对象上,自我研究是将"自我"作为研究的中心,将实践情境中的自己问题化,从而发现自我、改变认知、拓宽教师的知识结构。例如:行动研究的研究对象可以是学生、同事等其他人,但自我研究的对象一定是教师自己。

第二，在研究关系上，自我研究特别注重自我和他者的关联。换句话来说，"自我"是环境中的"我"、人际中的"我"。研究者通过批判性审视自我及其角色、身份，发现自我并重构角色、身份，进而重新认知教学和提高教学水平。相比之下，虽然行动研究也涉及多方主体的关系，但行动研究更关注行动本身，而不是行动中的人。例如：行动研究主要致力于提出一套解决现实教育问题的行动策略，而人与人之间的关系或许只是行动策略中的一小部分。但是，自我研究极其重视人际关系的重构，以及这种人际关系对教师自我认同产生的影响。

第三，在研究目的上，行动研究主要是发现问题并通过行动计划和具体行动探索问题，再以反思观察总结成败。自我研究则从行动中转回到行动者本人，跳出行动策略来反思行动者的主体性。例如：教育行动研究通常会为了改进某个教学方法开展一系列的探究，并最终以提高教学效果为目的。而自我研究会进一步反问："这样的教学探索给教师带来了什么？"自我研究关心的是教师的感受。

四、我适合做自我研究吗

自我研究者深入探究教师的身份、教学中的困惑、社会文化环境的变迁、自己的教学对学生产生的深远影响等，反思不再是个人的思考，实践不再是单打独斗，其透明性和共同体分享使研究获得多元视角，大大扩展了教师的知识结构以及研究的效度，对于处在职业生涯各个阶段的教师而言，自我研究都具有极大的适切性。

对于大多数一线教师而言，在遭遇教育教学的困境后会感到困顿，通过身边的各种诤友探究共同体，以及初步的研究方法学习，他们往往可以开启一个小小的自我研究，但在做研究的过程中还是会感到缺乏理论架构，难以对自己的教育叙事进一步进行有逻辑、有深意的探究和分析。但究其实，教师自我研究是一种自我赋能，教师最需要的是唤醒和自觉。下面的问题可以帮助教师梳理自我研究的主体和意义从而自我赋能，这才是教师开展自我研究的驱动力和目标。

🛠 工具包 9-1

对于以下说法，同意请在相应的括号里打"√"，不同意请在横线上写明原因。

1. 教师只是课程专家制定的课标和编写的教材的执行者。（　　）
   _____

2. 教学改革都是从上面来的，没有自下而上的。（　　）
   _____

> 3. 教师是知识的接受者和传播者,而非知识的创造者。( )
> _____
> 4. 对学生的学习影响最大的是天赋(   )、家庭(   )、教师(   )、学校(   )。(请在相应的括号里打"√",然后在下面横线中按从影响最大到最小的顺序排序。)
> _____
> 5. 人的天性都是好奇的,也是好学的,学习的乐趣无论是对于教师还是对于学生来说都是必须保持和保护的。(   )
> _____
> 6. 对于教师的专业发展而言,最重要的是学校环境(   )、个人天赋(   )、学历(   )、有好师傅带(   ),或其他(   )。(请在相应的括号里打"√"。)
> _____

关于以上问题的答案,在追求卓越的特级教师那里几乎都是否定的,众多研究者都发现专家教师的特征在于他们扎根在自己的学科和教学现场里,相信真正的教育只能发生在一个个课堂里和一对对师生之间,他们对自上而下的、权威的话语通常持有审慎的态度,坚持批判性反思和自我唤醒,不断创造机遇提高自己的学科知识和教师专业素养,永远保持好奇心和旺盛的创造力,用他们独特的个人魅力真正吸引和影响学生。

无论逆境顺境,研究型教师都会充分调动可能的资源,不断地追求专业能力的精进,不断地尝试着各种形式的自我研究。与此同时,他们对于学生的人文关怀让他们既小心翼翼地呵护着学生又忘我地激情燃烧着,这种教育工作者的高度自觉和个人最大限度地追求卓越是教师自我研究的真正支撑点。

在下面这个关于特级教师张老师的案例中,我们可以充分体验到教师个人与学科、学生之间从磨合到融合,最终造就出一个卓越的教师生涯的精彩过程。

案例9-2

张老师在入职之初就产生了对教职的积极认同——他将从教视为机遇。在以后的职业生涯中,在面临一次次新的机遇和选择时,他不断坚定自己的认同——"我就是要做老师,我太适合做老师了,无论哪条道对我来说都没有这条道好"。在这种坚定的职业观下,张老师从未质疑过自己从教的意义,而是充满了使命感。他的专业认同始终是学科中心、成就中心,是与教学紧密相连的;同时,也是学生中心的。

有为的执著:从"灰色语文"到"绿色语文"

1. 作为学科专家:从知识搬运工到精神导师

张老师的专业认同表现出强烈的学科中心。他始终把学科专家视为自己最重要的身份,对自己语文教师的身份非常认同,认为自己"干对了语文","一辈子就对语文很感兴趣;我就愿意,就喜欢,无论是讲课、学习和生活都是这样的,所以这成为了我的一种生活方式"。这种对语文的热爱和痴迷是他倾心教学的原动力,上课、备课、看书"一点不觉得累"。张老师早年教学中的自我意象是"知识搬运工"和"唯权威是从"的"工匠"。他形容自己是"教学机器":满腔热情地"讲""填""灌",将教参知识"搬家"。学科知识被当作可量化的、有形的、外在于人的材料和工具。教师的视野局限于教材和教参,结果是教师和学生陷入了困境:教得狭隘,学得死板。老师、学生都累得要死,成绩没上去,兴趣也销蚀了,张老师的专业认同出现了危机。然而,危机同时也是转机。他开始反思问题到底出在了哪里。张老师对其自身境遇的敏感成了他提升自我的前提。外部的契机这时正好也出现了。素质教育的理念让他看到了光明和希望。他下定决心"再也不能那样活",甘当语文素质教育的"过河卒",只进不退。张老师的语文素质教育改革不是从教学方法入手的,而是从学科知识入手,着重的是教学内容(学科知识)广度和深度上的拓展——突破教材束缚,让学生看到教材之外语文世界的精彩,开拓语文在表达、塑造人的思想、改变人的生活等方面的价值性功能。学生的学习、教师的教学于是开始逐渐进入他们作为人的认知本体,开始与他们的生活相融。至此,张老师对语文学科知识的关注重心经历了从工具性到人文性的重要转变,从追求知识点的掌握和考试成绩到追求语文学科知识的价值性人文素养,树立了"求善""求美""求真"的学科认同。张老师也解构了工具性的"知识搬运工"认同,形成了"做学生精神导师"的自我认同。

2. 作为教学专家:从"讲""填""灌"到师生"在思想上对话"

张老师对自己作为教学专家的认同从属于对学科专家和教育专家的认

同,即教学方法作为策略,服务于学科知识的学习和学科教育的目的。"教师的素质怎么体现呢?一是知识素质,二是观念,即教学的观念,具体讲法等都处于次要地位。我主要是在教语文,教学生如何学做人,其实就是应试教育和素质教育。至于具体的课堂结构、具体的教法,我其实没有太大的变革。"就课堂时间分配而言,无论在改革前还是改革后,张老师的课堂基本上都是教师讲得多。但对张老师而言,实质却不同。以前的"讲得多"是单向输出的"讲""填""灌",因为彼时是教师应试教育理念主导的背景:教师固守教科书,死抠模拟题,埋首题海,孤陋寡闻;改革后,教师"讲得多"是素质教育理念主导的背景:语文教育与人之发展的统一。对于个别学生对他"一言堂""填鸭式"的质疑,他这样回应:"认为老师讲得多就是填鸭式,这个不对。我点评的时候是我说话,他写作就是他说话,我们是在对话,我不是一言堂。"张老师对于自己在课堂教学中的角色认同一直是"权威者""示范者"——"你们是月亮,我就是太阳,只有我灿烂,你们才能辉煌!"但改革前,这种权威更多是一种教师的权利,学生被视为客体和接受者。改革后,这种权威建立在尊重学生主体性的基础上,允许来自学生的质疑,但教师自己清楚貌似相同的教学形式背后实质上的区别。张老师毫不讳言自己从事教师这一职业的优势和自信。他高度认同自己的教学专家身份。他对自己作为"教学人"肖像的描述,正是他所认同的教学专家的重要素质。首先是有激情。他的学生也在问卷中写道,张老师感染他们的是他发自内心的激情,骨子里的激情和真情。其次是口头表达能力强。既然是"吃开口饭的",那么"嘴好"对于教师就特别重要。第三是耐得住寂寞。"坐得住凳子",他认为自己"始终都是用功的学生"。由于他自己一直同时是一个学习者,他教学中的"教""解""导",在很大程度上都迁移了自己的许多学习经验,所以,他是很好的学习示范者。最后是有个性,即有自己的特色。

3. 作为教育专家:从忍耐到宽容

张老师对自己作为教育专家的认同表现在师生关系或师德方面。他形容自己"心太软",而且认为"只有心软的老师才会不管学生好还是孬,都能接受,也就是爱学生"。张老师这种"心软"在教学生活中的具体表现,"过去是忍耐,现在是宽容"。所谓"忍耐",即"被学生气了,但该教还得教,而不是像有的老师一样想方设法往外撵学生,逼学生走"。而遇到屡教不改、水火难攻的学生,尤其是当班主任的时候,他就"要跟学生较劲,怎么也得想办法把他改造过来"。这种"较劲"背后是一种对学生的责任心和爱心。

(选自郝彩虹:《一位中学语文特级教师的专业认同研究》,《教育学术月刊》2010年第2期,第32—36页。)

第二节 教师自我研究的实施

教师的日常工作是忙碌而有序的,也是充满复杂性和不确定性的,教育教学实践交织在一起,使得教师难得有"闲暇"的心境来审视自我;更常见的情形是,教师在自上而下的培训以及各种学术会议和交流中获取了一些关于学习、关于知识、关于教师的诸多理念及术语,却难以形成自己深入和独立的思考,启动自我研究对于教师来说并非轻而易举。我们可以通过一些工具来启发自己的思考,尝试厘清自己纷繁芜杂的教育理念与信念,进而探究自己在教学中真实的困惑,寻求独特的身份认同与专业发展路径。

一、借助隐喻启动自我研究

虽然我们现在已经成为了教师,也经过正规的学术训练,获得了正式的资格,但是关于教师、学生、学科等,我们又有多少明确的或隐性的信念,让我们通过以下问卷来尝试开启一个属于自己的自我研究,可以自问自答,也可以互相质疑,但这些都基于面对真实自我的勇气。

工具包 9-2

启动自我研究之旅

1. 请写下在你头脑里转动的关于教育教学的一些关键词。
   _____
   _____

2. 请写下你觉得自己可能想做的一些研究的关键词。
   _____
   _____

3. 请写出几个大家熟悉的常用的关于教师工作的比喻,并想想自己对这些比喻的真实感受。

_____

4. 请闭上眼睛想一下,然后描述你心目中关于教职工作的比喻,可以从教育和教学两个方面分别来说。

_____

5. 请用一个比喻描述一下你每天去上班时的状态。

_____

6. 请用一个比喻或者图示来说明一下你认为学生是如何学习的。

_____

通过静下心来回答以上问题,可以帮助教师跳出繁杂的日常工作,以陌生化的姿态和更高的角度来审视教师的职业和专业的方方面面,既可以更清楚地看到自己的困惑,也可以更深地确认真实的内心感受,从而得到开启一个自我研究之旅的原动力。

案例 9-3

隐喻是将一个心理领域概念化为另一个心理领域。从广义上来讲,隐喻指概念化以及再概念化的过程本身;从狭义上来讲,隐喻指语言中某些语词的特殊用法,往往是事物 X 的名称用以指称事物 Y。隐喻的核心不在于语言,而在于如何将一个心理领域概念化为另一个心理领域。隐喻是理解抽象概念、进行抽象推理的主要机制。隐喻使我们能够从更具体或者至少是更高度结构化的主题来理解一个相对抽象的或者本质上非结构化的主题。在教育活动中,隐喻具有构成教育政策,充当交流方式、探索工具和教学手段,规范学校和教师行为等功能。

从隐喻的角度考察教师心中校长的形象,既有利于真实表达理想型校长的定义,也有利于揭示教师对校长角色的认知与需求。探析教师对理想型校长的隐喻,能更准确地分析出教师对校长角色的认知与需求。

笔者在参与省、市级课题调研活动的过程中,在对全国50余所小学的400余名教师、学校中层领导进行集体访谈、个别访谈时,收集到了30余种不同的校长动物形象。对其进行归纳分析,大致可以分为五类。通过调查,"吉祥物""长颈鹿""头象""兔子""雄狮"等是教师视野下理想型校长的主要意象,分别反映了教师对组织依赖、情感寄托的需要,对美好前景的需要,对组织团结的需要,对参与、表达的需要以及对制度公平、情感关怀的需要。校长应考虑教师需要,做好学校的形象大使,着眼全局,树立共同愿景,运用道德权威,凝聚组织共识,营造道德氛围,增强教师的归属感和幸福感。

（选自卢正天、张东娇:《隐喻背后的理想型校长——基于教师需求的视角》,《教育科学研究》2019年第6期,第23—26页。）

案例9-3非常有趣地用"隐喻"来揭示教师心目中理想型校长的形象。研究者通过小动物来比拟校长身上应该具备的品质,生动形象、极具画面感和记忆力。倘若我们让教师用抽象的概念描述出理想校长的形象,每位教师都能说出一些公认的原则,但却缺少个性化的表达。而隐喻通过一种"转嫁"的方式,巧妙地将那些缄默的认知或难以通过概念性语言直接表述的理解传达出来,有助于我们对此进行生动形象的概括和更深层次的探索。由此可见,运用隐喻是探究"自我"这一难题的非常合适的起点和抓手。

二、通过小故事架构研究片段

如果说隐喻帮助我们找到专业生活中那些值得记忆的亮点,那么接下来我们就需要通过讲故事的方式把这些亮点放大、充满。当教师决定开展自我研究,回望自身专业成长经历时,往往不知道从何下手。我们建议,大家可以先讲述若干小故事,形成研究的片段,然后尝试寻找故事与故事之间的联系,建立起故事线。

在本书的第七章,我们详细介绍了叙事探究的方法。在这里,叙事或者讲故事,也是自我研究中资料收集的重要策略。康奈利和克兰迪宁认为,教师可以通过叙事的整体性来重构教育的意义。他们从经验哲学的立场出发,认为"讲故事"是人类积累经验的重要方式,也是人类学习的重要方式。因此,教师的专业发展离不开"讲故事",而教师的专业知识和专业能力也蕴含在教师的叙事之中。

教师自我研究的重要途径就是教师的自我叙事。教师讲述他们在教育教学中的各种故事,帮助教师理解自我、学生、教学及其错综复杂的关系,并创造属于自我的教育意义。下面这篇叙事探究来自于教授初中语文的孔老师,她运用情境叙事以及案例研究来描述她作为班主任的一段心路历程,从而帮助她厘清自己是如何在教学生活中创造意义的。

案例 9-4

小波的故事

接到新生认识的第一个孩子便是小波。初一新生报到那天,我(孔老师)进班时教室内已有几个学生在聊天。小波是学校给我的名单中的第一个孩子,我进班第一眼就认出了他,便以自认为很亲切的声音,面带微笑叫了他的名字——小波。凭我以往的经验,新老师能够叫出自己的名字,学生会很高兴。而我听到的回应却是"干嘛呀?"语气中能感觉到他略有些不耐烦。我愣在那里有些尴尬,心想这孩子有些麻烦,不好沟通。

军训中紧张的训练占去了学生大部分的时间,每天属于他们的自由时间少之又少。我观察到小波做事很认真。他宁肯牺牲午睡也要把当天的日记写完,而且内务做得也很好。开学后第一周,我把小波叫到办公室,还没等我开口他先来了一句:"我又怎么啦?"我问他:"你觉得怎么啦?""我没犯错误",他回答道。我说:"你是不是认为只要被老师叫到办公室肯定是因为犯错误了。"他说是。我告诉小波我今天只是想和他聊一聊。"老师看到你军训时表现很好,现在你的作业也很工整,老师想当面表扬你才叫你进来的。"让我没想到的是,小波对我的表扬表现出不屑,我又自讨没趣了一回。

语文古诗默写,我一般采用邻座的两位同学交换阅卷的方式。那天小波很快默完了,可跟他一组的同学还没默完。我小心征求他的意见:"我能给你先看看吗?""不行"但他犹豫了一下还是把默写本递给了我。我刚看了几行,他看到旁边同学已默完,就一下从我手中抽走默写本递给了同学。即使这样我还是很高兴,他比以前进步了。要在以前,他一定会用手捂着默写本,绝对不会让我看一眼的。我小心地经营着和他的关系,还有点沾沾自喜:是我的真诚与容忍让他有了这样可喜的变化。那天我从班里挑了几个孩子批改自己组的基础卷。通常被老师挑出来的孩子都很得意。我把小波叫到讲台桌前小心翼翼地用商量的口吻对他说:"你能帮我判你们组的试卷吗?""不能"说完小波转身就回到了座位,把我晾在那里。虽然事先有过心理准备,但是他这样不留余地断然拒绝时我心里很不是滋味。那天我的心情不是很好,估计脸色也不是很好看。我把其他几个人的任务布置完后看了他一眼,很想知道他有什么表现。我发现他也在看着我。我是多么希望他能为自己草率的回答懊悔,或者他已经这样想了,要不他怎么在察言观色呢。

事后一个多月间,我没敢再要求他做任何事。上课时偶尔听到他的发言,我一如既往地给予肯定。有时他发言时我们眼神相对,他慌忙躲避。他还没有学会用真诚的眼神与人交流。以后走上社会不会与人沟通,他将遇到多么大的困难啊!我是多么想让他在学校学会知识的同时学会以平和的心态坦诚地与人交流。

后记:小波各方面表现很好。学习很踏实,做事很认真,从来不违纪,也不给老师添麻烦。我想可能他习惯或者喜欢这种不被老师关注的状态,只是做好自己分内的事。难道,倒是想改变学生的老师多此一举了?

(选自李莉春,孙海兰:《教师实践性知识之生成过程: 一项案例研究》,《全球教育展望》2010年第3期,第63—70页。)

在许多教师的任教经历中或许都遇到过这样一个"遗世独立"的小波,但又有多少教师反思过我们应该如何与这样的"小波"相处呢?案例中的孔老师向我们讲述了自己与小波的故事,她通过观察、互动与内心反思,不断质问自己想要改变小波的合理性。通过叙事的方法,不仅有助于教师处理与个别学生的关系,也深刻地揭示了教师内在的隐性假设。

三、通过诤友共同体探究深层觉知

孔老师的教育叙事如果只停留在此,并不能真正帮助她看清自己的教育观和学生观,通过诤友共同体之间的多次相互访谈,结合课堂观察,孔老师将这个叙事做了更高的理论架构与分析,并成功地合作出一篇论文且正式发表。这让我们看到教师如何在实践中识破并突破自我,逐渐形成更深层的个人化实践性知识和教育教学风格。在下面的案例9-5中,我们继续走近孔老师与小波的故事。

案例 9-5

小波的故事（续）

在这篇叙事中，孔老师对小波的反应表现出了她对于"师生关系"的一些潜在假设，包括：

- 教师应和学生建立融洽的关系。
- 教师通过和学生友好沟通获得的尊严感是教师自我形象的重要部分。
- 学生在学校学会知识的同时应学会与人交流。

孔老师在接新生的第一天碰了小波这个"钉子"后显然对此很是重视，并试图通过一些努力建立自己一向看重的、亲切融洽的师生关系。在孔老师的叙事中，她首先采用了以下策略：

- 把小波叫到教师办公室对其进行表扬。
- 给小波机会看他的默写，表示自己对他的重视并试探小波的反应。
- 挑小波批改自己组的基础卷，因为通常被老师选出来的孩子都很得意。

令孔老师意外的是，这些方法并未取得理想的效果。在孔老师的叙事中是这么说的：

- 我小心征求他的意见："我能给你先看看吗？""不行"但他犹豫了一下还是把默写本递给了我。我刚看了几行，他看到旁边同学已默完，就一下从我手中抽走默写本递给了同学。
- 他对我的表扬表现出不屑，我又自讨没趣了一回。
- 我把小波叫到讲台桌前小心翼翼地用商量的口吻对他说："你能帮我批改你们组的试卷吗？""不能"小波说完转身就回到了座位，把我晾在那里。

三次失败的经历触发孔老师寻找外援。她请到了更有经验的老教师和大学的教育研究者，共同帮助自己分析这个故事。在诤友共同体的讨论中，孔老师开始对自己以往非常倾心的这种师生关系模式感到怀疑，开始挑战自己固有的学生观和师生观。

在孔老师叙事的结尾中，我们可以看到孔老师的话语更多是一种权威话语，如"真诚""平和""坦诚""交流""与人沟通"，这时的孔老师仍然醉心于自己所经营的师生关系模式，即通过亲切的姿态、表扬以及让学生承担小任务来显示对他们的器重。器重既可以用"信任"和"尊重"这样的正面话语来替代，也可以理解为青睐、偏爱或取悦。

> 而在诤友共同体的对话中,孔老师的话语里不再有这样的词,而是列举小波实实在在的行为来证明他是个合格甚至优秀的学生;不再是"好心好意"的对小波的担忧,反而多了对他的理解和欣赏;再则,对自己作为老师的态度有了一种反省和超然——不再认为小波的态度是对自己自尊的冒犯,而是将其看作天性使然,而尊重孩子的天性正是"无为的教师"的核心品质。
>
> （选自李莉春,孙海兰:《教师实践性知识之生成过程:一项案例研究》,《全球教育展望》2010年第3期,第63—70页。）

可以看到,孔老师的学生观和自我形象通过与小波之间的磨合以及个人的反思在不断地被形塑。事实上,这一篇教育叙事也是在诤友团队多次访谈之后逐渐成形,并通过探究共同体的进一步合作而最终形成的一个小小的自我研究案例。孔老师对小波刚开始采用的是以往的经验带给她的师生交流方式,她以前在与学生进行沟通的时候这些策略都很奏效,她从此中所获得的人缘与权威给她树立了对人与人沟通的固定模式的信念,而当表扬、肯定、任用学生这些在实践性反思中不断丰富的策略在小波身上失灵的时候,孔老师作为教师的权威地位受到了威胁,而正是这样的威胁让她看到自己以往自认为与学生之间的亲和友善关系中所隐藏的自我的真实一面,仿佛是顿悟一般,她否定了自我中虚假的一面,实现了真正的坦诚——那就是理解和尊重对方的选择,这一解放性反思使她对小波之间别扭的沟通开始感到释然。然而,小案例往往蕴含大意义,通过这个案例我们可以探究教师思维这一复杂的过程,管窥教师实践性知识形成的可能路径、教师反思的一波三折以及教师自我认知的曲径通幽。

第三节　教师自我研究的推广

通过以上讨论,我们可以更加清晰地了解到自我研究的目的和意义——自我研究通过教师自身的实践并对实践进行反思性的研究将教师内隐的知识外显化,同时将反思后的经验在实践中加以验证,以达到提升并扩展关于教师教育公共知识的目的;通过诤友团队的合作探究,自我研究为教师专业身份认同和可持续性的专业发展提供了源源不断的动力和支撑。自我研究从根本上而言并非一种研究方法,而是一种认知方式,或者说自我研究并不限制可能使用到的具体研究方法。下面三点只不过是给打算踏上自我研究之旅的同道们提供一些实用的小贴士。

一、制定长期的自我研究计划

自我研究的本质是教师通过自身的实践并对实践进行反思,从而提升教师对教育教学问题的认识。然而,自我研究并不是一个故事片段,而是贯穿我们的生活与职业发展始终的过程。因此,为了让教师的自我研究有更好的推广性,我们建议教师提前做好长期的研究计划。可以以学年或学期为单位,借助下面的工具设计一个历时性的自我研究计划。

工具包 9-3

自我研究设计计划表

研究问题（关键词）	自我研究方法	诤友团队	研究的参与者	资料来源（访谈、叙事）	研究启示

在设定自我研究计划的过程中,教师还需要设定一些阅读计划。自我研究虽然是以叙事、隐喻等为载体呈现自我生命历程,但是作为一种研究方法,仍然需要教育理论的支撑。特别是关于教师专业发展的理论、课程与教学理论、儿童发展心理学理论、教育管理理论等,这些理论的视角将有助于教师对自我经验的审视。此外,教师也可以在理论的视角之下寻找自己研究问题的切入点和关键词。

二、建立职业生涯发展档案袋

档案袋(Portfolio)是近年来国际教师教育研究领域非常流行的一种工具,它主要指的是采用一种过程性记录的方法,将教师专业成长中的各种情节、故事收集起来,从而有效帮助教师在不同的职业发展阶段回望自身的成长经历。本章中的几个案例放在一起让我们看到了教师职业生涯发展的一个大致路径。稚嫩的新手教师可以在开启职业生涯时浮想联翩,以新奇的眼光打量教育教学志业的方方面面;如果说有十年教龄的初中语文老师孔老师的自我探究是一个教师生涯逐渐展开的截面,那么语文特级教师的张老师的案例让我们看到教师职业生涯的波澜壮阔,以及教师个人自我认知与学科的完美融合。其实,不论是新手还是熟手,任何一个专业发展阶段对教师自我来说都值得记忆。

通过建立和不断整理自己的职业生涯发展档案袋,可以大大提高教师自我研究的效率和效果,帮助教师在个人不同的职业生涯阶段,通过自我研究不断探索和进取,通过自己的笔墨描绘多姿多彩、延绵不绝的专业发展画卷。

三、寻找自我研究诤友共同体

自我研究的核心特征是共同学习、合作探究的共同体文化,其关键之处是诤友团队的建立。在《小波的故事》的案例中,孔老师之所以转变了对待小波的态度,正是因为诤友共同体帮助她"跳出来"反思自己的教育理念。这就告诉我们,自我研究绝不仅仅是关起门来研究自己,而是需要纳入多重声音,从多重视角来检视自我,只有这样的自我才是真实的、饱满的、感人的。我们建议,教师可以充分利用学科教研组、年级组等成熟的教师专业组织,也可以借助大中小学伙伴协作项目与高校教育研究者建立诤友团体。此外,在信息化时代,我们完全可以通过互联网建立跨校、跨地区,甚至跨国的教师共同体。

因此,自我研究需要同时持有开放的态度和深刻的反思精神,以此作为手段来系统化地研究自己的教育教学实践。自我研究中的反思相比于批评性反思,更加注重对反思过程的描述和分享,通过诤友共同体的批判协同探究,以及系统、透明的研究过程,教师可以突破实践中单打独斗的困境,得到多棱镜的反思视角。同时,在研究中学习新知识,与时代、与潮流对话,真正感受到"教师即研究者"的乐趣与价值。

 问答角

问题1: 我是一名新手教师,虽然学了很多教育理论,也选择了自己喜欢的学科,对于未来的职业发展我还是有诸多疑虑,在现阶段有没有可能进行自我研究呢?

回答 新手教师是教师教育者关注的重点,自我研究的初衷也是为了更好地培养新教师。很多研究都表明人们进入教职之初都是按照直觉和模仿来授课或管理学生的。新手阶段是研究自己过往的受教育经验和学习经历的最佳时间节点。新手教师可以将自己所学的正式理论知识或者说信奉的理论与潜意识层面关于教育教学的使用理论进行对照,通过个人生活史的叙事探究来开启自己的从教生涯,这会是非常有益的尝试。可以通过教师隐喻、个人哲学、生命中最难忘的一次课、对我影响最大的一位老师等主题词来做一些微型自我研究,进一步确认自己的选择和展望自己的职业生涯。

问题2:我是一名有着十几年教学经验的"老"教师了,虽然对于自己的教学已经有了很多心得甚至自信,但是一提到做研究我就发怵,即使跟着学校做了一些所谓的课题,但自己并没有真正进入研究的状态并完成一个较为规范的研究,如何化解关于"研究新手"的心结呢?

回答 从教师教育者的自我研究到教师自我研究的兴起,正是为了化解教育实践者与研究者之间的隔阂,推动"教师作为研究者"这一提出了几十年的口号真正走进教师的日常生活与工作,为教师作为研究者提供切实的抓手和支持。本章中所提供的各种研究工具和案例相信会给你一定的启发,但你的"心结"显然需要更直接的强有力的伙伴支持。自我研究所倡导的探究共同体精神与实践是你最需要的,可以从自己身边的同事、有相同志趣的朋友,甚至是通过微信、微博或其他网络社交平台寻找诤友,建立一个跨时空的诤友团队恐怕是深陷错综复杂的教育教学实践与职业发展困惑时最好的解决方法。诤友团体模式在世界各国方兴未艾,其构成成员的多元化与交流方式的多样化在全球互联时代有了更大的发展空间与可能性。

◆ 实践练习

通过对本章的学习和思考,请对以下问题进行审视,对比一下自己以前可能的答案和现在可能的答案,反思自己对于本章所介绍的教师自我研究的认可程度,寻找身边的同路人交流一下自己的研究冲动,看看是否能制定一个具体的研究计划并尽快付诸实践。

(1)您认为关于教育教学研究应该由谁来做?

A. 教师教育专家(　　)

B. 教研员(　　)

C. 写论文的硕士或博士生(　　)

D. 一线教师(　　)

E. 教师与专职研究人员合作(　　)

F. 教师自主形成学习共同体(　　)

(2) 您认为关于教育教学研究谁做最有效果？

A. 教师教育专家（   ）

B. 教研员（   ）

C. 写论文的硕士或博士生（   ）

D. 一线教师（   ）

E. 教师与专职研究人员合作（   ）

F. 教师自主形成学习共同体（   ）

(3) 您认为教育研究人员对于教师的研究价值何在？

A. 为国家的教育政策收集数据（   ）

B. 帮助教师解决教育教学中的困境（   ）

C. 推动学校的教学改革（   ）

D. 为教育研究人员提供发表的素材，对教师并没有什么益处（   ）

E. 为教育研究做贡献，增加公共知识，教师也可受益（   ）

(4) 您认为教师自我研究可能的价值何在？

A. 教师自我研究只局限于个人的实践，没有太大的价值（   ）

B. 教师自我研究带来教师对于教育教学的新认识，可直接改进实践（   ）

C. 教师自我研究对于教师自身的专业发展大有益处（   ）

D. 教师自我研究对于教师群体的专业发展大有益处（   ）

资源拓展

1. [美]阿纳斯塔西娅·P·萨马拉斯著，范晓慧译：《教师的自我研究》，重庆大学出版社2015年版。

该书是一本主要面向中小学教师的教育研究方法书，它全面系统地介绍了自我研究的理论起源和方法，特别是提供了丰富的案例和工具包，对于中小学教师重省自己的职业生涯、与诤友一起建立探究共同体、针对个人在教育教学中的问题进行有效的自我研究，都会有极大的启发和切实的指导作用。

2. 陈向明等著：《搭建实践与理论之桥——教师实践性知识研究》，教育科学出版社2011年版。

该书结合相关理论，在深入分析典型案例的基础上，探讨了"教师实践性知识"的概念定义、内容类型、表征形式、构成要素、生成机制和发展媒介。对于一线中小学教师而言，阅读该书既可以帮助你理清有关教师知识研究的缘起与脉络，也可以给你多元化的理论框架。更重要的是,该书中有很多生动的案例和接地气的实地研究及扎根理论成果,读来亲切自然,可以让你瞬间联系到个人及身边关于教师研究的诸多故事与情境,也许可以触发你的自我研究灵感,并给你带来一束理论之光,探照到教师个人自我研究的田野上。

附 录

一、教科研成果评审标准

题目					
送审时间			审毕时间		
审稿专家信息	姓名		单位		
	职称		电话		邮箱
为确保本刊质量,请严格把关,并在相应指标后打"√"。					
文章选题	1. 有重要意义( )　2. 有一定意义( )　3. 一般( ) 4. 陈旧( )				
创 新 性	1. 有重要创新( )　2. 有一定创新( )　3. 缺乏创新( )				
内容结构	1. 合理、严谨( )　2. 一般( )　3. 缺少逻辑性( )				
文字水平	1. 简洁、流畅( )　2. 较通顺( )　3. 重复冗长( ) 4. 缺少逻辑性( )				
学术深度	1. 专家水平( )　2. 一般专业水平( )　3. 常识水平( )				
标　　题	1. 明确、简洁( )　2. 需修改( )				
文章摘要	1. 符合规范( )　2. 需修改( )　3. 重写( )				
关 键 词	1. 准确( )　2. 不准确( )　3. 过多( )　4. 过少( )				
参考文献	1. 引证充分( )　2. 缺关键性文献( )　3. 引用不规范( )				
图　　表	1. 简明、直观、有效( )　2. 需修改、删减( )　3. 不规范( )				
总　　评	1. 优秀( )　2. 较好( )　3. 一般( )　4. 较差( )				
刊用建议	1. 录用( )　2. 修后再审( )　3. 修后发表( )　4. 退稿( )				
评语及具体修改意见(供作者修改稿件时参考)					

二、教师投稿指南

根据北京大学核心期刊要目总览整理。

期刊	推荐理由(适合栏目)	投稿方式
《当代教育论坛》	《当代教育论坛》是经国家新闻出版总署批准、湖南省教育厅主管、湖南省教育科学研究院主办的面向国内外公开发行的教育理论期刊,是RCCSE中国核心学术期刊(2017—2018)(武大版)、中国人民大学《复印报刊资料》重要转载来源期刊和第五届湖南省"双十佳"期刊。适合投稿栏目:教育管理、课程与教学、基础教育研究、教师教育、课程研究等	网址: http://ddjylt.cnmanu.cn
《教师教育研究》	《教师教育研究》为全国中文核心期刊、全国教育类核心期刊、中国人文社会科学核心期刊及CSSCI来源期刊,该期刊旨在全方位地研究探讨教师教育中的理论问题和实践问题。适合投稿栏目:教师专业发展,教师教育改革,课程、教材与教法,课程与教学,教师教育改革与发展,课程改革与教师发展,教育改革与发展,管理与评价,等等	网址: https://gdsz.cbpt.cnki.net/EditorEN/index.aspx?t=1
《教学与管理》	《教学与管理》是面向基础教育的核心期刊,来稿内容须是基础教育类选题,《教学与管理》、《教学与管理》(小学)、《教学与管理》(理论)各有侧重,《教学与管理》侧重于中学的教学管理实践教学方略。适合投稿栏目:教学内容、教学方法、教学理念、教学理论、学生管理、教研活动、教育管理、教学评价、教学案例、办学改革、课程建设、教材研究等	网址: www.jxygl.com.cn/
《教育理论与实践》	《教育理论与实践》创刊于1981年,是由山西省教育厅主管、山西省教育科学研究院和山西省教育学会主办的教育学术期刊。期刊主要栏目:教育基本理论、教育决策与管理、思想品德教育、教学理论、课程论、教育心得、比较教育、教师论坛、青年论苑、学术动态等。期刊主要读者对象为教育理论、教学、教育管理工作者及师范院校学生等	网址: http://jyllsj.soripan.net/tougao/
《教育学术月刊》	《教育学术月刊》于1984年创刊,是教育理论期刊,主要研究对象为基础教育,主要读者对象为中小学、幼儿园教育、干部以及教研、科研、教育行政等部门工作人员。适合投稿栏目:教师与学生发展、家校合作、学生假期生活、课程思政、课程教学、农村教师发展等	网址: http://www.jyxsyk.cn/html/list-13-1.html

续表

期刊	推荐理由(适合栏目)	投稿方式
《课程·教材·教法》	《课程·教材·教法》由中华人民共和国教育部主管、人民教育出版社有限公司主办,是全国百种重点社会科学期刊、全国首届优秀社会科学期刊、全国中文类核心期刊、全国教育类核心期刊、中国人文社会科学核心期刊。适合投稿栏目:学科课程教材与教学、教学理论与方法、学科研究、课程研究、研究与借鉴、教师教育、教材研究、学科教学与教研、学科课程与教学、考试与评价、学科课程与教材、统编教材研究、校本课程研究、劳动教育、德育研究、深度学习研究、中小学研学旅行研究、评价研究、学科核心素养研究、初中数学实验研究、学科育人、中小学作业研究、综合实践活动课程等	网址: https://bkstg.pep.com.cn/web/index.php?/login/index
《物理教师》	《物理教师》是中国教育学会物理教学专业委员会会刊,1980年创刊,是中等教育类全国中文核心期刊、中国科技核心期刊。《物理教师》期刊是研究中学物理教育人员讨论中学物理教材内容和教学方法、交流教学经验的园地,设有教育理论研究、科学方法教育论坛、教材与教法、初中园地、物理实验、问题讨论、教师进修园地、现代教育技术、物理·技术·社会、国外教育、物理学家与物理学史、高考命题研究、复习与考试、竞赛园地等栏目。该刊的宗旨是面向广大物理教师,依靠广大物理教师,以"求新、求实、求活"的办刊理念为广大物理教师及物理教育研究人员服务,为中学物理教学改革与研究服务	网址: http://www.physicsteacher.suda.edu.cn
《语文建设》	《语文建设》是汉语语言文字学专业刊物,旨在宣传国家语言文字工作的方针政策,促进语言文字规范化、标准化,研究解决汉语语文教学和语言应用的实际问题,报道境外语文动态。适合投稿栏目:教学、评价、传统文化、语文生活、教材、随笔、课堂实录、教学心得、语文主题学习等	网址: http://www.cn7kan.net/fzazhimulushow.asp?id=28980
《中小学管理》	《中小学管理》创刊于1987年,是以中小学管理干部、教育行政干部、教育科研人员、教育培训人员等为主要读者对象的期刊。适合投稿栏目:学与教、管理纵横、教师、学生、探索、教师发展与管理、课程与教学管理、学生发展与道德管理、教育现场等	网址: https://www.bjie.ac.cn/zzgl/xyjj1/

续表

期刊	推荐理由(适合栏目)	投稿方式
《上海教育科研》	《上海教育科研》创刊于1981年,是由上海市教育科学研究院普通教育研究所主办的教育科研学术刊物。该刊坚持面向普教、面向基层、面向教师;注重学术性与普及性相结合,理论性与实践性相结合,科学性与可读性相结合;刊登上海和各地教育理论研究、教育改革的最新动态与科研成果,是教师了解教育改革与科研最新动态的窗口,是在国内教育界享有一定声誉的全国中文核心期刊。适合投稿栏目:教学新论、教师教育、学科教与学、考试与评价、课程教材、教改前沿、管理方略、学校管理、叙事与案例等	网址: https://www.cnsaes.org.cn/Organization/Index/32
《中国教育学刊》	《中国教育学刊》是由中华人民共和国教育部主管、中国教育学会主办、面向基础教育的综合性学术刊物,其主要读者对象为中小幼教师、教育科研人员和行政管理干部,师范院校、教育学院、教师进修院校的师生,教育学会及其分支机构的管理与研究人员,以及包括学生家长在内的所有热心教育事业、关心青少年儿童成长的人士,等等。适合投稿栏目:课程与教学、热点问题研究、教育理论研究、教师专业发展、德育研究、教育治理研究、教育管理研究、中小学教科研、校长的教育信仰、学生发展核心素养研究专题、"新基础教育"研究专题、劳动教育研究专题、儿童教育研究专题、中小学法制教育研究专题、新时期家校合作研究专题、教师德育能力提升研究专题、教师教育惩戒权研究专题、中小学课后服务研究专题、家庭教育研究专题等	网址: https://zjyx.cbpt.cnki.net/WKD/WebPublication/index.aspx?mid=zjyx
《人民教育》	《人民教育》杂志创刊于1950年,是中华人民共和国教育部主办的全国性、综合性的教育刊物,是教育部从思想上、政策上、业务上指导全国教育工作的重要舆论工具,在教育界具有广泛的影响。适合投稿栏目:专业—教学、教学、教学大观、教育文摘、管理—教师教育、生本教育、办好中小学思政课、改进学校美育、教师教育、教师发展专辑、新基础教育研究成果专辑、教学备课专家、核心素养实践探讨专辑等	网址: http://www.jyb.cn/education/
《基础教育课程》	《基础教育课程》由中华人民共和国教育部主管、教育部基础教育课程教材发展中心主办,是国家课程教材专业研究机构——课程教材研究所指定专业期刊、全国中文核心期刊。杂志聚焦基础教育课程改革的推进,记录、跟踪改革发展历程,权威发布并深度解读国家基础教育改	网址: http://www.cbec.cn

期刊	推荐理由(适合栏目)	投稿方式
	革及课程教材建设相关政策文件,推广课程教材、教学教研及评价领域最新成果,是地方、学校执行国家课程方案、探索育人模式变革、落实立德树人根本任务的高端交流与展示平台。适合投稿栏目：课程建设、教研教学、评价考试、学科教研与交流、学科教育与教学、教师专业发展、实验区巡礼、视点、道德与法治、育人方式变革的学科案例、三科教材专栏、劳动教育的课程化实施、基础教育课程改革等	
《思想政治课教学》	《思想政治课教学》思想政治工作资料性刊物。内容有思想政治教育基本内容、各条战线与各阶层思想政治工作、思想政治教育工作者先进人物、集体及其事迹。适合投稿栏目：学—教—得、教学研究、课改探索、教学设计与点评、考试与评价、教师成长研究、共话劳动教育等	网址：http://sxzzkjdd.400qikan.com/
《中学政治教学参考》	《中学政治教学参考》是由中华人民共和国教育部主管、陕西师范大学主办,旨在为中学基础教育服务、面向国内外公开发行的教学类期刊。该刊自1972年创办以来,以其较高的理论性、指导性和实用性深受广大中学师生的欢迎。适合投稿栏目：学术书评、教学研究、新路求索、德育工程、成长感悟、探讨争鸣、思政育人、课标解读、学科研修、课程课改等	网址：http://www.zxzzjxck.cn/
《中学语文教学》	《中学语文教学》是全国中学语文专业学术期刊,自1979年创刊以来形成了自己的理论和实践相结合的特点。在我国同类出版物中独树一帜,深受读者好评。近年来,该刊发表了大量有关语文教学改革的文章,成为业内人士了解教育改革趋势的重要窗口和交流研究成果的重要平台。适合投稿栏目：特稿、知行合一、说文论语、教育随笔、课例研讨、作文指要、备课平台、高考中考等	网址：http://www.zxywjxzz.cn/
《中小学外语教学》	《中小学外语教学》由中华人民共和国教育部主管、北京师范大学主办,是基础外语教学类的全国中文核心刊物。适合投稿栏目：教法与经验、教学研究、语法探讨、测试研究、信息栏等	网址：http://flts.bnu.educn/
《历史教学》	《历史教学》是由天津市新闻出版局主管、天津古籍出版社与历史教育社主办的中学历史教学刊物。中学版主要栏目有：专题讨论、教法探讨、讲经说法、听课随笔、资源共享、案例分析、	网址：http://www.historyteaching.cn

期刊	推荐理由(适合栏目)	投稿方式
	备课笔记、关注高考、质疑教材、进修资料、新书评介等。在注重中等历史教育研究的同时,密切配合新课程的改革与实践,是广大教师最得力的帮手	
《中学地理教学参考》	《中学地理教学参考》是由中华人民共和国教育部主管、陕西师范大学主办的地理教育类期刊,是国家权威部门认定的全国优秀地理期刊和地理教育类唯一的全国中文核心期刊,发行量和影响力在行业内名列前茅。适合投稿栏目:教法交流、教学研究、课堂教学、教改论坛、备考交流、课程教材、研学实践、教学设计、评价研究、海外教改、质疑反思、课堂创新、课外实践、课标研读、研学旅行作品展示、研学实践等	网址: http://www.zxdljxck.cn/index.php?m=content&c=index&a=lists&catid=6
《数学教育学报》	《数学教育学报》是中国联合国教科文组织指导刊物,是目前国内数学教育领域最高层次的学术性刊物。适合投稿栏目:中学数学教育、比较数学教育、小学数学教育、数学教师教育、中小学数学教育、数学学科核心素养、高中数学课程标准、儿童及小学数学教育、研究与借鉴、数学教材研究、数学课程改革、教科书研究等	网址: http://sxyb.chinajournal.net.cn/WKD/WebPublication/index.aspx?mid=sxyb
《数学通报》	《数学通报》是中等数学教育期刊,以提高中学数学教师的素质、教学水平和开阔教师视野、促进教师积极思考为目的。发表具有相当学术价值或创造性的数学教育研究成果,反映国内外数学教育的进展和趋势,介绍数学的新分支、新思想、新方法。适合投稿栏目:教学园地、教学研究、初数研究、考试研究、数学教育、教材研究、数学实验、比较研究、谈数论学等	网址: http://sxtb.llyj.net/
《中学物理教学参考》	《中学物理教学参考》杂志是由中华人民共和国教育部主管、陕西师范大学主办、由陕西师范大学出版社集团所属杂志社出版、面向国内外公开发行的中等物理教育教学类期刊。栏目设有:教育研究专论、素质教育、教材教法、问题讨论、初中教学园地、习题研究、实验研究、高考研究等	网址: http://www.zxwljxck.cn/

致　谢

教师应该成为研究者(即反复的探寻者,Re-searchers),因为这是教师专业属性的本质要求。虽然一线教师积累了大量的实践经验,对教育实践充满信心,也知道如何去行动,但是依然需要从研究中获得知识并从实践中反思理论的有效性。从这个意义上说,教师天生就是研究共同体中的一部分。这样一种"反复地探寻"的立场,被20世纪90年代的学者发展为"教师研究",并成为近三十年来我国基础教育改革的重要话语导向。

诚然,教师做研究的目的不仅仅是为了直接解决教学中的问题,而是通过研究对实际问题有超越个人经验和感觉的理性思考,并且基于研究寻找志同道合的伙伴,形成研究共同体。教师做研究寻求的不仅仅是新的知识、理论、策略、技巧,而是思维上的变革,围绕提出的研究问题通过研究进行寻根究底式的探寻,从而形成更加缜密、系统的思维,对实践具有更加深层的反思力。

《成为研究型教师的8个锦囊》力图通过向教师提供8种不同的教育研究方法,帮助一线教师不仅掌握具体的操作技术,同时在内在的思维品质上形成研究型思维,养成反思的习惯。从一名教学能手成长为一名研究型教师,需要教师系统地、有意识地开展研究工作,其中特别强调了教师的自主研究性,相信本书能够从根本上助力教师专业的可持续发展。

本书的写作是一项集体的事业。首先,我要感谢所有参与本书写作的各位同仁与朋友。虽然我承担了全书的架构设计以及各章节汇总、润色修改的工作,但每一章的文字都是各位作者智慧与汗水的结晶。所以,我要对参与本书写作的全体作者表示衷心的感谢,正是他们对教育研究的热情、对教育实践改革的期待,以及对于这个写作共同体的承诺,成就了《成为研究型教师的8个锦囊》。需要特别说明的是,本书各章的写作分工如下:

　　＊ 首都师范大学魏戈(致读者、第一章、附录、致谢)

* 华东师范大学吕雪晗（第二章）
* 北京大学吴筱萌（第三章）
* 井冈山大学钟启旸（第四章）
* 安徽大学朱光明（第五章）
* 首都师范大学唐斌（第六章）
* 首都师范大学欧群慧（第七章）
* 北京师范大学卢立涛（第八章）
* 北京大学李莉春（第九章）

本书的编写提议源于与华东师范大学出版社赵建军先生的交流，他对这本书的极大兴趣成为我们写作的最大动力。责任编辑师文女士对本书的策划、组稿、编审、宣传等做了一系列的工作，还在上海与北京两地多次与我面谈本书的写作思路，让我受益匪浅。

感谢北京大学陈向明教授、清华大学附属中学王殿军校长、中国教育科学研究院《教育研究》主编邓友超研究员，为本书提供了宝贵的建议并倾情推荐。北京教育学院王志明博士，天津职业技术师范大学宋改敏教授，中国人民大学郝彩虹副教授、张玉荣副教授，首都师范大学徐月博士在本书的写作过程中也提出了诸多修改建议。在本书正式出版之前，我们已在全国多地组织的多场线下及线上线下混合式教师研修活动中试用，得到了培训专家与参训教师的反馈与好评，这也让我们有信心将这本书分享给更多的教师朋友们。

我们最根本的希望是本书能够为广大一线教师的教科研工作提供直接的、有力的帮助。由于能力有限，在编写过程中一定还存在不足之处，恳请各位业内同仁、读者朋友不吝赐教。如果您有任何意见或建议，欢迎您与我联系：ge.wei@cnu.edu.cn，我将认真考虑您的建议，并作为本书修订完善的重要参考。

魏戈
于北京
2022 年 2 月